UTB

UTB **3345**

Eine Arbeitsgemeinschaft der Verlage

Böhlau Verlag · Köln · Weimar · Wien
Verlag Barbara Budrich · Opladen · Farmington Hills
facultas.wuv · Wien
Wilhelm Fink · München
A. Francke Verlag · Tübingen und Basel
Haupt Verlag · Bern · Stuttgart · Wien
Julius Klinkhardt Verlagsbuchhandlung · Bad Heilbrunn
Lucius & Lucius Verlagsgesellschaft · Stuttgart
Mohr Siebeck · Tübingen
Orell Füssli Verlag · Zürich
Ernst Reinhardt Verlag · München · Basel
Ferdinand Schöningh · Paderborn · München · Wien · Zürich
Eugen Ulmer Verlag · Stuttgart
UVK Verlagsgesellschaft · Konstanz
Vandenhoeck & Ruprecht · Göttingen
vdf Hochschulverlag AG an der ETH Zürich

StandardWissen Lehramt

Die Bände zur Didaktik des Deutschen werden herausgegeben von Jakob Ossner

Bislang sind erschienen in der Reihe:

Jakob Ossner: Sprachdidaktik Deutsch
Martin Fix: Texte schreiben
Achim Barsch: Mediendidaktik Deutsch
Roland W. Wagner: Mündliche Kommunikation in der Schule
Ursula Bredel: Sprachbetrachtung und Grammatikunterricht
Gabriele Kniffka/Gesa Siebert-Ott: Deutsch als Zweitsprache
Peter Marx: Lese- und Rechtschreiberwerb
Engelbert Thaler: Teaching English Literature
Christine Garbe/Karl Holle/Tatjana Jesch: Texte lesen

Ergänzend:

Christine Garbe/Maik Philipp/Nele Olsen: Lesesozialisation. Arbeitsbuch

Gina Weinkauff/Gabriele von Glasenapp

Kinder- und Jugendliteratur

Ferdinand Schöningh

Biografien der Autorinnen:

Dr.Gina Weinkauff ist seit 1995 im Bereich der germanistischen Literaturwissenschaft und Literaturdidaktik als Lehrende wie auch in Forschungsprojekten tätig. Seit 2001 ist sie als wissenschaftliche Mitarbeiterin am Institut für deutsche Sprache und Literatur und ihre Didaktik der Pädagogischen Hochschule Heidelberg tätig. Seit 2007 leitet sie dort eine Arbeitsstelle, die sich mit interkulturellen, intermedialen und didaktischen Aspekten der Kinder- und Jugendliteratur befasst und insbesondere den interdisziplinären Austausch über diesen Gegenstand fördert.
Publikationsliste: http://www.ph-heidelberg.de/wp/weinkauf/publik.html

Dr. Gabriele von Glasenapp ist seit dem Anfang der 1990er Jahre an verschiedenen Forschungsprojekten sowie als Lehrende im Bereich der Kinder- und Jugendliteratur tätig. Seit 2005 hat sie eine Stelle als Akademische Rätin am Institut für Jugendbuchforschung an der Frankfurter Goethe-Universität inne. Zu den Schwerpunkten ihrer Veranstaltungen sowie ihrer Forschungen zählen die Beschäftigung mit Kinder- und Jugendliteratur(theorie), Jüdische (Kinder- und Jugend-)Literatur und ihre Theorie sowie literarische Erinnerungskultur.
Publikationsliste:
http://www.uni-frankfurt.de/fb/fb10/jubufo/Mitarbeiter/glasenapp/publiglas.html

Bibliografische Information der Deutschen Nationalbibliothek
Die Deutsche Nationalbibliothek verzeichnet diese Publikation in der Deutschen Nationalbibliografie; detaillierte bibliografische Daten sind im Internet über http://dnb.d-nb.de abrufbar.

Gedruckt auf umweltfreundlichem, chlorfrei gebleichtem Papier (mit 50 % Altpapieranteil)

Verlag Ferdinand Schöningh GmbH, Jühenplatz 1, D-33098 Paderborn
Internet: www.schoeningh.de

Schöningh ISBN 10: 3-506-76895-7

Printed in Germany
Einbandgestaltung: Atelier Reichert, Stuttgart, nach einem Entwurf von Alexandra Brand und Judith Karwelies
Layout: Alexandra Brand und Judith Karwelies

UTB-Bestellnummer: ISBN 978-3-8252-3345-7

Vorwort zur Reihe

StandardWissen Lehramt – Studienbücher für die Praxis

Wie das gesamte Bildungswesen wird sich auch die künftige Lehramtsausbildung an Kompetenzen und Standards orientieren. Damit rückt die Frage in den Vordergrund, was Lehrkräfte wissen und können müssen, um ihre berufliche Praxis erfolgreich zu bewältigen. Das Spektrum reicht von fachlichen Fähigkeiten über Diagnosekompetenzen bis hin zu pädagogisch-psychologischem Wissen, um Lehren als Unterstützung zur Selbsthilfe und Lernen als eigenaktiven Prozess fassen zu können.

Kompetenzen werden nicht in einem Zug erworben; Lehrerbildung umfasst nicht nur das Studium an einer Hochschule, sondern ebenso das Referendariat und die Berufsphase. Die Reihe StandardWissen Lehramt bei UTB bietet daher Lehramtsstudierenden, Referendaren, Lehrern in der Berufseinstiegsphase und Fortbildungsteilnehmern jenes wissenschaftlich abgesicherte Know-How, das sie im Rahmen einer neu orientierten Ausbildung wie auch später in der Schule benötigen. Fachdidaktische und pädagogisch-psychologische Themen werden gleichermaßen in dieser Buchreihe vertreten sein – einer Basisbibliothek für alle Lehramtsstudierenden, Referendare, Lehrerinnen und Lehrer.

Inhalt

Vorbemerkung

„Mit Blick auf das Lernfeld muss eine Lehrkraft den Stoff beherrschen, den sie vermittelt. Das ist leicht gesagt. Man kann von einer Lehrkraft nicht erwarten, dass sie jeden Stoff in all seinen Verästelungen und Besonderheiten beherrscht. Verlangen aber muss man, dass sie die Grundlagen und Grundzüge kennt, den systematischen Zusammenhang der Wissenselemente, sowie die Methoden, wie sich fachliches Wissen aufbaut." (Jakob Ossner)[1]

Kinder- und Jugendliteratur in Schule und Lehramtsstudium

In allen Schulformen und -stufen ist der Umgang mit Kinder- und Jugendliteratur verbreitete Praxis. In den drei zurückliegenden Jahrzehnten verloren nicht nur die institutionellen und konzeptionellen Hindernisse, die der Integration der Kinder- und Jugendliteratur in den Unterricht zunächst entgegenstanden, an Bedeutung. Auch die Kinder- und Jugendliteratur selbst nahm in diesem Zeitraum eine bemerkenswerte qualitative Entwicklung. Sie überwand thematische Tabus, näherte sich dem Formenspektrum der allgemeinen Literatur an und entwickelte eine Vielfalt medienspezifischer Ausdrucksformen.

Zugleich entwickelte sich die Kinder- und Jugendliteraturforschung im internationalen Maßstab zu einer kultur-, sozial- sprach- und medienwissenschaftliche Aspekte integrierenden Teildisziplin der Literaturwissenschaften, deren grundlegende Methoden, Begriffe und Wissensbestände in entsprechenden Publikationen dokumentiert sind. Die Potenziale der Kinder- und Jugendliteratur in den Bereichen von Leseförderung, von literarischer und auch von sprachlicher Bildung finden im Kontext verschiedener fachdidaktischer Ansätze Berücksichtigung.

Dennoch wurde der Gegenstand im Studiengebot für angehende Deutschlehrerinnen und -lehrer lange Zeit eher stiefmütterlich behandelt und die erwähnten Veränderungen sowohl des literarischen Angebotes als auch der Kinder- und Jugendliteraturforschung wirkten sich zunächst nicht signifikant auf die Hochschullehre aus. Diese Situation hat sich im neuen Jahrtausend merklich verändert. Als Folge der Modularisierung der Lehramtsstudiengänge und ihrer stärkeren Orientierung an der Unterrichtspraxis ist die Kinder- und Jugendliteratur heute als Teil der Hochschullehre stärker etabliert als jemals zuvor[2].

Der vorliegende Band bietet auf der Grundlage des aktuellen Forschungsstandes eine historische und systematische Aspekte verbindende Einführung in einen Teilbereich der Literatur, der per se keineswegs ein „Lernfeld" des Deutschunterrichts darstellt.

Kinder- und Jugendbücher sind zunächst einmal Gegenstände der Freizeitlektüre. Das durch ihre Produktion, Distribution und Rezeption konstituierte „Feld“ soll hier als ein soziales „Handlungssystem“ bezeichnet werden, das sich vom 18. Jahrhundert an als ein besonderer Sektor der literarischen Öffentlichkeit immer mehr ausdifferenzierte. Als Vermittlungsinstanz der Kinder- und Jugendliteratur – neben der Familie, dem Kindergarten, den öffentlichen Bibliotheken und anderen kulturellen und pädagogischen Institutionen – bildet die Schule einen Teil dieses sozialen Handlungssystems.

Die Kinder- und Jugendliteratur offeriert ihren Rezipienten ein reiches Repertoire literarischer Erfahrungen und Begegnungen mit der Schriftkultur. Als Lernfeld des Deutschunterrichts setzt sie sich in dem Maße durch, in dem das Bewusstsein ihrer Bedeutung sowohl für die literarische Sozialisation als auch für die Lesesozialisation an Raum gewinnt. Dass diese Konstellation nicht ganz unproblematisch ist, hat Bettina Hurrelmann pointiert herausgestellt:

„Die Schule profitiert von einer Grenzüberschreitung, wenn sie Kinder- und Jugendbücher in den Unterricht aufnimmt. Sie partizipiert gleichsam an der „Lebensbedeutsamkeit“ des Gegenstandes und versucht diese in eine „Bildungsbedeutsamkeit“ nach ihren eigenen Begriffen und didaktischen Zielen umzumünzen.“[3]

Lehrkräfte im Unterrichtsfach Deutsch sollten nach Möglichkeit Experten im Lernfeld Kinder- und Jugendliteratur sein und gleichzeitig wissen, dass diese Literatur nicht auf ihre Funktion im Rahmen eines solchen Lernfeldes reduziert werden kann.

Aufbau des vorliegenden Bandes

Der vorliegende Band vermittelt darum neben didaktischen Überlegungen zur Kinder- und Jugendliteratur auch Grundkenntnisse des Gegenstandes. Um literarische Lernprozesse professionell fördern zu können, sollten Lehrerinnen und Lehrer einerseits mit den wichtigsten Ergebnissen der Forschung zur literarischen Sozialisation vertraut und andererseits in der Lage sein, sich im aktuellen Literaturangebot für Kinder- und Jugendliche zu orientieren, die Texte zu analysieren, zu interpretieren und fachlich begründete Urteile über das ihnen inhärente literarische Erfahrungspotenzial zu treffen. Das in diesem Band vermittelte Expertenwissen zur Kinder- und Jugendliteratur bedarf also, wenn es die Planung und Reflexion von Unterricht wirksam unterstützen soll, der Ergänzung durch Wissensbestände und Kompetenzen in angrenzenden Bereichen.

Obgleich die unterrichtspraktische Relevanz der behandelten Textsorte eine Leitlinie beim Aufbau dieses Bandes bildet, werden dort auch für den Unterricht kaum geeignete Texte aus den Anfängen der Kinder- und Jugendliteratur thematisiert. Der Band bietet allerdings keinen Geschichtsabriss, sondern exemplarische Einblicke in zwei Epochen bzw. Strömungen, die die Kinder- und Jugendliteratur besonders nachhaltig prägten: die Aufklärung und die Romantik.

In den darauf folgenden fünf Kapiteln werden jeweils Gattungen und Genres vorgestellt, die für den Unterricht in der Primarstufe und Sekundarstufe 1 besonders interessant sind und an denen sich die gegenwärtig erreichte Vielfalt der Formen und Funktionen in der Kinder- und Jugendliteratur exemplarisch zeigen lässt. Die exemplarische Vorgehensweise muss allerdings zwangsläufig viele Wünsche offen lassen. Weil die Einbeziehung der entsprechenden medienspezifischen Wissensbestände den vorgesehenen Rahmen gesprengt hätte, bleiben Kindertheater, -film und -fernsehen ebenso ausgespart wie Comics, Hörspiele und narrative Computerspiele.

Übersetzungen aus anderen Sprachen spielen in der Kinder- und Jugendliteratur traditionell eine große Rolle und prägen das gegenwärtige Erscheinungsbild in einem kaum zu überschätzenden Ausmaß. Da sich gerade unter den interessanteren, in der Fachöffentlichkeit besonders beachteten und literarisch innovativen Texten überproportional viele Übersetzungen befinden, ist es kaum verwunderlich, dass diese im Deutschunterricht Eingang finden. Das vorletzte Kapitel vermittelt Zugänge zu der komparatistischen und übersetzungswissenschaftlichen Kinder- und Jugendliteraturforschung, die ein professionelles Handeln in der geschilderten Situation ermöglichen.

Leserbezogene und didaktische Fragen der Kinder- und Jugendliteratur werden in allen Teilen des Bandes behandelt. Das letzte Kapitel greift diese Fragen systematisierend auf und vermittelt historische und gegenwartsbezogene Grundkenntnisse über die Funktionen der Kinder- und Jugendliteratur im Prozess der Sozialisation und ihren Stellenwert in Schule und Unterricht.

Am Ende jeden Kapitels befinden sich Hinweise auf weiterführende Literatur. Der Nachweis der verwendeten Literatur erfolgt in geisteswissenschaftlicher Zitationsweise (in Endnoten). Zur Selbstkontrolle Studierender wurden jedem Kapitel überdies Testfragen beigefügt (Modellantworten befinden sich im Anhang). Zur Erleichterung einer selektiven oder von der vorgegebenen Kapitelreihenfolge abweichenden Lektüre befindet sich im Anhang des Bandes ein Begriffsregister. Dieses Register verweist auf Erklärungen von Fachtermini[4].

Jedes Wissen über literarische Texte erstarrt zur Formelhaftigkeit wenn es nicht mit Lektüreerfahrungen vermittelt werden kann. Aus diesem Grund wurden den Testfragen Anregungen zur Arbeit mit Primärtexten hinzugefügt.

Gabriele von Glasenapp verfasste die Kapitel 3, 4 und 5; Gina Weinkauff die Kapitel 1, 2, 6, 7, 8 und 9. Für das Kapitel 2 (Romantik) wurden Vorarbeiten herangezogen, die Bernhard Rank den Verfasserinnen dankenswerterweise zur Verfügung stellte.

Für die intensive Mitarbeit an den Korrekturen sowie an der Endredaktion des Bandes sind die Verfasserin vor allem Martin Anker zu großem Dank verpflichtet, der sich des Manuskripts durchgängig mit großer Ausdauer und Gewissenhaftigkeit angenommen hat.

Gabriele von Glasenapp und Gina Weinkauff im März 2009

1 Am Anfang war die Pädagogik. Von der Entstehung einer Kinder- und Jugendliteratur im deutschen Sprachraum

Inhaltsübersicht

1.1. Anfänge und Vorformen

Seit wann gibt es im deutschen Sprachraum Kinder- und Jugendliteratur? Zu dieser Frage gibt es unterschiedliche wissenschaftliche Lehrmeinungen. In den 1970er und frühen 1980er Jahren galt die Kinder- und Jugendliteratur als eine Hervorbringung des bürgerlichen Zeitalters. Erst die Epoche der Aufklärung habe über einen Begriff von Kindheit als einer eigenständigen Lebensphase verfügt, der die Entstehung einer besonderen Literatur für Kinder oder Jugendliche ermöglichte. Diese Sicht der Dinge wurde inzwischen durch die historische Kinder- und Jugendliteraturforschung korrigiert. Heute besteht weithin Einigkeit darüber, die Anfänge der Kinder- und Jugendliteratur bereits im späten Mittelalter bzw. in der Frühen Neuzeit anzusiedeln.

Obwohl der Zeitraum seit der Erfindung des Buchdruckes bibliographisch mittlerweile gut erschlossen ist, existieren nur wenige Zeugnisse, die Auskunft darüber geben, was Kinder bzw. Jugendliche in der Vergangenheit tatsächlich gelesen haben. Eine der bekanntesten Quellen, auf die sich die Verfechter beider Forschungspositionen, der älteren und der neueren, immer wieder bezogen haben, ist Goethes Autobiographie „Dichtung und Wahrheit" (1811). Goethe schildert dort die Lesestoffe seiner Kindheit:

„Man hatte zu der Zeit noch keine Bibliotheken für Kinder veranstaltet. Die Alten hatten selbst noch kindliche Gesinnungen, und fanden es bequem, ihre eigene Bildung der Nachkommenschaft mitzutheilen. Außer dem ‚Orbis pictus' des Amos Comenius kam uns kein Buch dieser Art in die Hände; aber die große Foliobibel, mit Kupfern von Merian, ward

häufig von uns durchblättert; Gottfrieds ‚Chronik', mit Kupfern desselben Meisters, belehrte uns von den merkwürdigsten Fällen der Weltgeschichte; die ‚Acerra philologica' that noch allerlei Fabeln, Mythologien und Seltsamkeiten hinzu; und da ich gar bald die Ovidschen ‚Verwandlungen' gewahr wurde, und besonders die ersten Bücher fleißig studirte: so war mein junges Gehirn schnell genug mit einer Masse von Bildern und Begebenheiten, von bedeutenden und wunderbaren Gestalten und Ereignissen angefüllt, und ich konnte niemals lange Weile haben, indem ich mich immerfort beschäftigte, diesen Erwerb zu verarbeiten, zu wiederholen, wieder hervorzubringen."[5]

Der Verfasser wurde im Jahr 1749 geboren, es geht also in dem Zitat um einen Zeitraum von der Mitte der fünfziger bis gegen Ende der sechziger Jahre des 18. Jahrhunderts. Goethe begann mit der Niederschrift seiner Kindheitserlebnisse im Jahr 1809, als Sechzigjähriger. Der Text ist in verschiedener Hinsicht interessant: Er enthält Informationen über Goethes Lesesozialisation, die vielleicht frühe literarische Einflüsse auf die Entwicklung des späteren Schriftstellers erkennen lassen und überdies einen allgemeinen kulturgeschichtlichen Aussagewert besitzen. Die von den Kindern der Frankfurter Beamten- und Gelehrtenfamilie bevorzugten Bücher waren ausnahmslos sehr bekannt und verbreitet und es ist wahrscheinlich, dass sie auch außerhalb von Goethes Familie als Kinder- und Jugendlektüre geschätzt wurden. Zumindest sagt Goethes Aufzählung etwas über die Art der von Kindern und Jugendlichen seiner Zeit und sozialen Schicht gelesenen Bücher aus, über bevorzugte Themen, Gattungen, Genres, Textsorten und indirekt auch über spezifisch kindliche Lesebedürfnisse und Leseweisen.

Allerdings darf man bei der Interpretation der Aussagen Goethes über seine Kindheitslektüren die sinnstiftende Intentionalität seines autobiographischen Schreibens nicht übersehen. Der Text sagt nicht nur etwas darüber aus, was der junge Goethe gelesen hat, sondern vor allem über die literarischen Vorlieben des Sechzigjährigen.

Veränderungen im Lektüreangebot für Heranwachsende

Dass sich das Lektüreangebot für Heranwachsende in der Zeit von Goethes Kindheit bis zur Entstehung seiner Autobiographie stark verändert hat, verrät der erste Satz des zitierten Abschnitts. Die ein wenig kurios erscheinende Rede vom „Veranstalten" spezieller „Bibliotheken für Kinder" hat eine konkrete und eine allgemeine Bedeutungsebene. Konkret spielt Goethe offenkundig auf die von dem aufklärerischen Pädagogen und Jugendschriftsteller Joachim Heinrich Campe herausgegebene „Kleine Kinderbibliothek" an (12 Bände, 1778-1784; 10. Aufl. 1805) an. Im übertragenen Sinn hat man sich unter den „Veranstaltern" solcher Bibliotheken generell Verleger, Herausgeber oder Autoren vorzustellen, die Bücher, Zeitschriften, Almanache oder andere Druckschriften speziell für Kinder oder Jugendliche publizierten. Zu Beginn des 19. Jahrhunderts waren solche Publikationen bereits fest im literarischen Angebot etabliert.

Die Lesestoffe des jungen Goethe waren jedoch von anderer Art. Anstelle von Büchern, die eigens für Kinder verfasst oder herausgegeben wurden, „studirte" er beispielsweise Werke, die ihm die Geschichte und Mythologie des Altertums näher brachten, wie die Gottfriedsche „Chronik", das Texte aus der Antike in deutscher Sprache enthaltende Handbuch „Acerra Philologica" oder das Mythenwerk des römischen Dichters Ovid („Metamorphosen").

„Wunderbares" aus der Antike

Die anschließenden Beschreibungen der Lektüreerträge verdeutlichen, dass Goethes „Studiren" wohl kein zielgerichtet-systematischer Vorgang der Erarbeitung geordneter Wissensbestände gewesen ist, sondern eher eine Art rauschhaftes Eintauchen in eine Welt mannigfaltiger „Bilder" und „Begebenheiten". Einerseits besaßen diese Themen große Bedeutung für die Bildung des Einzelnen und die kulturelle Identität der Gesellschaft, andererseits vermittelten sie eine Fülle von „wunderbaren", seltsamen, fremdartigen und kuriosen Eindrücken. Für einen derartigen – unterhaltsamen – Gebrauch waren die in der Zeit um Christi Geburt entstandenen „Metamorphosen" des Ovid, die seit Mitte des 16. Jahrhunderts in verschiedenen deutschen Übersetzungen verbreitet waren, ebenso geeignet wie die von Matthäus Merian d.Ä. reich illustrierte „Chronik" des Johann Ludwig Gottfried (gest. 1633) und die „Acerra Philologica" (1637), die von ihrem Herausgeber Peter Lauremberg ganz bewusst als kurzweilig zu lesendes Sammelsurium konzipiert worden war. Letztere würde man heute vielleicht als *populärwissenschaftlich* bezeichnen. Goethe erklärt die Faszination dieser Lektüren aber nicht nur als eine Folge der unterhaltsamen Aufmachung der Bücher, sondern schreibt sie dem Gegenstand selbst zu: In den Überlieferungen aus der Antike manifestieren sich die „kindlichen Gesinnungen" der „Alten", so dass das Kind bei seinen literarischen Streifzügen einer der eigenen Weltsicht verwandten geistigen Haltung begegnet. Dass dieses Kind die in seinem Leseumfeld weithin fehlende altersspezifische Literatur nicht entbehrt, steht in der Logik des Textes völlig außer Frage: Das literarische Erbe der Menschheit bietet ein reiches Angebot, auch zur Befriedigung spezifisch kindlicher Lesebedürfnisse.

zeitgenössische Abenteuerliteratur

Im unmittelbaren Anschluss an die zitierte Passage erwähnt Goethe unter anderem zwei zeitgenössische Abenteuerromane: „Robinson Crusoe" (1719, dt. 1720) von Daniel Defoe und „Die Insel Felsenburg" (4 Bde., EA 1731-1743) von Johann Gottfried Schnabel sowie den beim damaligen Lesepublikum gleichfalls in hohem Kurs stehenden abenteuerlichen Reisebericht des britischen Admirals und Weltumseglers Baron George Anson („Reise um die Erde", 1748, dt. 1763).

Am Ende der Aufzählung steht eine Textsorte, deren Rezeption in Goethes Werk tiefe Spuren hinterlassen hat, die aber in der Zeit seiner Kindheit in gebildeten Kreisen kein besonders hohes Ansehen genoss:

„Nun sollte mir auch noch eine reichlichere Ernte bevorstehen, indem ich an eine Masse Schriften gerieth, die zwar in ihrer gegenwärtigen Gestalt nicht vortrefflich genannt werden können, deren Inhalt jedoch uns manches Verdienst voriger Zeiten in einer unschuldigen Weise näher bringt.

Der Verlag oder vielmehr die Fabrik jener Bücher, welche in der folgenden Zeit unter dem Titel ‚Volksschriften', ‚Volksbücher' bekannt und sogar berühmt geworden, war in Frankfurt selbst, und sie wurden, wegen des großen Abgangs, mit stehenden Lettern auf das schrecklichste Löschpapier fast unleserlich gedruckt. Wir Kinder hatten also das Glück, diese schätzbaren Überreste der Mittelzeit auf einem Tischchen vor der Haustüre eines Büchertrödlers täglich zu finden, und sie uns für ein paar Kreuzer zuzueignen. Der ‚Eulenspiegel', ‚Die vier Haimonskinder', ‚Die schöne Melusine', ‚Der Kaiser Oktavian', ‚Die schöne Magelone', ‚Fortunatus', mit der ganzen Sippschaft bis auf den ‚Ewigen Juden', alles stand uns zu Diensten, sobald uns gelüstete, nach diesen Werken anstatt nach irgend einer Näscherei zu greifen. Der größte Vorteil dabei war, daß, wenn wir ein solches Heft zerlesen oder sonst beschädigt hatten, es bald wieder angeschafft und aufs neue verschlungen werden konnte."

Die um das Thema *Nahrungsaufnahme* kreisende Metaphorik (die Rede vom Verschlingen und der Vergleich mit essbaren Näschereien) rückt die Volksbuchlektüre in einen dem Triebleben und den Bedürfnissen des Körpers assoziierten Bereich. Zudem kündet die Schilderung von der durchaus subversiv zu nennenden Lust an der Entdeckung einer literarischen Öffentlichkeit jenseits der väterlichen Bibliothek, die durch die mühelose Verfügbarkeit des wohlfeilen Lesegutes noch gesteigert wird.

Volksbuch ist eine von Johann Gottfried von Herder Ende des 18. Jahrhunderts eingeführte Bezeichnung für eine Gruppe von Erzählungen, die überwiegend im 15. und 16. Jahrhundert entstanden sind. Die von sogenannten Kolporteuren vertriebenen Schriften behandelten meist in Prosaform und oft von historischen Begebenheiten oder Personen ausgehend Stoffe aus Sage, Mythos, Legende oder Schwank. Die Volksbuchstoffe waren nicht nur bei Goethe beliebt (z.B.: „Faust"), sondern auch in der Literatur der Romantik.

Es wird deutlich, dass Goethes Kindheitslektüren nicht nur vielfältig, sondern hinsichtlich ihres kulturellen Status auch ausgesprochen heterogen zusammengesetzt waren. Das Kind beschäftigte sich lesend mit Themen von unumstrittenem Bildungswert, es teilte die Interessen der erwachsenen Leser an alter Geschichte und fernen Kontinenten und gab sich nebenbei den literarischen Vergnügungen des einfachen Volkes hin.

Spezifische Kinder- und Jugendliteratur

Goethe gibt an, in seiner Kindheit nur einem einzigen ausgesprochenen (*spezifischen*) Kinderbuch begegnet zu sein, dem „Orbis pictus" des Pädagogen und Predigers der Böhmischen Brüder, Johann Amos Comenius (1592-1670). Der „Orbis sensualium pictus", so lautet der vollständige Titel, war ein für den Schulgebrauch, aber auch zur Freizeitlektüre jüngerer Kinder bestimmtes Elementarwerk, das vom Prinzip der Anschaulichkeit bestimmt war (dt. etwa: Die sinnlich wahrnehmbare Welt in Bildern; EA 1658). In 150 Abschnitten auf jeweils zwei Buchseiten, die mit Holzschnittdarstellungen bebildert und mit einem zweisprachigen Text (in Latein und der Muttersprache der Schüler) versehen sind, führt das Buch in zahlreiche Wissensgebiete aus Natur und Gesellschaft ein und vermittelt überdies eine den Überzeugungen des Verfassers entsprechende religiöse Bildung. Der „Orbis pictus" erschien in vielen Auflagen und Bearbeitungen, wurde in zahlreiche Sprachen übersetzt und fand insbesondere innerhalb der deutschsprachigen belehrenden Kinderliteratur diverse Nachahmer.

Dass das einzige anerkanntermaßen *spezifische* Kinderbuch aus Goethes Jugendlektüre eigentlich für Unterrichtszwecke konzipiert war, verweist auf den Kontext von Erziehung und Bildung, dem die frühe Kinder- und Jugendliteratur ihre Entstehung verdankte. Denn man hatte zwar in der Tat in Goethes Kinderzeit und den Jahrhunderten zuvor „noch keine Bibliotheken für Kinder veranstaltet", aber eigens für Heranwachsende bestimmte und/oder von diesen präferierte Texte gab es durchaus – und zwar in einer so großen Zahl, dass einige wissenschaftliche Einrichtungen und private Sammler im Nachhinein recht ansehnliche „Bibliotheken" zusammentragen konnten.

(2)

Invitatio. Einleitung.

M. Veni, Puer! disce Sapere.	L. Komm her/ Knab! lerne Weißheit.
P. Quid hoc est, Sapere?	S. Was ist das/ Weißheit?
M. Omnia, quæ necessaria, rectè intelligere, rectè agere, rectè eloqui.	L. Alles/ was nöhtig ist/ recht verstehen/ recht thun/ recht ausreden.
P. Quis me hoc docebit?	S. Wer wird mich das lehren?
M. Ego, cum DEO.	L. Ich/ mit GOtt.
P. Quomodo?	S. Welcher gestalt?
	M. Du-

Abb. 1.1: Johann Amos Comenius: „Orbis sensualium pictus" (1658)

Heute besteht in der historischen Kinder- und Jugendliteraturforschung Einigkeit darüber, die Anfänge dieser Literatur lange vor der Goethezeit anzusiedeln. Der Zeitraum von der Erfindung des Buchdruckes (1450) bis 1750 ist bibliographisch gut erschlossen und dargestellt in zwei umfangreichen Handbüchern[6] und es gibt gute Gründe, auch Teile der didaktischen Literatur des Mittelalters zur Kinder- und Jugendliteratur zu zählen.

Probleme der Kinder- und Jugendliteratur-Historiographie

Beim Gebrauch des Begriffes *Literatur* muss bedacht werden, dass die betreffenden Texte zum Teil im Kontext von literarischen Öffentlichkeiten entstanden sind, die noch nicht vom Prinzip der Schriftlichkeit geprägt waren. Unbedingt sollte die Rede von einer Kinder- und Jugendliteratur des Mittelalters und der Frühen Neuzeit das Bewusstsein darüber einschließen, dass die Lebensphase vor dem Eintritt ins Erwachsenenalter in diesen historischen Perioden in sich kaum differenziert war, es also gar keine Unterscheidung von Kindheit und Jugend gab. Zumindest im Mittelalter galten zudem nicht nur junge Heranwachsende als *Kinder*, sondern auch geistliche Laien bzw. Personen in abhängiger Stellung.

Dennoch gibt es seit dem Hochmittelalter in deutscher Sprache verfasste Texte, die teils ausdrückliche Adressierungsangaben enthalten, teils Textmerkmale, aus denen sich altersspezifische Adressatenentwürfe ablesen lassen – auch wenn Verfasser und Herausgeber sich in den seltensten Fällen ausschließlich an junge Leser wandten und es oftmals im Laufe der Editions- und Bearbeitungsgeschichte zu einem Wechsel der Adressierung kam.

Die Texte sind durchwegs innerhalb von pädagogisch-didaktischen Handlungszusammenhängen entstanden, überwiegend in gesellschaftlichen Umbruchperioden und im Kontext von kulturellen oder religiösen Erneuerungsbewegungen. Zum Beispiel in der sog. *Karolingischen Renaissance* (spätes 8. Jhd.), als Teil der ritterlich-höfischen Standesliteratur (frühes 13. – frühes 14. Jhd.), im Humanismus (spätes 15. – mittleres 16. Jhd.) und in der Reformationszeit (ab 1520)[7].

pädagogisch-didaktische Ausrichtung

Die pädagogischen Funktionen dieser Kinder- und Jugendliteratur können vier Bereichen zugeordnet werden:

- An erster Stelle steht der Bereich der religiösen Unterweisung. In diesem Bereich sind nicht nur die vorrangigsten Ziele der ältesten Texte anzusiedeln, er besitzt auch in allen späteren Perioden eine Zentralstellung.
- Ein weiterer wichtiger Bereich kann mit einem modernen Begriff als Bereich der sozialen Kompetenz bezeichnet werden. Hier geht es um die Vermittlung des richtigen Verhaltens, um Sitte, Anstand und gutes Benehmen, aber auch um staatsmännisch-politische Klugheit. Abhängig von den standes- und geschlechtsspezifischen Unterschieden der Bildungsinhalte auf diesem Gebiet bilden sich unterschiedliche Adressierungspraktiken und auch Genres heraus (z.B. Fürstenspiegel, Jungfrauenspiegel, Väterlicher Rat).
- Neben der religiösen und der sittlich-moralischen Bildung zählt auch der Bereich der sprachlich-rhetorischen Bildung zu den traditionellen Aufgabenfeldern der Kinder- und Jugendliteratur und rückt phasenweise sogar in den Mittelpunkt (z.B. bei der vorwiegend in lateinischer Sprache verfassten Kinder- und Jugendliteratur der Humanisten).
- Eine vierter Bereich gewinnt insbesondere in den jüngeren Epochen der Geschichte an Bedeutung: der der Vermittlung von Sachwissen, also von Kenntnissen beispielsweise aus Na-

turwissenschaft, Technik, Mathematik, Geschichte oder Geographie.

Die Vor- und Frühgeschichte der deutschsprachigen Kinder- und Jugendliteratur erstreckt sich über einen Zeitraum von knapp tausend Jahren. Obgleich in diesem Zeitraum kaum von ununterbrochenen Traditionslinien die Rede sein kann, entwickelt sich ein literarisches Formenspektrum, dessen Vorhandensein zu den Grundvoraussetzungen der Entstehung eines kinder- und jugendliterarischen *Symbolsystems* gehört. Ein solches die Kinder- und Jugendliteraturproduktion steuerndes System von literarischen Normen und Konventionen etablierte sich jedoch erst im späten 18. Jahrhundert.

Darstellungsprinzipien

Drei Darstellungsprinzipien kommen in der belehrenden Kinder- und Jugendliteratur seit ihren Anfängen immer wieder aufs Neue und in vielfältigen Varianten zur Anwendung: Das Erzählen in lehrhaften Beispielen (besonders bei der Vermittlung religiöser, moralischer oder sittlicher Lehren), das verschriftlichte Lehrgespräch und die didaktisch motivierte Illustration. Zudem bezog die belehrende Kinder- und Jugendliteratur vielfach Impulse aus der allgemeinen Literatur der jeweiligen Zeit, sei es auf dem Wege der didaktischen Aufbereitung einzelner Werke oder durch das Aufgreifen von Formen und Gattungsmustern.

Gattungsspektrum

Folgende Genres waren um die Mitte des 18. Jahrhunderts unter anderem bekannt: Historienbilder, Kinderbibeln und -katechismen, Erbauungsschriften, religiöse und moralische Exempelbücher, ABC-Bücher und Fibeln, Enzyklopädien und Orbis-Pictus-Bücher, Briefsteller und andere rhetorische Lehrwerke, Schauspiele, Kalender, Geschichtsbücher, mythologische Lehr- und Anschauungsbücher, Zucht- und Sittenbücher, Spruchsammlungen, Konversationsbücher, Väterliche Räte, Schwänke, Fabeln und Tierepen, Schauspiele, Lieder und Gedichte.[8]

1.2. Kinder- und Jugendliteratur der Aufklärung

Im letzten Drittel des 18. Jahrhunderts nimmt die deutschsprachige Kinder- und Jugendliteratur einen Aufschwung wie zu keinem früheren Zeitpunkt ihrer Geschichte. Erst zu diesem Zeitpunkt entwickelt sie sich zu einem eigenständigen und quantitativ kaum noch überschaubaren Zweig des literarischen

Marktes, erst jetzt entsteht ein *Handlungssystem* Kinder- und Jugendliteratur.

Während die bisherige Kinder- und Jugendliteratur zum überwiegenden Teil auf dem Wege der Bearbeitung oder Umwidmung von Werken aus der allgemeinen Literatur entstanden ist, beginnt sich das Schreiben für Kinder in der Zeit der Aufklärung als kulturelle Praxis zu etablieren. In dieser Zeit formiert sich ein Kreis von Schriftstellern und Pädagogen, die sich mit dem Schreiben und Publizieren von Kinder- und Jugendliteratur beschäftigen und diese Tätigkeit überdies theoretisch reflektieren. Speziell für junge Leser werden Bücher, Zeitschriften und Almanache veröffentlicht, die zum Gebrauch im häuslichen Rahmen der bürgerlichen Familie oder in den pädagogischen Einrichtungen der Aufklärer bestimmt sind.

Veränderungen im Handlungssystem *Literatur*

Ein eigenständiges Handlungssystem Kinder- und Jugendliteratur mit adressatenspezifischen Publikationsmedien, einer sozialen Handlungsrolle *Kinder- und Jugendbuchautor*, einer entsprechenden Fachöffentlichkeit und spezifischen Vermittlungsinstanzen kann erst zu einem historischen Zeitpunkt entstehen, an dem das literarische Handlungssystem überhaupt hinreichend entwickelt ist. Die technischen Fortschritte auf dem Gebiet des Buchdrucks und das Fortschreiten der Alphabetisierung bilden dafür zwei wesentliche Voraussetzungen, die wiederum eine entsprechende Ausdifferenzierung und Spezialisierung des Verlagswesens überhaupt erst ermöglichen. Damit korrespondierend verändert sich das gesellschaftlich dominierende Leseverhalten von einer intensiven, auf wenige kanonische Texte und deren Auslegung konzentrierten, zu einer extensiven, novitätenorientierten Lektüre. Diese Entwicklungen vollziehen sich im Laufe des 18. Jahrhunderts. Erst in dessen letztem Drittel kann man mit einiger Berechtigung von Ansätzen eines sozialen Handlungssystems Kinder- und Jugendliteratur in Deutschland sprechen.

Stellenwert der Pädagogik im bürgerlichen Zeitalter

Die historischen Anfänge der Kinder- und Jugendliteratur im deutschen Sprachraum waren vom Leitdiskurs der Pädagogik bestimmt. Der sprunghafte Entwicklungsschub der Kinder- und Jugendliteratur im Jahrhundert der Aufklärung kann schließlich auch als Folge eines ebenso sprunghaft gewachsenen gesellschaftlich-kulturellen Stellenwertes der Pädagogik im bürgerlichen Zeitalter angesehen werden: Zu einem nicht geringen Teil findet die Selbstverständigung des Bürgertums über seine dem Adel entgegengesetzte kulturelle Identität und seine Moral im Rahmen pädagogischer Fragestellungen statt. Auf dem Wege der Erziehung soll der bürgerliche Habitus verbreitet und der gesellschaftliche Fortschritt beschleunigt werden. Zudem entsteht mit dem Beginn der Industrialisierung und der Auslagerung der Sphäre der Produktion aus der Familie ein neuartiger Qualifizierungsbedarf.

Die Epoche der Aufklärung

„Aufklärung ist der Ausgang des Menschen aus seiner selbst verschuldeten Unmündigkeit."
In dieser 1784 formulierten Definition gründet Immanuel Kant (1724-1804) das – aus seiner Sicht noch unabgeschlossene – Projekt der Aufklärung auf die menschliche Verstandestätigkeit, auf Vernunft, Selbstbestimmung und Selbstverantwortung.
Die am Ende des 17. Jahrhunderts in mehreren Ländern Europas einsetzende Epoche der Aufklärung findet ihren Ausdruck in allen Bereichen der Kultur – also auch in Literatur, Musik, Bildender Kunst und Theater. Ihre wesentlichen Impulse bezieht sie jedoch aus der Philosophie.
Es hat sich eingebürgert, eine rationalistische Frühphase der Aufklärung mit René Descartes (1596-1650) und Gottfried Wilhelm Leibniz (1646-1716) als wichtigsten Vertretern von einer durch den Empirismus John Lockes (1632-1704) und David Humes (1711-1776) bestimmten mittleren Periode und der durch Kant und seine „Kritik der reinen Vernunft" (1780) geprägten Phase der Spätaufklärung (etwa bis 1795) zu unterscheiden.
Bedeutende literarische Vertreter der deutschen Aufklärung waren Gotthold Ephraim Lessing (1729-1781) und Christoph Martin Wieland (1733-1813). Neben den Schriftstellern waren es vor allem die Pädagogen, die die erkenntnistheoretischen Modelle und ethischen Maximen der aufklärerischen Philosophie in Theorie und Praxis umsetzten.

Die deutschsprachige Kinder- und Jugendliteratur der Aufklärung ist in weitaus stärkerem Maße durch die aufklärerische Pädagogik bestimmt als durch die allgemeine Literatur. Die entscheidenden kinder- und jugendliterarischen Entwicklungen fanden in der Zeit der Spätaufklärung statt. Dennoch kann von einem Einfluss der Kantschen Philosophie kaum die Rede sein, während die Rezeption John Lockes für die Theoriebildung eine wichtige Rolle spielte.

Philanthropen

Man unterscheidet zudem das kinder- und jugendliterarische Wirken einer vor-philanthropischen und einer philanthropischen Pädagogengeneration und siedelt die entscheidende Zäsur am Beginn der siebziger Jahre des 18. Jahrhunderts an. Die beiden Strömungen unterscheiden sich vor allem durch ihr Kindheitsbild, das bei den Philanthropen vorrangig durch die Rezeption der Schriften von Jean-Jacques Rousseau sowie durch eine Distanzierung vom Rationalismus geprägt ist.

1.3. Der Einfluss Rousseaus und die Kinderliteraturreform der Philanthropen

Besondere Entwicklungsimpulse erwuchsen der Kinder- und Jugendliteratur in Deutschland aus den innerhalb der aufklärerischen Pädagogik des späten 18. Jahrhunderts gewonnenen Einsichten in die Spezifik kindlicher Lern- und Entwicklungsprozesse. So hatte der wohl bedeutendste Kinder- und Jugendbuchautor der Aufklärung, Joachim Heinrich Campe, im Jahr 1778 eine Schrift mit dem programmatischen Titel: „Nöthige Erinnerung, daß die Kinder Kinder sind, und als solche behandelt werden sollten" vorgelegt. In dieser Schrift tritt Campe als Vertreter der philanthropischen Generation in Erscheinung, die, unter dem Einfluss der Gedanken Jean-Jacques Rousseaus (1712-1778), gegen *enzyklopädische*, vom Anspruch der Vermittlung umfassender Wissensbestände bestimmte Bildungskonzepte zu Felde zogen. So kritisierte Campe in der oben genannten Schrift eine Erziehung, die „die Seele junger Kinder mit zu frühzeitigen und zu mancherley Kenntnissen ausstopft, welche theils noch ganz unnütz für sie sind, theils ihre schwache Fassungskraft zu sehr überschreiten"[9].

Joachim Heinrich Campe (1746-1818)

Zumeist gehen die didaktisch-methodischen Überlegungen der Philanthropen von den Gedanken des Elementarischen und des Exemplarischen aus – also von der Notwendigkeit einer in

Rücksicht auf die Erfahrungshorizonte und Lernvoraussetzungen von Kindern vorzunehmenden Begrenzung der Bildungsstoffe und von deren Vermittlung durch die Exempelmethode. Die Bezeichnung *philanthropische Bewegung* rührt von einer Modellschule her, die als Stätte der Begegnung der pädagogischen Reformer und der praktischen Erprobung ihrer Ideen eine besonderes Bedeutung besaß: dem 1774 gegründeten Dessauer *Philanthropin*. Der Gründer der Schule, Johann Bernhard Basedow, hatte die Exempelmethode bereits 1770 in seinem „Methodenbuch für Väter und Mütter" propagiert:

Johann Bernhard Basedow (1724-1790

„Die moralischen Regeln, wenn sie nicht durch Erzählung bestätigt werden, beschäftigen nur den Verstand, aber nicht zugleich die Einbildungskraft. Solche Vorstellungen aber haben in der Seele weder eine starke, noch eine dauerhafte Wirkung; sie werden leicht vergessen und selten wiederholt, weil die Wiederholung derselben nicht anders kann veranlaßt werden als durch Worte, nicht aber durch den Anblick oder durch die Erinnerung der sinnlichen Gegenstände. Hingegen, wenn die Regeln durch Erzählungen bestärkt werden, so finden sie leichteren Eingang in die Tiefe der Seele, in das Herz des Menschen."[10]

Mit dieser pädagogischen oder genauer: lernpsychologischen Begründung für den Wert des Erzählens als Erziehungsmittel hatte Basedow einen für das Projekt einer modernen Kinder- und Jugendliteratur richtungweisenden Grundgedanken der Philanthropen formuliert, der allerdings im Widerspruch zu der Lehre Rousseaus stand. Schließlich hatte Rousseau in seinem Erziehungsroman „Émile ou de l'éducation" (1762) das zu frühe Lesen zu einer „Geißel der Kindheit" erklärt und – im Zusammenhang mit einer Kritik am pädagogischen Umgang mit Fabeln – grund sätzliche Zweifel am didaktischen Wert fiktionaler Erzählungen angemeldet:

Jean Jacques Rousseau: *Émile ou de l'éducation* (1762)

„Wie kann man so blind sein und die Fabeln die Morallehre der Kinder nennen, ohne zu bedenken, dass die Fabel, während sie unterhält, die Kinder täuscht. Während die Lüge sie verführt, entgeht ihnen die Wahrheit. Die Mittel, mit denen man ihnen den Unterricht angenehm macht, hindern sie, Nutzen daraus zu ziehen. Fabeln können Erwachsene belehren. Den Kindern aber muß man die nackte Wahrheit sagen. Sobald man sie mit einem Schleier verdeckt, machen sie sich nicht mehr die Mühe, ihn zu lüften."[11]

Diese Forderung gründet auf einem Komplex von Vorstellungen und Erkenntnissen zur Anthropologie der Kindheit, der im Prinzip auch das Denken der deutschen Philanthropen bestimmt: dass die kognitiven und moralischen Potenziale der Kinder sich von denen der Erwachsenen unterscheiden, dass ihre Entwicklung sich in Stufen vollzieht, welche nicht willkürlich übersprungen werden können und dass ihr Lernen an die sinnliche Erfahrung und Anschauung gebunden ist. Aus alldem leiten die Philanthropen jedoch nicht den Ruf nach einer Abschaffung der Kinderliteratur ab, sondern den nach einer die neuen Erkenntnisse über die Eigenart der Adressaten berücksichtigenden Kinderliteraturreform.

Kinderliteraturreform der Philanthropen

Die bedeutendsten Wegbereiter dieser Reform waren Pädagogen: Neben den bereits erwähnten Joachim Heinrich Campe und Johann Bernhard Basedow zum Beispiel Friedrich Eberhard von Rochow (1734-1805), Christian Gotthilf Salzmann (1744-1811) und Ernst Christian Trapp (1745-1818). Dass sie mit ihren Kinder- und Jugendschriften keine über das erklärte Ziel einer adressatengerechten Vermittlung von Bildungszielen der Aufklärung hinausreichenden literarästhetischen Ambitionen verfolgten, ist hinlänglich dokumentiert. Zudem bestand ein beträchtlicher Teil ihrer schriftstellerischen Tätigkeit weniger in der Schaffung originärer Werke als in der Bearbeitung bereits vorhandener. Dieses Autorschaftsmodell wird insbesondere von Joachim Heinrich Campe verkörpert.

1.4. Joachim Heinrich Campes Robinson-Adaption

Campe hat als Theoretiker, Schriftsteller und Herausgeber wie kaum ein zweiter zur Herausbildung eines kinder- und jugendliterarischen Handlungs- und Symbolsystems beigetragen. Der überwiegende Teil seiner Werke besitzt eine Vorlage oder folgt zumindest einem bereits vorhandenen Gattungsmuster. In der Wahl der Vorlagen und in den Adaptionsstrategien sind die Ziele der philanthropischen Kinderliteraturreform augenfällig bekundet. Dies gilt besonders für Campes mit Abstand erfolgreichstes Werk „Robinson der Jüngere“ (1779)[12], dessen Popularität in Deutschland zeitweise diejenige des Originals (Daniel Defoe: „The Life and Strange Surprizing Adventures Of Robinson Crusoe", OA 1719, dt. EA 1720) übertraf und das seinerseits in mehrere moderne Fremdsprachen sowie ins Lateinische und ins Hebräische übersetzt wurde. Die Aufmerksamkeit Campes für den Robinson-Stoff war durch Rousseaus „Émile" geweckt worden, denn der Roman von Defoe war die einzige der Figur des Zöglings „Émile" zugestandene Lektüre. Die durch die Affinität der Geschichte vom Überleben des erfindungsreichen Schiffbrüchigen zu den Erziehungsidealen Rousseaus begründete Wertschätzung erstreckt sich bei Campe jedoch, wie er im Vorwort seiner Bearbeitung ausführt, lediglich auf das, was er die „Hauptidee" Defoes nennt – im Detail lasse der Text, zumal in seiner vorliegenden deutschen Übersetzung, „wünschenswerthe Eigenschaften eines guten Kinderbuchs" durchaus vermissen.

Abb. 1.2: Joachim Heinrich Campe: „Robinson der Jüngere". Frontispiz der Ausgabe von 1807 (EA 1779). Kupferstich von Daniel Chodowiecki

Campe konzentriert sich in seiner Bearbeitung vollkommen auf die Darstellung der Erlebnisse Robinsons auf der Insel, die er, ganz im Sinne Rousseaus, als pädagogische Provinz inszeniert. Die von Defoe in epischer Breite erzählte Vor- und Nachgeschichte der Inselepisode wird auf das zur Abrundung des Entwicklungsromans notwendige Maß reduziert. Zudem muss Campes jüngerer Robinson eine schwierigere Bewährungsprobe bestehen als der Protagonist Defoes, denn der Verfasser lässt ihn „um auf der einen Seite zu zeigen, wie hülflos der einsame Mensch sei, und auf der andern, wie viel Nachdenken und anhaltende Strebsamkeit zur Verbesserung unsers Zustandes auszurichten vermögen" (Vorwort) mit nichts als den Kleidern, die er auf dem Leib trug, stranden, so dass er gezwungen ist, jedes zu seinem Überleben nötige Hilfsmittel eigenhändig herzustellen.

Insel als pädagogische Provinz

Die augenfälligste Veränderung der Romanhandlung ist jedoch deren Einbettung in eine Rahmenhandlung, in der Campe dem von ihm geleiteten Erziehungsinstitut in Hamburg-Billwerder (1778-1783) ein literarisches Denkmal setzte. Auf der Ebene

Rahmenhandlung in Dialogform

der Rahmenhandlung nimmt der Text mitunter eine annähernd dramatische Form an, d.h. er besteht überwiegend aus Dialogen mit vermittelnden Erzählsequenzen, die allerdings kaum über den Umfang von Szenenanweisungen hinausgehen. Die derart dargestellte fiktive Erzählsituation des Robinsonromans zeigt eine idealisierte Erziehungssituation: Umringt von seinen Zöglingen, der leiblichen Tochter Lotte und der Mutter, erzählt der unschwer als alter ego des Verfassers erkennbare Haus- und Familienvater allabendlich eine Episode aus dem Inselleben Robinsons. Zum Entwicklungsroman des jüngeren Robinson, der als unvernünftiger und ungehorsamer Jüngling Schiffbruch erleidet und in der Wildnis zu Tugend und Verstand gelangt, gesellt sich der Erziehungsroman nach dem Vorbild von Rousseaus „Émile", der, gemäß einer im Vorwort erklärten „Nebenabsicht" des Verfassers, den sekundären erwachsenen Adressaten des Buches Modelle pädagogisch sinnvollen Verhaltens bietet:

„Ich hoffte nemlich, durch eine treue Darstellung wirklicher Familienscenen ein für angehende Pädagogen nicht überflüssiges Beispiel des väterlichen und kindlichen Verhältnisses zu geben, welches zwischen dem Erzieher und seinen Zöglingen nothwendig obwalten muß." (Vorwort)

Die hauptsächliche Absicht Campes bei der Einführung der Rahmenhandlung dürfte darin bestanden haben, seinen primären kindlichen Adressaten den Zugang zu der außerhalb ihrer Erfahrungswirklichkeit angesiedelten Binnenhandlung um Robinson zu erleichtern und zugleich sicherzustellen, dass sie aus dem Inhalt der Robinson-Geschichte auch die richtigen Lehren ziehen. Diesen, dem Buche eingeschriebenen Absichten der Akkommodation und der Rezeptionslenkung entsprechend, beginnt der Roman:

*„Es war einmahl eine zahlreiche Familie, die aus kleinen und großen Leuten bestand. Diese waren theils durch die Bande der Natur, theils durch wechselseitige Liebe vereiniget. Der Hausvater und die Hausmutter liebten Alle, als ihre eigene Kinder, ohngeachtet nur Lotte, die Kleinste von Allen, ihre leibliche Tochter war; und zwei Freunde des Hauses, R** und B**, thaten ein Gleiches. Ihr Aufenthalt war auf dem Lande, nahe vor den Thoren von Hamburg.*

Das Wort dieser Familie war: bete und arbeite! und Klein und Groß kanten kein ander Glük des Lebens, als welches die Erfüllung dieser Vorschrift gewährt. Aber während der Arbeit und

nach vollendetem Tagewerke, wünschte jeder von ihnen auch etwas zu hören, welches ihn verständiger, weiser und besser machen könte. Da erzählte ihnen dan der Vater, bald von diesem, bald von jenem, und die kleinen Leute alle hörten ihm gern und aufmerksam zu. Eine von solchen Abenderzählungen ist die folgende Geschichte des jüngern Robinsons. Da man glaubte, daß wohl noch mehr gute Kinder wären, die diese merkwürdige Geschichte zu hören oder zu lesen wünschten: so schrieb sie der Vater auf und der Buchdrukker mußte zwei tausend Abdrükke davon machen.
Das Buch, liebes Kind, das du iezt in Händen hast, ist einer davon. Du kanst also, wenn du wilst, gleich auf der folgenden Seite anfangen."

Wirklichkeitsmodell und Erzählformen

Die Erzählung setzt also ein mit der realistischen Beschreibung einer Alltagsszenerie, die – Abbild und Vorbild zugleich – der Lebenswelt der Adressaten des Buches ähnlich ist, deren Akteure den Lesern aber zugleich Beispiele richtigen Verhaltens im Allgemeinen und im Besonderen des richtigen Umgangs mit der Binnenerzählung geben. Sie finden ihr Glück in einem tugendhaften Leben und der Genuss, der ihnen in Gestalt der Erzählungen des Vaters zuteil wird, ist beileibe kein Selbstzweck, sondern er dient der Bildung der Zöglinge. Die Mutter spielt entsprechend der Ideologie der Aufklärer in diesem Szenario nur eine marginale Rolle, sie ist für die praktischen Belange des Haushalts und die Versorgung der Familie zuständig und im Übrigen eine ebenso dankbare Empfängerin der väterlichen Lehren wie die Kinder. Der auktoriale Erzähler simuliert eine direkte Erzählsituation, die erzählte Welt der Rahmenhandlung schließt die Wirklichkeit der Adressaten ein und der tatsächliche Leser wird auf das Buch in seiner Hand als untrügliches Beweisstück seiner Teilhabe an der Wirklichkeit der Erzählung hingewiesen.

Auch die Binnenerzählung folgt einem realistischen Wirklichkeitsmodell, sie handelt aber vorzugsweise an Schauplätzen jenseits der Erfahrungswelt der Protagonisten der Rahmenhandlung und der Adressaten. Lediglich der Vater überblickt die Welt des Robinson und kennt seine Geschichte. Er figuriert aber keinesfalls als deren Erfinder, sondern lediglich als Erzähler eines wahren Geschehens, auf dessen Hergang er keinen Einfluss hat, dessen Wiedergabe er jedoch, mit Rücksicht auf seine Zuhörer, gestalten kann: in der Festlegung der Handlungsabschnitte, in der Entscheidung, in welchem Umfang er seine Zuhörer durch Vorgriffe an seinem auktorialen Wissen teilhaben lässt, und in der Wahl des Erzähltempos. Handlungsabschnitte, deren Bildungswert der Vater für gering erachtet, werden zeitraffend erzählt und er fügt vielfach Pausen ein, um die Gedanken und Gefühle Robinsons in aller Ausführlichkeit zu beschreiben, zu kommentieren und schließlich mit seinen Zöglingen zu besprechen. Diese väterlichen Entscheidungen über die Form seiner Erzählung werden stets begründet und mehrfach holt der Vater das ausdrückliche Einverständnis seiner Zöglinge dafür ein. Die Kinderfiguren sind stark idealisiert, als ausgesprochen Ich-starke, rationale und disziplinierte Gestalten, die auf der Grundlage eines bereits internalisierten bürgerlichen Wertesystems durchaus kritisch und selbstbewusst mit dem Vater zu kommunizieren verstehen. Das vom Vater geleitete, vernunftorientierte Gespräch erscheint als die entscheidende Instanz zur Korrektur irrationaler kindlicher Impulse, welche ausschließlich dargestellt werden, um ihre beispielhafte Überwindung zu thematisieren. So bildet das für die Aufklärung bedeutende Thema Affektkontrolle auf beiden Ebenen der Handlung ein zentrales Motiv. So wie der jüngere Robinson es lernen muss, seine Angst und Verzweiflung zu beherrschen, üben sich auch die Zöglinge der Rahmenerzählung im Lustaufschub, indem sie einzig zu diesem Zweck an einer besonders spannenden Stelle auf den Abschluss einer Abendunterhaltung verzichten.

Affektkontrolle

Neben der moralischen Unterweisung bezweckte Campe mit seiner Bearbeitung die sachliche Belehrung seiner Leser, indem er seinen Robinson mit zahlreichen technischen, geographischen und naturkundlichen Problemstellungen konfrontierte, die in der Rahmenhandlung ausgiebig und unter Einbeziehung der Alltagserfahrungen der Zöglinge erörtert wurden.

Der Roman ist in vielerlei Hinsicht typisch für die Kinder- und Jugendliteratur der Aufklärung:

- Seine markante pädagogisch-didaktische Ausrichtung entspricht einer normativen Vorstellung von Kinder- und Jugendliteratur als einem Medium der Wissens- und Wertevermittlung.
- Er ist auf allen Ebenen der Handlung vom Erziehungsoptimismus der Aufklärung geprägt, von ihrem Arbeitsethos und von ihrem auf Vernunft, Tugendhaftigkeit und Triebkontrolle gegründeten Menschenbild.
- Es handelt sich nicht um eine originäre literarische Schöpfung, sondern um eine Bearbeitung.

Akkommodation

Charakteristisch für die philanthropische Strömung der aufklärerischen Kinder- und Jugendliteratur ist die formale und inhaltliche adressatenspezifische *Akkommodation*, also die Anpassung an die angenommenen Rezeptionskompetenzen und Leseinteressen der Adressaten. Dazu gehören die realistische Erzählweise, der Verzicht auf symbolhafte oder allegorische Darstellungsformen, die Berücksichtigung des Erfahrungshorizontes der Adressaten und die Aufbereitung der Handlung durch lehrhafte Dialoge. Letzteres hat Campe auch in seinem 1781/82 erschienenen Buch „Die Entdeckung von Amerika" zum Bearbeitungsprinzip erhoben (Gegenstand der Bearbeitung ist diesmal ein geschichtswissenschaftliches Werk) und überhaupt spielen Lehrgespräche in unterschiedlichen Gattungen und Genres der Kinder- und Jugendliteratur der Aufklärung eine beherrschende Rolle, u.a. auch in den sogenannten *Kinderschauspielen*. Sie unterscheiden sich vor allem durch ihre Situierung in einem realistisch dargestellten lebensweltlichen Milieu von den wesentlich formelhafteren Dialogen aus der lehrhaften Literatur des späten Mittelalters.

Lehrgespräche

Diese Beobachtung lässt sich noch weiter verallgemeinern: Das Gattungsspektrum der Kinder- und Jugendliteratur der Aufklärung scheint auf den ersten Blick in weitaus geringerem Maße durch zeitgenössische literarische Tendenzen geprägt als durch die Gattungstraditionen der lehrhaften Literatur. Sittenbüchlein, Spruchsammlungen, Vermächtnisse, Väterliche Räte, Klugheitsregeln, Katechismen, Fabeln, Rätsel, Historien und Erbauungsgeschichten gehören einer schon lange vor dem Jahrhundert der Aufklärung einsetzenden literarischen Überlieferung an. Bei genauerer Betrachtung ist es jedoch nicht zu übersehen, dass die aufklärerischen Jugendschriftsteller die traditionellen Genres nicht einfach als Vehikel ihrer neuen Gedanken benutzten, sondern – im Bemühen um adressatengerechtes Schreiben – vielfach die Gattungskonventionen verändert haben. Unter dem Einfluss der kinder- und jugendliterarischen Tätigkeit der Aufklärer verändert sich das formale und inhaltliche Gepräge der von ihnen verwendeten traditionellen Gattungen und Genres.

Veränderung von Gattungskonventionen

Die traditionsreiche Praxis des Erzählens in lehrhaften Beispielen entfaltet im Zusammenhang mit modernen Konzepten von Kindheit und Jugend, von individueller Entwicklung und gesellschaftlicher Erneuerung eine ungeheure Dynamik. Indem die Aufklärer die Handlung ihrer Beispielgeschichten in der Lebenswelt der Adressaten ansiedeln, schaffen sie eine Grundlage zur Entfaltung des kinderliterarischen Realismus (vgl. Kapitel 3). Auch das literarisierte Lehrgespräch verändert sich in dem Maße, in dem die Protagonisten mit individuellen Zügen ausgestattet und die Kinderfiguren als selbstständig denkende vernünftige Wesen konzipiert sind. Durch Auswahl und Umgestaltung vorhandener Elemente aus dem Formenreservoir der lehrhaften Literatur trugen die Aufklärer zur Entstehung eines kinder- und jugendliterarischen Symbolsystems bei. Im Vergleich zu dem Erscheinungsbild der Kinder- und Jugendliteratur des späten 18. Jahrhunderts erscheinen die Texte aus Mittelalter und Früher Neuzeit lediglich als Vorläufer einer literarischen Entwicklung, die erst unter dem Einfluss von Philosophie und Pädagogik der Aufklärung markante Konturen gewinnt und ihre soziale Basis im Bürgertum hat.

1.5. Zwischen Pädagogik und Ästhetik, Unterhaltung und Belehrung

Eine ebenso knappe wie einfache Formulierung der Absichten der philanthropischen Kinderreformer finden wir bei Joachim Heinrich Campe. Sie entstammt der Vorrede zum ersten Band der von ihm herausgegebenen „Kleinen Kinderbibliothek" (12 Bände, 1778-1784):

„Mein erster Grundsatz war, nur solche Stückchen aufzunehmen, welche für Kinder ebenso verständlich als unterhaltend und lehrreich zugleich wären."[13]

Dass Literatur Nutzen und Freude gleichermaßen gewähren soll, ist ein Prinzip aus der antiken Poetik (Horaz: „prodesse et delectare"). Darauf spielt Campes Forderung („unterhaltend und lehrreich zugleich") möglicherweise an. Wir wissen allerdings, dass die beiden Wirkungskomponenten bei Campe in einem hierarchischen Verhältnis stehen. Der eigentliche Zweck der Kinder- und Jugendliteratur ergibt sich aus der Absicht der Belehrung. Dieser Absicht sind die beiden anderen genannten Wirkungskomponenten Verständlichkeit und Unterhaltsamkeit untergeordnet. Damit

Abb. 1.3: Friedrich Justin Bertuch: „Bilderbuch für Kinder“. Bd. 1-2 (1790), Nr. 88

die Lehren der Kinderliteratur ihre Adressaten überhaupt erreichen, ist es nötig, bei der Auswahl, Bearbeitung und beim Schreiben der Texte die mentale Aufnahmefähigkeit und das Unterhaltungsbedürfnis der Leser zu berücksichtigen. Dennoch ist in dem Streben nach adressatengerechter Akkommodation ein Potenzial der Verselbständigung der unterhaltsamen Aspekte der Kinder- und Jugendliteratur gegenüber ihren lehrhaften Zwecken im Keim bereits enthalten, das in deren weiterer Geschichte an Bedeutung gewinnen wird.

Ansätze dazu entwickeln sich am Ende des 18. Jahrhunderts noch innerhalb der Kinder- und Jugendliteratur der Aufklärung: bei Campe selbst, bei Christin Felix Weiße, dem Herausgeber und hauptsächlichen Autor der Zeitschrift „Der Kinderfreund“, der als einer der wenigen Kinderschriftsteller der Aufklärung der allgemeinen Literatur seiner Zeit näher stand als der Pädagogik, und in dem Unterhaltungskonzept, das Friedrich Justin Bertuch mit seinem überaus aufwendig ausgestatteten 12-bändigen „Bilderbuch für Kinder“ (1790ff.) verfolgte. Dieses glich in der Anlage eher den vom jungen Goethe geschätzten Geschichtsalben aus dem 17. Jahrhundert als den bisherigen Anschauungswerken der lehrhaften Literatur der Aufklärung. Ganz auf die Befriedigung der Schaulust kindlicher Betrachter ausgerichtet, bot es anstelle eines sachorientiert-systematischen Aufbaus ein absichtsvoll inszeniertes Sammelsurium attraktiver Bilder.

Christian Felix Weiße (1726-1804)

Friedrich Justin Bertuch (1741-1822)

Während Bertuch sein Vorgehen noch als ein letztlich didaktisch motiviertes Zugeständnis an das kindliche Bedürfnis nach Abwechslung und Zerstreuung rechtfertigte, vertritt ein weiterer Jugendschriftsteller der Aufklärung, Johann Karl Wezel, ein alternatives Konzept von Kinder- und Jugendliteratur. Wezel war bereits als Literaturkritiker und Schriftsteller etabliert, als er von Christian Felix Weiße für die Mitarbeit an der Zeitschrift des Dessauer Philanthropins gewonnen wurde und im Rahmen dieser Tätigkeit einige Jugendschriften verfasste. Sein wichtigstes

Johann Karl Wezel (1747-1819)

jugendliterarisches Werk ist eine Robinson-Bearbeitung, die im gleichen Jahr wie die Campesche (1779) und in deutlicher Konkurrenz zu dieser erschienen ist[14]. Im Vorwort polemisiert Wezel nicht nur gegen die didaktische Instrumentalisierung der Literatur, sondern auch gegen die kinderliterarische Akkommodation, wie sie von den Philanthropen praktiziert wurde. Stattdessen setzt er auf das Bildungspotenzial anspruchsvoller realistischer Literatur, die sich mit engen wirkungspsychologischen Strategien nicht verträgt. Wezels demonstrative Abkehr von dem gerade erst begonnen Projekt einer spezifischen Kinderliteratur wird innerhalb der Kinder- und Jugendliteraturforschung kontrovers bewertet: als Vorgriff auf wesentlich modernere, vom Primat der Ästhetik bestimmte Kinderliteraturkonzepte oder im Gegenteil als Rückfall hinter die moderne Kindheitsvorstellung der Philanthropen. Negativ für Wezel fällt allerdings die Robinson-Bearbeitung selbst ins Gewicht, die den theoretischen Postulaten des Verfassers kaum standhält und im Übrigen auch hinsichtlich ihrer Publizität weit im Schatten von Campes „Robinson der Jüngere" steht.

Was bleibt? (Historische Bedeutung)

Dieser wohl erfolgreichste Text aus der Kinderliteratur der Aufklärung lässt jedoch auch deren Grenzen erkennen, denn das Buch wurde zwar bis in das frühe zwanzigste Jahrhundert hinein aufgelegt, ist aber inzwischen aus dem Lektüreangebot für Heranwachsende ebenso verschwunden wie die übrige literarische Hinterlassenschaft dieser historischen Strömung. Stattdessen ist das bei den Aufklärern wenig beliebte literarische Erbe der Märchen, Sagen, Volksbücher und Kinderreime bis heute in der Kinderkultur präsent, ebenso wie manche Gedichte von Schriftstellern des 18. Jahrhunderts wie Matthias Claudius (1740-1815) und Christian Adolf Overbeck (1755-1821), die zu bis heute beliebten Kinderliedern geworden sind (z.B. „Der Mond ist aufgegangen..." oder „Komm, lieber Mai...").

Doch obgleich die Kinder- und Jugendliteratur der Aufklärung offenbar keine *Klassiker*-Texte hervorgebracht hat, hat sie das literarische Teilsystem nachhaltig geprägt. Ihre historischen Leistungen liegen weniger im Bereich des eigentlichen literarischen Nachlasses als in kinderliterarischen Handlungskonzepten und langfristig wirksamen Normen.

Normen und Handlungskonzepte

Dazu gehört die Etablierung des Konzepts *spezifische Kinder- und Jugendliteratur*, die Praxis der adressatenspezifischen Akkommodation, die Herausbildung einer sozialen Handlungsrolle *Kinder- und Jugendschriftsteller* und die Begründung eines theoretischen Diskurses über literaturpädagogische Fragen. Die Konzeptualisierung von Kinder- und Jugendliteratur als Instrument der Wissens- und Wertevermittlung ist älter als das Jahrhundert der Aufklärung. In diesem Jahrhundert erreicht die Tradition der Belehrung mit literarischen Mitteln jedoch eine völlig neuartige gesellschaftliche Bedeutung. Zudem verändern sich die Bildungsziele. Die religiöse Erziehung verliert ihre Zentralstellung, der Bereich der sachlichen Unterweisung gewinnt an Gewicht und die sittlich-moralische Erziehung ist bestimmt von den Prinzipien der Vernunft, der moralischen Selbstbestimmung, der religiösen Toleranz, des Kosmopolitismus, von Zivilisation und bürgerlicher Liberalität. So entstand in der Zeit der Aufklärung das Modell einer Kinder- und Jugendliteratur der Emanzipation, das im zwanzigsten Jahrhundert verschiedene Renaissancen erfuhr. Als Gewährsmann für die anhaltende identitätsstiftende Dimension dieser Epoche sei hier nur Erich Kästner angeführt, der sich selbst zu einem „Urenkel der Aufklärung" erklärt hat. Die Modernität der Kinder- und Jugendliteratur der Aufklärung liegt aber nicht nur auf der Ebene der durch sie repräsentierten ethischen Werte und der Bildungsziele, an denen sie ausgerichtet ist. Vielmehr besitzt diese Modernität auch eine jenseits der aufklärerischen Programmatik liegende Dimension: Indem sie eine Entfaltung der Eigendynamik des Ästhetischen gegenüber dem Pädagogischen ermöglichen, markieren die Bestrebungen insbesondere der philanthropischen Kinderliteraturreformer, bei der Gestaltung der Texte die Bedürfnisse der kindlichen Adressaten zu berücksichtigen, den Beginn einer bis heute unabgeschlossenen „Dialektik des Pädagogischen der Kinder- und Jugendliteratur"[15].

Bildungsziele

Eigendynamik des Ästhetischen

Zusammenfassung

In diesem Kapitel wurde der Einfluss der Pädagogik auf Entstehung und Ausdifferenzierung einer Kinder- und Jugendliteratur im deutschen Sprachraum thematisiert. Die historischen Anfänge dieser Literatur können bereits im Mittelalter angesiedelt werden, die Ausdifferenzierung eines besonderen Handlungssystems Kinder- und Jugendliteratur aus dem Handlungssystem der allgemeinen Literatur beginnt allerdings erst im späten 18. Jahrhundert. Die Kinder- und Jugendliteraturproduktion der Aufklärer setzte einen Prozess in Gang, in dessen Verlauf der Anteil der eigens für Kinder oder Jugendliche verfassten Texte (spezifische Kinder- und Jugendliteratur) an dem für die Altersgruppe bereit stehenden Lektüreangebot stetig ansteigt. Das Kapitel vermittelt Informationen über die Vorläufer der Kinder- und Jugendliteratur der Aufklärung, über den besonderen Beitrag der Philanthropen und über unterschiedliche Konzepte literarischer Unterhaltung und Belehrung. Am Beispiel von Joachim Heinrich Campes Roman „Robinson der Jüngere" (1779) wurden zeittypische Strategien einer adressatenorientierten Akkommodation gezeigt. Am Schluss wurde die Frage nach der historischen Bedeutung der Kinder- und Jugendliteratur der Aufklärung behandelt.

Testfragen

1. Welche Arten von Literatur bevorzugte – der im Text wiedergegebenen Passage aus *Dichtung und Wahrheit* zufolge – der junge Goethe und inwiefern ist das Zitat als Quelle für die Geschichte der Kinder- und Jugendliteratur interessant?
2. Erklären Sie mithilfe der Begriffe *Handlungssystem* und *Symbolsystem* die neue Qualität der Kinder- und Jugendliteratur der Aufklärung im Vergleich zur vorherigen Kinder- und Jugendliteratur!
3. Welche gesellschaftlichen und kulturellen Voraussetzungen ermöglichten das Entstehen einer *spezifischen Kinder- und Jugendliteratur* in der Aufklärung?
4. Was bewirkte die Kinderliteraturreform der Philanthropen, was waren ihre Motive?
5. Erklären Sie den Zusammenhang von adressatenspezifischer Akkommodation und der Verselbständigung der unterhaltsamen und der ästhetischen Aspekte der Kinder- und Jugendliteratur.

Anregungen zur Textarbeit

Die in diesem Kapitel erwähnte oder behandelte Primärliteratur wird Ihnen nur zum geringsten Teil bekannt sein. Machen Sie sich klar, welche der erwähnten Titel und Autoren-

namen Sie schon einmal gehört haben und welche nicht! Welche Texte bzw. Stoffe kennen Sie? Falls Sie in einer Lerngruppe arbeiten, sollten Sie sich darüber austauschen.
Nutzen Sie die im Literaturverzeichnis angegebenen Primärtextsammlungen, um sich ein wenig einzulesen! Nehmen Sie sich nach Möglichkeit auch einen vor dem 18. Jahrhundert entstandenen Text vor – z.B. aus der Sammlung „ABC und Abenteuer". Auf der Website des Zentrums für Didaktik der Universität Jena finden Sie Auszüge aus dem „Orbis Pictus" von Comenius (http://www.didaktik.uni-jena.de/did_02/comenius.htm).
Die Reclam-Anthologie „Kinder- und Jugendliteratur der Aufklärung" ist nach Gattungen gegliedert. Entscheiden Sie sich für eine Gattung und wählen Sie Texte aus, mit denen Sie sich gründlicher beschäftigen möchten. Wenn Sie sich für Kinderlieder und -gedichte entscheiden, können Sie sich am ehesten einen Eindruck von der Breite und Heterogenität des literarischen Angebotes machen. Die genuin lehrhaften Gattungen und Genres (Lesebücher, Sittenbüchlein, Vermächtnisse, Väterliche Räte, Klugheitsregeln, Elementarbücher, Enzyklopädien und Kinderlogiken) dokumentieren besonders deutlich die pädagogischen und philosophischen Ziele der Aufklärer und eignen sich überdies für Vergleiche mit der älteren didaktischen Literatur. Märchen und Abenteuererzählungen sind gleichermaßen populäre wie aus Sicht der Aufklärer suspekte Genres, die Texte in der Anthologie zeigen, welche Zugeständnisse an die Unterhaltungsbedürfnisse der Zielgruppe möglich waren und eignen sich besonders für einen Vergleich mit der Kinder- und Jugendliteratur des 19. Jahrhunderts. Das erfolgreichste Kinderbuch der Aufklärung „Robinson der Jüngere" von Campe finden Sie auch auf der Website des Projekts Gutenberg (http://gutenberg.spiegel.de/).
Suchen Sie in dem von Ihnen ausgewählten Text (bzw. den Texten) nach Merkmalen einer adressatenspezifischen Akkommodation! Vielleicht können Sie einen adressatenunspezifischen Vergleichstext heranziehen. Welche pädagogischen Ziele sind dem Text eingeschrieben? Welche Unterhaltungsangebote hält er bereit? Inwieweit ist der Text vom Geist der Aufklärung und von ihrem Kindheitsbild bestimmt?

Literaturtipps

Sekundäriteratur

Alt, Peter-André: *Aufklärung*. 3. aktualisierte Aufl. Stuttgart; Weimar: Metzler 2007.

Brunken, Otto: *Mittelalter und Frühe Neuzeit*. In: Wild, Reiner (Hg.): Geschichte der deutschen Kinder- und Jugendliteratur. 3. vollst. überarb. und erw. Aufl. [EA 1990]. Stuttgart; Weimar: Metzler 2008, S. 1-42.

Dettmar, Ute: *Docere – delectare – movere. Zum Stellenwert der Unterhaltung in Poetik und Praxis kinderliterarischer Aufklärung*. In: Ewers, Hans-Heino [u.a.] (Hg.): Kinder- und Jugendliteraturforschung 2001/2002, S. 15-33.

Ewers, Hans-Heino: *Was ist Kinder- und Jugendliteratur? Ein Beitrag zu ihrer Definition und zur Terminologie ihrer wissenschaftlichen Beschreibung*. In: Lange, Günter (Hg.): Taschenbuch der Kinder- und Jugendliteratur. Baltmannsweiler: Schneider-Verlag Hohengehren 2000, S. 2-16.

Wild, Reiner: *Aufklärung*. In: Ders. (Hg.): Geschichte der deutschen Kinder- und Jugendliteratur. 3. vollst. überarb. und erw. Aufl. [EA 1990]. Stuttgart; Weimar: Metzler 2008, S. 44-95.

Primärtextsammlungen

Baumgärtner, Alfred C.; Pleticha, Heinrich (Hg.): *ABC und Abenteuer. Texte und Dokumente zur Geschichte des deutschen Kinder- und Jugendbuches*. [2 Bände]. München: dtv 1985.

Ewers, Hans-Heino (Hg.): *Kinder- und Jugendliteratur der Aufklärung*. Stuttgart: Reclam 1980; in digitalisierter Form auf der Website der Arbeitsstelle für Leseforschung und Kinder- und Jugendmedien der Universität zu Köln: http://www.aleki.uni-koeln.de/ebib/text/ts_kjl_aufklaerung.shtml

2 „Wo Kinder sind, da ist ein goldenes Zeitalter“. Die romantische Gegenbewegung

Inhaltsübersicht

2.1. Romantik als Gegenentwurf zur Aufklärung

„Standardmodell" der historischen Entwicklung

Nicht nur in Deutschland entwickelte sich im 18. Jahrhundert ein eigenständiges, zunächst stark pädagogisch-didaktisch ausgerichtetes und von den Zielen der Aufklärung bestimmtes Handlungs- und Symbolsystem Kinder- und Jugendliteratur. Die vergleichende Kinder- und Jugendliteraturforschung spricht in diesem Zusammenhang sogar von einem „Standardmodell" der historischen Entwicklung, das nicht nur in Nord- und Westeuropa und Nordamerika Gültigkeit besitzt sondern zum Beispiel auch auf die Geschichte der hebräischen Kinder- und Jugendliteratur übertragen werden kann.[16] Zum Standardverlauf gehört jedoch auch die Herausbildung einer Gegenbewegung, die ein alternatives Modell von Kinder- und Jugendliteratur hervorbringt und – in sehr unterschiedlichem Ausmaß – durchsetzt. Die Repräsentanten dieser Gegenbewegung sind nicht mehr schreibende Pädagogen, sondern Schriftsteller, deren Impetus von einer idealisierten Kindheitsvorstellung bestimmt ist. Die Romantik lehnt eben jene lehrhaften Gattungen und Genres ab, die von der Aufklärung bevorzugt wurden und favorisiert die von der Aufklärung abgelehnten folkloristischen Formen wie Ammenverse, Volkslieder, Märchen, Sagen, Legenden und Volksbücher. Den in der Aufklärung entstandenen Praktiken der kinderliterarischen Akkommodation und der spezifischen Kinder- und Jugendliteratur setzt die Romantik einen dem Vorbild der Volksliteratur nachempfundenen offenen Adressatenentwurf entgegen. Unter dem Einfluss der Romantik entstehen „doppelsinnige" kinderliterarische Texte, die unterschiedliche Lesarten zulassen und dem erwachsenen Mitleser mitunter raffinierte ästhetische Genüsse offerieren, statt ihn auf seine Funktion als pädagogischen Vermittler zu reduzieren.

Allerdings bewirkte die Romantik keineswegs eine vollständige Umgestaltung der Kinder- und Jugendliteratur im 19. Jahrhundert. Ihr Einfluss auf das noch lange von den lehrhaften Traditionen der Aufklärung bestimmte Lektüreangebot für Heranwachsende war zumindest im deutschen Sprachraum denkbar gering. Mit Blick auf die Geschichte der Kinder- und Jugendliteratur bildete die Romantik vielmehr eine Avantgarde, deren historische Bedeutung weit über das frühe 19. Jahrhundert hinaus weist. Nach Ewers entwickelt sich aus dem Gegensatz aufklärerischer und romantischer Kinder- und Jugendliteraturkonzepte ein bis in die Gegenwart wirksames Paradigma:

Romantik als Avantgarde

paradigmatische Bedeutung

„Die romantische verdrängt keineswegs die didaktische Strömung; mit dem Aufkommen der romantischen Gegenbewegung setzt sich vielmehr eine Polarisierung durch, die für das Feld der Kinder- und Jugendliteratur fortan charakteristisch sein wird. Der im Gegeneinander von religiös- bzw. aufgeklärt-didaktischer und romantischer Kinderliteratur erstmals sich manifestierende Antagonismus wird im Laufe der geschichtlichen Entwicklung in unzähligen Verkleidungen wiederkehren; noch in den allerjüngsten Debatten schimmert er durch.“[17]

Satirische Darstellungen der aufklärerischen Pädagogik finden sich bereits vor der Entstehung einer romantischen Kinderliteratur in einigen für erwachsene Leser bestimmten Erzählungen der Frühromantik. Peter Lebrecht, Held des gleichnamigen Debütromans von Ludwig Tieck (1795), blickt zurück auf eine Kindheit, in der „man mich nach keinem Elementarwerke oder Kinderfreunde, in keinem Philanthropin oder Schnepfenthal verbildete.“ Die Anspielung bezieht sich zum einen auf Schul- und Erziehungskonzepte wie sie Johann Bernhard Basedows ‚Philanthrophin‘ in Dessau oder der von Christian Gotthilf Salzmann gegründeten Erziehungsanstalt in Schnepfenthal (Thüringer Wald) zugrunde liegen, zum anderen auf typisch aufklärerische Titel der Kinder- und Jugendliteratur: z.B. Basedows „Elementarwerk“ von 1774 oder Christian Felix Weißes Wochenblatt „Der Kinderfreund“ (1776-1782). Das rechte Leben des Tieckschen Romanhelden beginnt vielmehr in dörflicher Abgeschiedenheit und naturverbundener Freiheit:

Aufklärungssatire in der Frühromantik

Ludwig Tieck: „Peter Lebrecht“ (1795)

„Ich lebte den einen Tag fort, wie den andern, und auf diese Art wird man nach und nach älter, man weiß selbst nicht wie es geschieht. Ich half meinem Vater in Kleinigkeiten auf dem Felde, oder meiner Mutter in der Wirtschaft, oder schlug mich mit meinem Bruder herum. Kurz, mir verging die Zeit sehr geschwind, und ich hatte nie Ursache über Langeweile zu klagen."

Das *ganze Haus*

In diese Welt ist die bürgerliche Gesellschaft noch nicht eingedrungen, man lebt und wirtschaftet nach dem Prinzip des *ganzen Hauses*, in dem die Bereiche Familie, Arbeitsleben und Kindererziehung noch nicht getrennt sind. Zu den einfachen Zerstreuungen des Landlebens, die den jungen Helden vor der Langeweile bewahren, gehört auch das entsprechende Angebot an literarischer Folklore. Selbstverständlich werden die Märchen, Sagen und Volksbücher dem jungen Peter Lebrecht nicht vorgelesen, sondern erzählt und ebenso selbstverständlich ist das Kind bereit, die darin enthaltenen wunderbaren und ungeheuerlichen Begebenheiten für bare Münze zu nehmen:

Volksliteratur und Wunderglaube

„In meiner Kindheit war es gar nicht meine Sache, viel über einen Gegenstand nachzudenken, oder wohl gar an irgend etwas zu zweifeln. Marthe mochte mir noch so ungeheure Märchen erzählen, ich hätte mich für die Authentizität des Siegfried und der Haimonskinder totschlagen lassen; jeden Fremden, den ich durch unser Dorf wandern sah, betrachtete ich sehr genau, ob es nicht etwa der ewige Jude Ahasverus sei."[18]

Ähnliche in romantischer Sicht idealisierte Darstellungen von Begegnungen kindlicher oder jugendlicher Helden mit der Volksliteratur enthalten auch die (Erwachsenen-)Romane „William Lovell" (1795-96, 3 Bde.) und „Franz Sternbalds Wanderungen" (1798) von Tieck und „Herzensergießungen eines kunstliebenden Klosterbruders" (1797) von Friedrich Wackenroder. In Joseph von Eichendorffs „Ahnung und Gegenwart" (1815) wird eine solche Begegnung als literarisches Initiationserlebnis eines der Protagonisten erzählt, über dessen Erziehung allerdings zu seinem Unglück ein modern denkender Hauslehrer wacht, so dass der junge Mann sich erst im Walde verirren und durch Zufall an den Herd einer einfachen Dörflerfamilie geraten muss, deren Oberhaupt ihn schließlich mit dem begehrten volkstümlichen Lese-

Joseph von Eichendorff: „Ahnung und Gegenwart" (1815)

stoff (auch in gedruckter Form) versorgt. Leider ist es ihm nicht vergönnt, sich länger mit den Volksbüchern zu vergnügen:

„Mein Hofmeister, ein aufgeklärter Mann, kam hinter meine heimlichen Studien und nahm mir die geliebten Bücher weg. Ich war untröstlich. Aber Gott sei Dank, das Wegnehmen kam zu spät. Meine Phantasie hatte auf den waldgrünen Bergen, unter den Wundern und Helden jener Geschichten gesunde, freie Luft genug eingesogen, um sich des Anfalls einer ganzen nüchternen Welt zu erwehren. Ich bekam nun dafür Campes Kinderbibliothek. Da erfuhr ich denn, wie man Bohnen steckt, sich selber Regenschirme macht, wenn man etwa einmal, wie Robinson, auf eine wüste Insel verschlagen werden sollte, nebstbei mehrere zuckergebackene, edle Handlungen, einige Elternliebe und kindliche Liebe in Scharaden.“[19]

Die romantische Kindheitsliteratur geht der Entstehung einer für kindliche Leser bestimmten Literatur der Romantik nicht nur voraus, auch in der Literatur der Spätromantik spielt das Thema Kindheit und Jugend, wie das zuletzt zitierte Beispiel zeigt, noch eine wichtige Rolle – nicht nur in der erzählenden Literatur, sondern auch in Lyrik und Essayistik. Die Romantik lehnt die Vernunftpädagogik und das Nützlichkeitsdenken der Aufklärung ab, denn ihr gilt die Kindheit als eine gerade aufgrund der Affinität zu der Sphäre des Wunderbaren, der Natur, der Religion und der Kunst schützenswerte Daseinsform. Kinder bedürfen aus dieser Sicht keiner gezielten, didaktisch ausgeklügelten Unterweisung und darum auch keiner eigens für sie verfassten Literatur, sie brauchen nichts weiter als eine naturnahe Umgebung (wie Peter Lebrecht) und freien Zugang zur Volksliteratur, die die Romantik auch als „Naturpoesie“ bezeichnete.

Abb. 2.1: Der romantische Kindheitsmythos in der bildenden Kunst: „Der Morgen“. Kupferstichvorlage zum Zyklus „Die Zeiten“ von Philipp Otto Runge (1803)

Wie es im Zusammenhang mit den Entwicklungen der romantischen Kindheitsutopie und den unterschiedlichen Strategien zur Bewahrung bzw. Wiederbelebung der Volkspoesie dennoch zur Entstehung einer romantischen Kinderliteratur (nicht nur Kindheitsliteratur) kam, behandeln die beiden folgenden Abschnitte des Kapitels.

„Die romantische Poesie ist eine progressive Universalpoesie. [...] Die romantische Dichtart ist die einzige, die mehr als Art, und gleichsam die Dichtkunst selbst ist: denn in einem gewissen Sinn ist oder soll alle Poesie romantisch sein."[20]

In seinem 116. von insgesamt über 400 thesenartigen Fragmenten, die in der von ihm herausgegebenen Zeitschrift „Athenäum" erschienen sind, definierte Friedrich von Schlegel 1798 die romantische Poesie als eine „progressive Universalpoesie", in der nicht nur die Grenzen zwischen den Gattungen und den Künsten, sondern auch diejenigen zwischen Kunst und Philosophie, Religion und Naturkunde aufgehoben sind. „Progressiv" heißt, dass die „romantische Dichtart" nie vollendet sein kann, sondern ebenso fragmentarisch wie Schlegels Theorie bleiben und sich ständig weiterentwickeln muss. Diese der Kunstauffassung der Klassik und der Philosophie der Aufklärung gleichermaßen entgegengesetzte Ästhetik versteht sich nicht als Programm einer partikularen auf bestimmte Formen festgelegten literarischen Strömung („Dichtart"), sondern als theoretische Begründung einer künstlerischen Praxis, die nicht weniger zu sein beansprucht als „die Dichtkunst selbst".

Strömung, nicht Epoche

Die zeitlichen Grenzen der deutschen Romantik werden in der literaturwissenschaftlichen Forschung verschieden gezogen. Die Datierungen schwanken zwischen einem engeren (1798-1830) und einem weiteren Zeitraum (1790-1850). Im engeren und noch stärker im weiteren Zeitraum überschneidet sich die Romantik mit der Spätaufklärung, mit der Klassik, mit dem Biedermeier, mit dem Vormärz und mit den Anfängen des bürgerlichen Realismus. Im Unterschied zur Aufklärung (vgl. Kapitel 1.2) liegt es nahe, die Romantik nicht so sehr als eine geistes- und kulturgeschichtliche Epoche zu verstehen, denn als künstlerisch-kulturelle Strömung im Europa des ausklingenden 18. und frühen 19. Jahrhunderts, die sich vorzugsweise in der bildenden Kunst, der Literatur und der Musik manifestierte und teilweise bis zur Jahrhundertmitte andauerte.

Frühromantik

Die Entstehungs- und Frühphase der deutschen Romantik („Jenaer Romantik") ist überwiegend philosophisch und dichtungstheoretisch ausgerichtet. Werke von Ludwig Tieck, Wilhelm Heinrich Wackenroder, August Wilhelm und Friedrich Schlegel, Novalis (Friedrich von Hardenberg) und Clemens Brentano bringen den programmatischen Charakter der Frühromantik exemplarisch zum Ausdruck. Ein Ende findet die Frühromantik, als die Universität Jena aufgrund der politischen Entwicklungen ihre geistesgeschichtlich führende Rolle verliert.

Hochromantik

In der Hochromantik bilden sich literarische Zentren in Heidelberg (1805-08) und Berlin (1810-20). In Heidelberg wird die Grundlage geschaffen für die Sammlung und Edition von Volksliteratur: Clemens Brentano und Achim von Arnim stellen hier die Gedichtanthologie „Des Knaben Wunderhorn" (1806/1808) zusammen und beteiligen sich auch an den Vorarbeiten zur Sammlung der „Kinder- und Hausmärchen" der Brüder Grimm (1. Ausgabe 1812). In Berlin findet sich 1814 der „Seraphinenorden", ein kleiner Schriftstellerzirkel, zusammen. Daran knüpft E.T.A. Hoffmann an: In seiner vierbändigen Sammlung von Erzählungen der Serapionsbrüder (1819) setzt er den Treffen mit seinen literaturbegeisterten Freunden ein literarisches Denkmal.

Spätromantik

Wichtige Vertreter der Spätromantik wenden sich dem Katholizismus zu und bringen ihre religiös und zum Teil auch national geprägte Weltanschauung in ihren Werken zum Ausdruck: Friedrich Schlegel, Joseph Freiherr von Eichendorff, Clemens Brentano, Joseph Görres. Ein vom Protestantismus und von der Volksliteratur beeinflusster „schwäbischer Dichterkreis" gruppiert sich in Tübingen um den Arzt und Schriftsteller Justinus Kerner und die Dichter Ludwig Uhland und Wilhelm Hauff. Mit diesen Entwicklungen bereitet die Spätromantik den Übergang zum Biedermeier vor.

2.2. Die romantische Kindheitsutopie

„Wo Kinder sind, da ist ein goldenes Zeitalter"

Nirgendwo anders findet die Kindheitsutopie der Frühromantik einen so bündigen Ausdruck als in dem berühmten Satz Friedrich von Hardenbergs (1772-1801), der im Titel dieses Kapitels zitiert wird. Der Satz wurde im April 1798 als das 97. von insgesamt 114 philosophisch-aphoristischen Fragmenten im ersten Heft der bereits erwähnten Zeitschrift „Athenäum" unter erstmaliger Verwendung des Pseudonyms „Novalis" und unter dem symbolträchtigen Titel „Blütenstaub" veröffentlicht.

Parallelisierung von Ontogenese und Phylogenese

Die Rede vom „goldenen Zeitalter" zielt auf den Mythos vom idealen Urzustand der Menschheit, der die Verheißung auf seine Wiederkehr am Ende der menschlichen Geschichte bereits in sich birgt. Der Zusammenhang zwischen Kindheit und goldenem Zeitalter wird erkennbar, wenn man das 50. „Blütenstaubfragment" hinzuzieht: „Jede Stufe der Bildung fängt mit Kindheit an. Daher ist der am meisten gebildete irdische Mensch dem Kinde so ähnlich." So wie die Menschheit in ihrer Endzeit auf die glückhaften Anfänge zurücksteuert, gipfelt auch der Bildungsprozess des Einzelnen idealerweise in einer zweiten Kindheit, in der die Genialität und das kosmische Einheitsgefühl der ersten Kindheit auf einer höheren Stufe wieder errungen sind.

Kulturgeschichtlich sind die Vorstellungen von einem vollkommenen und idealen Zustand am Anfang der Zeit und des Lebens schon sehr alt. Der Mythos vom „goldenen Zeitalter" stammt aus der griechisch-römischen Antike und im Alten Testament findet sich z.B. das poetische Bild vom Garten des Paradieses. Beide Kulturen kennen auch die Prophezeiung, dass die Rückkehr ins Paradies oder die Wiederkehr des „goldenen Zeitalters" durch die Geburt eines „göttlichen Kindes" eingeleitet wird.

Rousseau und Herder

Das romantische Kindheitsbild knüpft an solche Vorstellungen an und verbindet sie mit zeitgenössischen Auffassungen aus Philosophie, Anthropologie und Pädagogik.

In ihren Diskurs über Kindheit nehmen die Romantiker Impulse von Johann Gottfried Herder auf, der sich wiederum intensiv mit der Kindheitsvorstellung Jean Jacques Rousseaus auseinandergesetzt hat.[21] Der Einfluss von Rousseaus Zivilisationskritik und seinem Bild der Kindheit als einem dem Animalisch-Primitiven verhafteten Naturzustand lässt sich an den weiter vorn zitierten Passagen aus Tiecks „Peter Lebrecht" gut ablesen. Allerdings unterschied sich die Rousseaurezeption der deutschen Romantik von derjenigen der Philanthropen beträchtlich. Während die Philanthropen vorzugsweise an den entwicklungspsychologischen Erkenntnissen interessiert waren, die sich dem Studium des Werks von Rousseau abgewinnen ließen, richtete sich das Augenmerk der Romantiker, denen pädagogisch-didaktische Erwägungen ja generell fern lagen, auf dessen utopische Züge. Die Eigenart des Kindes wurde zu einem Wert an sich – verstanden als Abglanz einer idealen Vergangenheit und Vorschein einer idealen Zukunft gleichermaßen. Inhaltlich ließen sich einige zentrale Aspekte des Rousseauschen Kindheitsideals mit demjenigen der Romantiker kaum vereinbaren, etwa die dem Kinde zugeschriebene Nüchternheit, seine noch gering ausgeprägte Emotionalität, seine sensitive Vernunft und sein Streben nach Freiheit und Unabhängigkeit.

Demgegenüber sind – Hans-Heino Ewers zufolge – in der „Herderschen Anthropologie des Kindes bereits alle Elemente des romantischen Kindheitsbildes präsent […]: heftige Emotionalität, aktive Einbildungskraft und überbordende Phantasie, fehlende Nüchternheit und mangelnder Realitätssinn, animistische Weltsicht und Beseelung der Natur, soziale Anhänglichkeit und Autoritätssinn, Leichtgläubigkeit und schnelle Beeindruckbarkeit.“[22]

„Glücklich ist diese Zeit der Jugend, auch in ihrem ersten schönen Traum glücklich. Sie ahnet viel: denn sie kennet noch wenig; sie hoffet viel: denn sie ist noch nie von den Schranken zurückgestoßen, die unsere besten Hoffnungen einschränken. Wir haben also dem Schöpfer für diesen Morgen voll schöner Bilder, für dieß Paradies unschuldiger Hoffnungen und Wünsche sehr zu danken.“ (Johann Gottfried Herder)[23]

Die „Zeit der Jugend“, wie Herder statt „Kindheit“ sagt, trägt ihren Maßstab in sich selbst. Sie steht unter der Herrschaft der Phantasie und ist besonders empfänglich für Töne und Poesie, für Musik und Tanz. Darum üben zum Beispiel Märchen und Volkslieder auf die Entwicklung der kindlichen Seelenkräfte einen besonderen Einfluss aus.

Von der Kindheitsanthropologie zur Kindheitsutopie

Ewers legt großen Wert darauf, Herders Werk innerhalb der Anthropologie, also der Wissenschaft vom Wesen des Menschen und seiner Entwicklung, zu verorten. Insofern ist auch Herders Vorgehen vom Denken der Aufklärung geprägt. Die Romantik übernimmt demnach die inhaltlichen Bestimmungen der Herderschen Kindheitsanthropologie, um sie nach dem Vorbild Rousseaus utopisch zu überhöhen.

In der Kindheitsutopie der Früh- und Hochromantiker versinnbildlicht sich ihre Hoffnung auf eine Rückkehr ins Paradies oder eine Wiederkehr des „goldenen Zeitalters". Die Eigenschaften und Attribute, die *dem* Kind dabei zugeschrieben werden, sind sehr vielfältig und erheben einen universalen Anspruch: Das Seelenleben des Kindes ist bestimmt von Enthusiasmus, Bewunderungskraft, Gefühlsbetontheit, Aufnahme- und Nachahmungsfähigkeit, Gläubigkeit, Phantasie und Einbildungskraft, Heiterkeit, Reinheit, Unschuld und Güte. Das Kind lebt in Einheit und Harmonie mit der es umgebenden Welt und hat eine unmittelbare Affinität zur Natur, vor allem zu den organisch wachsenden Pflanzen. Das Numinose in der Religion und das Wunderbare in der Poesie erschließen sich ihm unmittelbar und als genuin poetische Daseinsform ist die Kindheit der Existenzweise des Dichters verwandt.

In all diesen Aspekten wird deutlich, dass die romantische Rede vom Kind in den umfassenderen Rahmen einer übergreifenden Erneuerungsidee eingeordnet werden muss. Das romantische Kindheitsbild übernimmt dort die Funktion eines symbolischen Leitbilds, das auch die Kinderliteratur der nachfolgenden Romantikergeneration noch prägt.

Von der Kindheitsliteratur zur Kinderliteratur

Diese entstand jedoch erst, nachdem sich unter den Anhängern der Romantik eine gewisse Ernüchterung hinsichtlich der Realisierbarkeit ihrer Ideale eingestellt hatte. Eine Ursache dafür liegt in den mit dem Beginn der Napoleonischen Ära, der Gründung des Rheinbundes und der Auflösung des Heiligen Römischen Reiches Deutscher Nation entstandenen politischen Verhältnissen, die unter Deutschen Intellektuellen generell zwar ein durchaus geteiltes Echo fanden, aber von den Romantikern durchweg als bedrückend empfunden wurden. Diese Situation erklärt nicht nur die Intensität, mit der die Vertreter der Hoch- und Spätromantik nach den kulturellen Grundlagen einer nationalen Identität zu suchen begannen, sondern auch die Verlagerung ihres Interessensfokus von der zweiten auf die erste Kindheit.

Kindheit schien nun nicht mehr als verlässliche Garantie für die Wiederkehr des „goldenen Zeitalters", sondern als ein durch die Übermacht der Verstandeskultur bedrohtes Gut:

„Die Entstellung der Kindheit durch den Zeitgeist raubt in der Sicht der Spätromantiker dem Menschen einen nur als Kind zu erlebenden Höhepunkt irdischen Daseins und liefert ihn damit vollends einer transzendentalen Obdachlosigkeit aus. Die Erfahrung, daß auch die Kindheit einer Rettung bedarf, treibt die Spätromantiker nun auch zu pädagogischem Aktivismus."[24]

Während im Denken der Frühromantiker Kinder als reale Adressaten literarischer Texte schlechterdings nicht vorkamen, entfalteten Vertreter der Hoch- und Spätromantik wie zum Beispiel die Brüder Grimm, Achim von Arnim, Clemens Brentano und E.T A. Hoffmann diverse Aktivitäten zur Bereitstellung eines den romantischen Vorstellungen vom Wesen des Kindes entsprechenden Literaturangebotes.

2.3. Wiederbelebung der Volkspoesie

Auch in der Hoch- und Spätromantik war man sich darüber einig, dass nur die Volkspoesie ein solches, dem kindlichen Wesen entsprechendes Literaturangebot bereit stellen könne. Allerdings wich die an diesen Begriff gebundene Vorstellung von derjenigen der Frühromantik in einem entscheidenden Punkt ab.

Der Begriff und sein von den Romantikern gleichfalls gebrauchtes Synonym „Naturpoesie" stammt von Herder und umfasst ohne nationale Begrenzung die literarische Folklore aller Völker. In der Jenaer Romantik bestand generell ein großes Interesse an außereuropäischen Mythen und Überlieferungen – die erste deutsche Übersetzung des Baghavad Gita aus dem Sanskrit beispielsweise stammt von August Wilhelm von Schlegel – und Herder beschäftigte sich vorzugsweise mit der „Naturpoesie" des Orients.

Naturpoesie als Nationalpoesie

Demgegenüber ist die Volkspoesie (bzw. Naturpoesie) im Verständnis der Brüder Grimm stets eine Nationalpoesie, die als kollektive Schöpfung Geist und Wesen eines die Nation bildenden Volkes zum Ausdruck bringt[25]. Ähnliche Vorstellungen liegen auch der zweiten bedeutenden Volksliteratur-Sammlung der Romantik „Des Knaben Wunderhorn" von Achim von Arnim und Clemens Brentano (1806-1808) zugrunde.

Im Anhang zum ersten Band der Sammlung macht von Arnim deutlich, dass er die Vorstellung vom „goldenen Zeitalter" nicht mehr, wie Herder, auf die Geschichte der gesamten Menschheit bezieht und im Orient verortet, sondern auf die mythische Vorgeschichte der eigenen Nation umdeutet. Für die Verquickung der Kinder- und Jugendliteratur mit den nationalen Bewegungen des 19. Jahrhunderts ist damit eine erste Weichenstellung erfolgt.

Die Hochschätzung der Volkspoesie als Kinderlektüre ergibt sich aus der idealisierten Sicht der Vergangenheit, die nun nicht mehr als Kindheit der Menschheit, sondern als Kindheit des eigenen Volkes imaginiert wird. Einzig eine solche, im übertragenen Sinn „kindliche“ Literatur ist dem Kinde, wie es die Romantik versteht, gemäß. Daraus ergibt sich, dass die Romantiker nicht nur die Kinder- und Jugendliteratur der Aufklärung ablehnten, sondern dem Verfassen eigens für Kinder bestimmter Texte durch zeitgenössische Schriftsteller generell äußerst skeptisch gegenüberstanden. Die kinderliterarischen Projekte der Hoch- und Spätromantik standen denen der Aufklärung also nicht nur in inhaltlicher und formaler Hinsicht entgegen, sondern auch hinsichtlich der Autorschafts- und Adressatenentwürfe. So verstanden sich die Urheber dieser Projekte zunächst nicht (oder allenfalls zum Teil) als *Verfasser* der Texte, sondern als Wahrer einer durch die moderne Zivilisation bedrohten literarischen Überlieferung und die Texte waren nicht ausschließlich an Kinder adressiert. Typisch für die Kinderliteratur der Romantik sind Formen der Mehrfachadressierung, wie im Falle der Grimmschen „Kinder- und Hausmärchen“, oder doppelsinnige, unterschiedliche Lesarten erlaubende Textstrukturen.

Autorschafts- und Adressatenentwürfe

Die Bedrohung der Kindheit und die Bedrohung der Volkspoesie waren aus Sicht der Hoch- und Spätromantik zwei Seiten ein und derselben Medaille. Das Gleiche lässt sich zu den Anstrengungen sagen, die zu deren jeweiliger Rettung unternommen wurden. Allerdings gab es zwei unterschiedliche Strategien. Die eine wird von den Brüdern Grimm, die andere von Achim von Arnim und Clemens Brentano vertreten.

zwei Strategien zur Rettung der Volkspoesie

Die Sammlung „Des Knaben Wunderhorn“ geht auf Vorarbeiten von Arnims und Brentanos zurück, die im Jahr 1802 begonnen wurden. 1805 war der Johann Wolfgang von Goethe gewidmete erste Band fertiggestellt, mit 207 deutschen Volksliedern unterschiedlicher Herkunft und einem Nachwort von Arnims. Die beiden Folgebände erschienen 1808, wobei der berühmte Kinderliedanhang zum dritten Band von Brentano allein zusammengestellt worden war. Von Arnim und Brentano galt das gesammelte Volksgut keineswegs als sakrosankt, die Texte wurden intensiv bearbeitet und gelegentlich auch durch selbst verfasste Stücke ergänzt. Dieses Vorgehen wurde in der zeitgenössischen Öffentlichkeit kontrovers aufgenommen.

Während der Widmungsadressat Goethe artig dafür plädiert, „das hie und da seltsam Restaurirte, aus fremdartigen Theilen verbundene, ja das Untergeschobene [...] mit Dank anzunehmen"[26], gibt es nach Ansicht der Brüder Grimm gegenüber der Volkspoesie keinerlei Anrecht auf dichterische Freiheiten. Insbesondere Jacob Grimm sprach sich vehement in diesem Sinne aus:

„So wenig sich fremde edele Tiere aus einem natürlichen Boden in einen andern verbreiten lassen, ohne zu leiden und zu sterben, so wenig kann die Herrlichkeit alter Poesie wieder allgemein aufleben, d.h. poetisch, allein historisch kann sie unberührt genossen werden."[27]

Dass Jacob Grimm allein die Sammlungs- und Herausgebertätigkeit des Philologen als angemessenes Verfahren zur Rettung der Volkspoesie vor ihrem Untergang gelten lassen will, während von Arnim und Brentano gerade ihre Bearbeitungen als notwendigen, für die Wiederbelebung dieser literarischen Tradition unerlässlichen Beitrag ansehen, verweist auf unterschiedliche Bewertungen von Gegenwart und Vergangenheit. Beide Strategien – die dichterische und die volkskundlich-philologische – zielen ihrem Selbstverständnis nach auf die Bewahrung eines vom Geiste einer idealisierten Vergangenheit kündenden und durch die moderne Zivilisation gefährdeten nationalen Kulturgutes. Von Arnim und Brentano beanspruchten, einen künstlerisch intuitiven Zugang zum Wesen der Volkspoesie zu besitzen, der es ihnen erlaubte, ihre von den unguten Einflüssen der Gegenwart gleichsam verunreinigten Quellen so zu bearbeiten, dass der alte Glanz wieder sichtbar würde. Die Brüder Grimm gingen demgegenüber davon aus, dass nur die Vergangenheit wahre Volkspoesie hervorzubringen imstande sei, Schriftstellern der Gegenwart fehlten dieser Theorie zufolge – auch, wenn sie noch so talentiert seien – die nötigen Voraussetzungen. Der einzige Weg zur Rettung der Volkpoesie sei demnach die akribische Suche nach verlässlichen Quellen und deren Bewahrung in der überlieferten Textgestalt.

Abb. 2.2: Ludwig Emil Grimm: „Dorothea Viehmann". Frontispiz zum 2. Bd. der Großen Ausgabe von 1840. Stahlstich nach einem bereits 1814 entstandenen Porträt der Märchenerzählerin, die Jacob und Wilhelm stets als eine ihrer wichtigsten Gewährspersonen benannten. Das Porträt wurde seit der Ausgabe von 1819 zur Illustration des zweiten Bandes der Großen Ausgabe verwendet.

In der Vorrede zu der 1812 erschienenen ersten Auflage des ersten Bandes der „Kinder- und Hausmärchen" beteuerten die beiden Herausgeber: „Wir haben uns bemüht, diese Märchen so rein als möglich war aufzufassen [...]. Kein Umstand ist hinzugedichtet oder verschönert und abgeändert worden".

Auf diese Weise positionierten sich die Kontrahenten überdeutlich als Vertreter zweier gegensätzlicher Lager: eines volkskundlichen und eines dichterischen. Inzwischen hat die Grimm-Forschung allerdings zweifelsfrei nachgewiesen, dass auch die Brüder Grimm ihre (entgegen anders lautenden Behauptungen vielfach schriftlichen) Quellen durchaus kräftig bearbeitet haben[28], so dass viele der vorgeblichen Gattungsmerkmale des Volksmärchens getrost als Grimmsche Schöpfungen angesehen werden können. Der Streit sagt also relativ wenig über den tatsächlichen Charakter der beiden bedeutendsten Volksliteratursammlungen des 19. Jahrhunderts aus, aber viel über die ideologische Überformung von Literaturdebatten.

ideologische Überformung

2.4. Kinderreime, -gedichte und -lieder

Kinderpredigt [aus: „Des Knaben Wunderhorn“[29]]

Ein Huhn und ein Hahn,
Die Predigt geht an,
Ein Kuh und ein Kalb,
Die Predigt ist halb,
Ein Katz und ein Maus,
Die Predigt ist aus,
Geht alle nach Haus,
Und haltet ein Schmaus.
Habt ihr was, so eßt es,
Habt ihr nichts, vergeßt es,
Habt ihr ein Stückchen Brod,
So theilt es mit der Noth,
Und habt ihr noch ein Brosämlein,
So streuet es den Vögelein.

Kinderkultur für gebildete Kreise

Die romantische Kinderliteratur beginnt im Jahre 1808 mit einem Werk, das man weder zur spezifischen Kinderliteratur noch zu den in ihrer Zeit „erfolgreichen“ literarischen Publikationen rechnen kann: dem dritten Band der von Achim von Arnim und Clemens Brentano herausgegebenen Volksliedsammlung „Des Knaben Wunderhorn“ mit dem bereits erwähnten Anhang „Kinderlieder“. Der Anhang ist nicht als selbständiges Kinderbuch publiziert worden, die Kinderlieder erreichten also zunächst kein anderes Publikum als die Sammlung überhaupt, die sich zumindest bis gegen Ende des 19. Jahrhunderts aus verlegerischer Sicht wenig rechnete (der Verlag Mohr sah sich mehrfach genötigt, den Verkaufspreis zu reduzieren, um nicht auf der ersten Auflage sitzen zu bleiben).[30]

Die Anordnung der Texte im Kinderlied-Anhang scheint im Vergleich zum Aufbau der drei Hauptbände etwas systematischer. Sie vermittelt dem kulturgeschichtlich interessierten erwachsenen Leser eine Vorstellung von der Einbettung der Verse und Lieder in ein vielfältiges kinderkulturelles Brauchtum. Die gelegentlich eingestreuten und zum Teil recht ausführlichen „Erläuterungen" verstärken den vergleichsweise „volkskundlichen" Gesamteindruck des Anhangs. In Gestalt von spielerisch-humoristischen ABC-Versen, Wiegen- und Schlafliedern, Liedern mit jahreszeitlichem Fest- und Brauchtumsbezug und Kniereiterversen enthält die Sammlung reichlich gereimten Nonsense, aber auch die Nachtseiten und Abgründe der menschlichen Existenz werden nicht ausgespart. Im Vergleich zu den Kinderliedern und Gedichten der Aufklärung bieten die Texte ein unglaublich reiches klangliches und rhythmisches Erfahrungspotenzial und anstelle von deren moralisierender Eindeutigkeit eine Fülle zwischen Scherz und tieferer Bedeutung oszillierender Sprachbilder.

Klang, Rhythmus, Nonsense und Religiosität

Der von Vernunft und Triebkontrolle bestimmten Mentalität des bürgerlichen Zeitalters stellen die Texte eine Religiosität gegenüber, die einerseits, wie in der oben wiedergegebenen „Kinderpredigt", die karnevalistische Verkehrung der heiligsten Dinge zulässt, anderseits jedoch von einer bedingungslosen Gläubigkeit gekennzeichnet ist.

Abb. 2.3: „Des Knaben Wunderhorn" von Achim von Arnim und Clemens Brentano. Vorsatzblatt zum Kinderlied-Anhang (1808)

Symbolik des Titelbilds

Wie zur damaligen Zeit üblich, wird der Kinderlied-Anhang des „Wunderhorn" mit einem Kupferstich als Vorsatzblatt eingeleitet. Brentano selbst hat ihn nach einem italienischen Stich aus dem 18. Jahrhundert gestaltet und die beiden musizierenden Knaben aus Vorlagen von Philip Otto Runge hineinkopiert. Die Ikonographie dieses Titelbilds trägt programmatischen Charakter. Im Zentrum steht eine Waldkapelle mit der Darstellung der Geburt des „göttlichen Kindes", der „heiligen Familie", den Tieren an der Krippe und den kosmischen Symbolen von Sternen und Mond. Aus dieser Mitte entspringt eine lebendige Quelle, das „Wasser des Lebens". Es belebt die Natur, befruchtet die üppige Vegetation, bietet den Vögeln des Himmels und den Tieren des Waldes Nahrung und friedlich-harmonische Heimat.

Die beiden Knaben sind Genius-Gestalten, wie sie sich in vielen romantischen Gemälden finden lassen – ähnlich den engelhaften Putten der Barock-Altäre. Hier verkörpern sie die Einheit von Kindheit und Natur und die himmlische Wirkung der Kunst (des Gesangs). Naturschönheit, Einfachheit des Lebens im Wald, Kindlichkeit und der christliche Heilsgedanke bilden hier eine Einheit, die wesentliche Elemente des romantischen Kindheitsbilds in allegorischer Darstellung zum Ausdruck bringt.

„Wacht auf ihr schönen Vögelein, ihr Nachtigallen kleine, die ihr auf grünem Zweigelein, noch eh die Sonn' recht scheine, anstimmt die tönend Schnäbelein, gedreht von Helfenbeine. Lobt Gott ihr süssen Schwäzerlein, ihr sämtlich keusch und reine, ihr Luft- und Wolkensängerlein, für ihn bestellt alleine. Mit euch zum besten Liedelein, zwei schöne Kindlein reine, Anblasen ihr Pfeifelein, es schallt zum Wald hineine, hier bei dem Heilgenbildelein in Einsamkeit alleine, da nicken blicken Blümelein und duften also feine, und Hirsch und Reh und Häselein, die horchen in dem Haine, wie eure süssen Stimmelein erklingen am Gesteine, auch fällt ein klares Brünnelein, die Blumen schaun hineine, da netzet eure Züngelein nach Ordnung ein und eine, da spület Hals und Gürgelein, dann singt ihr noch so reine; den Takt schlagt mit den Flügelein, so schickt sich's recht ihr Feine, schwingt freudig auch die Federlein, regt Aermelein und Beine, erstreckt zum Klang die Hälselein, ein Jedes thu das Seine. Habt ihr kein andres Liedelein, so lernet nur das meine, ist nur ein einzig Seufzerlein bei Sonn- und Mondenscheine, singt nur allein, gelobt sey Gott, Gott Sabaoth alleine." (Titelgedicht des Kinderlied-Anhangs von „Des Knaben Wunderhorn"[31])

Im Kinderlied-Anhang des „Wunderhorn“ folgt auf das Titelbild eine Seite mit zwei programmatisch zu verstehenden Gedichten. Das hier zitierte zeichnet das Titelbild mit Worten nach, malt es stimmungsvoll aus und formuliert am Ende seine religiöse Intention. Sprachlich manifestiert sich das romantische Kindheitsbild hier in dem Schlüsselwort „rein“ und seinem semantischen Kontext („schön“, „keusch“, „fein“, „süß“, „klar“, „freudig“).

ein programmatisches Gedicht

Brentano, der dieses Titelgedicht selbst gestaltet hat, nimmt mit der Anrede an die Nachtigall ein Motiv auf, das auf Grimmelshausens Lied vom *Trost der Nacht* und seine Adaption im ersten Band der Wunderhorn-Sammlung zurückgeht: Während die Geschöpfe der Welt schlafen, lässt die Nachtigall ihre Stimme erklingen, um den Lobpreis auf den Schöpfer nicht abreißen zu lassen und die nahende Morgenröte anzukündigen. Hier werden die Kinder in beides mit einbezogen: in den Hoffnungsstrahl des kommenden Tages und in das Gotteslob der Natur.

Für die romantische Kinderliteratur war nicht nur der Anstoß zum Sammeln von Volksliedern von Bedeutung, sondern ebenso die Art und Weise, wie diese von Arnim und Brentano bearbeitet wurden. Aus dem sehr heterogenen Material, das sie gesammelt hatten, entwickelten sie durch Umdichtung, Einschieben ganzer Strophen und – wie im abgedruckten Beispiel – Neudichtung im altertümlichen Stil einen „Volksliedton“, der ihrem Ideal von Volkstümlichkeit entsprechen sollte. Weil dieses Ideal sehr eng mit ihrem Kindheitsbild verwandt war, konnte es leicht auf die romantische Vorstellung von Kinderliteratur übertragen werden: „Sie sollte den ‚Kinderton‘ treffen, d.h. kindertümlich sein im Sinne des den Romantikern vorschwebenden Idealbilds vom Kind. Und gerade in diesem Sinne eröffnete der Kinderlied-Anhang des Wunderhorns Möglichkeiten zur Nachschaffung und Neugestaltung von Ähnlichem und war stilprägend für die ganze romantisch beeinflusste Kinderliteratur.“[32]

Volksliedton und Kinderton

Ein oberflächliches Merkmal des „Kindertons“ ist die Verwendung von Diminutiven, was in Brentanos Titelgedicht schon fast übertrieben-parodistisch wirkt. Dahinter steht neben der Ausrichtung auf das Kindlich-Kleine auch die Freude an Klang und Rhythmus der Sprache und am Spiel mit dem Reim. Die hörbar-sinnliche Seite hat mindestens das gleiche Gewicht wie der ausgedrückte Inhalt.

langfristige Wirkung

Obwohl die Sammlung zunächst nur ein kleines Publikum erreichte, kann ihre langfristige Wirkung auf Kinderlied und -gedicht kaum überschätzt werden. Schriftsteller des 19. Jahrhunderts wie zum Beispiel Friedrich Rückert, Hoffmann von Fallersleben, Wilhelm Hey, Friedrich Güll und Franz Graf von Pocci nahmen den „Kinderton" des Wunderhorns auf und schufen einen Kernbestand eigens für Kinder verfasster Verstexte, der bis heute kaum etwas von seiner Popularität eingebüßt hat. In vielen Liederbüchern und Gedichtanthologien für Kinder behaupten die Texte aus dem 19. Jahrhundert noch lange Zeit eine beherrschende Stellung und der letztlich im „Wunderhorn" vorgeprägte Kinderton bestimmt das Formenspektrum und das Motivreservoir der Textsorte (vgl. Kapitel 7).

Allerdings hat sich der „Kinderton" im Prozess seiner Verbreitung verändert. Die dunkle, bedrohliche Seite der kindlichen Existenz, wie sie z.B. im vieldeutigen, seit der Veröffentlichung im „Wunderhorn" immer wieder neu interpretierten Lied vom „bucklicht Männlein" zum Ausdruck kommt, wird in den Verstexten der spezifischen Kinderliteratur meist ausgespart. Das Kindheitsbild verschiebt sich in Richtung auf eine Idyllisierung, Harmonisierung und Sentimentalisierung der Kinderwelt.

2.5. Märchen und phantastische Erzählungen

wissenschaftliche Prinzipien

Der erste Band der „Kinder- und Hausmärchen", erschienen 1812, war von den Brüdern Jacob und Wilhelm Grimm als ein wissenschaftlichen Prinzipien verpflichtetes Projekt konzipiert: Es ging um das Sammeln und um die textgetreue Wiedergabe des kulturellen Erbes der „Naturpoesie" (im Gegensatz zur modernen „Kunstpoesie"). Zugleich vertraten sie die Meinung, dass die Bereitstellung eines wahrhaft kindgemäßen Literaturangebotes nur auf diese Weise zu erreichen sei. In der Vorrede von 1812 stellen sie darum heraus:

„In diesem Sinne existirt noch keine Sammlung in Deutschland, man hat sie fast immer nur als Stoff benutzt, um gröbere Erzählungen daraus zu machen, die willkührlich erweitert, verändert, was sie auch sonst werth seyn konnten, doch immer den Kindern das Ihrige aus den Händen rissen, und ihnen nichts dafür gaben." (S. XVIIf.)

Kindgemäßheit

Die Brüder Grimm definieren sich auf diese Weise als Anwälte der Kinder, denen sie zu ihrem Recht auf eine unverfälschte, vom reinen Geist der Vergangenheit ihres Volkes geprägte Literatur verhelfen. In einem an Achim von Arnim gerichteten Brief vom 28.11.1813 präzisierte Jacob Grimm diese Vorstellung. Zuvor hatte Arnim Zweifel an der Kindgemäßheit zweier Märchen aus der Grimmschen Sammlung geäußert.

„[...] dass Du das Märchen vom Fischer und auch das vom Mahandelboom nicht für rechte Kindermärchen hältst, fiele mir meinerseits unmöglich. Der Unterschied zwischen Kinder- und Hausmärchen und der Tadel dieser Zusammenstellung, auf unserm Titel, ist mehr spitzfindig als wahr, sonst müssten streng genommen die Kinder aus dem Haus gebracht, wohin sie seit jeher gehört haben, und in einer Cammer gehalten werden. Sind denn diese Kindermärchen für Kinder erdacht und erfunden? ich glaube dies so wenig, als ich die allgemeinere Frage nicht bejahen werde: ob man überhaupt für Kinder etwas eigenes einrichten müsse? [...] Das Märchenbuch ist mir daher gar nicht für Kinder geschrieben, aber es kommt ihnen recht erwünscht und das freut mich sehr; sondern ich hätte nicht mit Lust daran gearbeitet, wenn ich nicht Glaubens wäre, dass es den ernstesten und ältesten Leuten so gut wie mir für Poesie, Mythologie und Geschichte wichtig werden und erscheinen könnte. Diese Märchen wohnen nur darum bei Kindern und Alten 1) weil Kinder nur für das Epos [gemeint sind Märchen und Mythen, G.W.] Empfänglichkeit haben; wir verdanken also ihrem Gemüth die Erhaltung dieser Urkunden. 2) weil die Verbildeten sie verachten.“[33]

Interessant an diesem Zitat ist, dass eine Verbindungslinie gezogen wird, die vom romantischen Kindheitsideal ausgeht (das „Gemüth“ der Kinder gilt als besonders empfänglich für die Natur- und Volkspoesie), und über die Kritik an den durch bloßen Rationalismus „Verbildeten“ direkt zur Fragwürdigkeit einer eigens für Kinder „eingerichteten“ Literatur führt.

bewahrpädagogische Rücksichten

Die Vorstellung von einer einheitlichen Literatur für Erwachsene und Kinder ließ sich jedoch nicht lange halten. Wilhelm Grimm, der von der 1819 erschienenen ersten Gesamtausgabe an für die Redaktion der weiteren Märchenbände und -ausgaben verantwortlich war, kam der pädagogischen Kritik an der mangelnden „Kindertümlichkeit“ weitgehend entgegen. Bereits in der Vorrede zu dieser Ausgabe beteuern die Herausgeber „jeden für das Kindesalter nicht passenden Ausdruck [...] sorgfältig gelöscht“ zu haben (S. X), was bedeutet, es wurden vor allem erotische Darstellungen und Grausamkeiten eliminiert.

„Gattung Grimm"

1825 gaben die Brüder Grimm eine Teilausgabe der 50 populärsten, um Anstößiges bereinigten und stilistisch im Sinne eines einheitlichen „Märchentons" überarbeiteten Märchen heraus, die nicht zuletzt aufgrund ihrer Ausstattung mit Kupferstichen nach Zeichnungen von Emil Ludwig Grimm für die kinderliterarische Rezeption der Märchen eine wichtige Rolle spielte. Wie sie in ihrer Vorrede zur 3. großen Märchenausgabe von 1837 betonten, haben die Herausgeber bei der Zusammenstellung dieser „Kleinen Ausgabe" in besonderem Maße „die Bedenklichkeit derer berücksichtigt [...], welche nicht jedes Stück der größeren Sammlung für Kinder angemessen halten" (S. XXIV). Von zehn Auflagen der „Kleinen Ausgabe" und den sieben der Gesamtausgabe, die zu Lebzeiten der Brüder Grimm erschienen sind, war keine einzige mit den vorhergehenden identisch. Der Prozess der nicht zuletzt pädagogischen Rücksichten geschuldeten Überarbeitungen zeugt von der allmählichen Herausbildung einer Textsorte, die in der Forschung als „Gattung Grimm" bezeichnet wird.[34]

Wirkungsgeschichte

In dieser „kindertümlich" stilisierten Form entfalteten die „Kinder- und Hausmärchen" eine enorme Wirkung: Anders als im Falle der Sammlung „Des Knaben Wunderhorn" setzte der Erfolg bereits beim Erscheinen der ersten Ausgaben ein. Die Brüder Grimm gehören zu den Begründern der Germanistik und der Volkskunde gleichermaßen, weshalb ihre Märchensammlung ebenso wie die wissenschaftlichen Werke Jacob und Wilhelm Grimms in Gelehrtenkreisen große Beachtung fand. Der 1806 entbrannte Streit mit von Arnim und Brentano dürfte das Interesse der literarisch interessierten Öffentlichkeit an dem Sammlungsprojekt der Kombattanten nicht wenig angeheizt haben. Ein breiteres kinderliterarisches Publikum erreichten die Brüder Grimm spätestens mit der ab 1825 erscheinenden „Kleinen Ausgabe". Bereits 1816 wurde das Werk erstmals ins Dänische übersetzt, weitere Übersetzungen ins Niederländische (1820) und ins Englische (1823) folgten unmittelbar. Hinsichtlich ihres internationalen Erfolges sind die bis heute in 160 Sprachen übersetzten „Kinder- und Hausmärchen" die Spitzenreiter der deutschen Kinderliteratur, gefolgt von Heinrich Hoffmanns „Struwwelpeter" (1845) und Erich Kästners „Emil und die Detektive" (1929). Nicht zuletzt drückt sich dieser Erfolg in der Entstehung zahlreicher nationaler Märchenanthologien nach dem Vorbild der Grimmschen Sammlung aus.

Dass das Märchen heute in vielen Ländern der Welt als Bestandteil der Kinderliteratur fest etabliert ist, lässt sich zu einem nicht geringen Teil auf das Wirken der Brüder Grimm zurückführen.

Kunstmärchen der Romantik

Auch einige Kunstmärchen der Romantik sind im Zusammenhang mit der Kinderliteratur von Belang. Ludwig Tiecks ursprünglich für erwachsene Leser bestimmte Märchenerzählung „Die Elfen“ (1811) wurde durch Aufnahme in Anthologien zur intentionalen Kinderliteratur. Die beiden unvollendeten Märchenzyklen Clemens Brentanos „Italienische Märchen“ und „Rheinmärchen“ waren ursprünglich als Kindermärchen konzipiert. Besondere Bedeutung für die Geschichte der Kinderliteratur erlangten die beiden Märchen „Nussknacker und Mausekönig“ (1816) und „Das fremde Kind“ (1817) von E.T.A. Hoffmann. Die beiden ursprünglich für die Kinder des Verlegers Julius Eduard Hitzig verfassten Märchen erschienen zuerst in der zwei Bände umfassenden Sammlung „Kinder-Mährchen“, die auch Stücke von Carl Wilhelm Contessa und Friedrich de la Motte Fouqué enthielt. 1819 nahm Hoffmann die beiden Märchen dann in seine für erwachsene Leser bestimmte Sammlung „Serapionsbrüder“ auf.

kinderliterarische Phantastik und romantische Kindheitsutopie

Anders als die Zaubermärchen aus der Sammlung der Brüder Grimm handeln diese beiden Märchen (wie auch „Die Elfen“ von Tieck) in einer zweigeteilten fiktionalen Welt. Eine realistisch konstruierte Ebene der Fiktion steht einer magisch-phantastischen in einer Weise gegenüber, die sich rational nicht ohne weiteres erklären lässt. Während die Volksmärchen zumeist von einer magischen Weltsicht getragen und in einer fiktionalen Welt angesiedelt sind, in der das Wunderbare als Selbstverständlichkeit akzeptiert wird, weisen „Nussknacker und Mausekönig“, „Das fremde Kind“ und Tiecks Elfenmärchen ein grundlegendes Gattungsmerkmal der Phantastischen Erzählung auf: das Konfligieren rational-logischer und irrational-magischer Weltsichten (vgl. Kapitel 4). Eine Besonderheit der beiden Märchen E.T.A. Hoffmanns sind die als Mittler zwischen den beiden Welten konzipierten Kinderfiguren. Entsprechend dem romantischen Kindheitsideal wird diesen Figuren Zugang zur Sphäre des Wun-

Abb. 2.4: Carl Wilhelm Contessa, Friedrich de la Motte Fouqué und E.T.A. Hoffmann: „Kinder-Mährchen. Neue Auflage". Titelbild der Ausgabe von 1839 nach einer Zeichnung von E.T.A. Hoffmann (EA 1816)

derbaren zugeschrieben, den die rational verblendeten Erwachsenenfiguren nicht mehr besitzen.

Speziell diese beiden Kunstmärchen wurden sowohl unter pädagogischen als auch unter literarischen Aspekten zum Teil heftig kritisiert. Vorgeworfen wurde Hoffmann vor allem, nicht bedacht zu haben, für wen er eigentlich schreibe „und ob seine Dichtung für die Fassungskraft junger Kinder sich eigne oder nicht" („Jenaische allgemeine Literaturzeitung"). Darstellungen wie im *Fremden Kind* seien nicht dazu geeignet, den Kindern die Augen zu öffnen, „sondern vielmehr den Blick zu trüben und die Vernunft zu verwirren" (Johann Heinrich Voß).[35]

pädagogische Bedenklichkeiten

In Form von Gesprächen, die in die Rahmenhandlung der Sammlung „Serapionsbrüder" (1819) eingestreut sind, setzt sich Hoffmann gegen diese Vorwürfe zur Wehr.

„Sage mir", sprach Theodor, „sage mir, lieber Lothar, wie du nur deinen ‚Nußknacker und Mausekönig' ein Kindermärchen nennen magst, da es ganz unmöglich ist, daß Kinder die feinen Fäden, die sich durch das Ganze ziehen und in seinen scheinbar völlig heterogenen Teilen zusammenhalten, erkennen können. Sie werden sich höchstens am Einzelnen halten und sich hin und wieder daran ergötzen."
„Und ist dies nicht genug?" erwiderte Lothar. „Es ist", fuhr er fort, „überhaupt meines Bedünkens ein großer Irrtum, wenn man glaubt, daß lebhaft phantasiereiche Kinder, von denen hier die Rede sein kann, sich mit inhaltsleeren Faseleien, wie sie oft unter dem Namen Märchen vorkommen, begnügen. Ei – sie verlangen wohl was Besseres, und es ist zum Erstaunen, wie richtig, wie lebendig sie manches im Geiste auffassen, das manchem grundgescheiten Papa gänzlich entgeht. Erfahrt es und habt Respekt!"
[...]

„Es ist wahr", sprach Ottmar, als Lothar geendet hatte, „es ist wahr, dein ‚Fremdes Kind' ist ein reineres Kindermärchen als dein ‚Nußknacker', aber verzeih mir, einige verdammte Schnörkel, deren tieferen Sinn das Kind nicht zu ahnen vermag, hast du doch nicht weglassen können." [...]
„Wenigstens", nahm Cyprian das Wort, „sollte Lothar, unternimmt er es, Märchen zu schreiben, doch sich nur ja des Titels ‚Kindermärchen' enthalten! Vielleicht: Märchen für kleine und große Kinder!"
„Oder", nahm Vinzenz das Wort, „Märchen für Kinder und für die, die es nicht sind, so kann die ganze Welt ungescheut sich mit dem Buche abgeben und jeder dabei denken, was er will." – Alle lachten, und Lothar schwur in komischem Zorn, daß, da die Freunde ihn nun einmal verloren gäben, er sich im nächsten Märchen rücksichtslos aller phantastischen Tollheit überlassen wolle."[36]

Im geistreichen Gespräch unter Literaturliebhabern wird hier nochmals das früh- und hochromantische Kindheitsideal gegen seine Kritiker verteidigt: die „grundgescheiten Papas", die Kindern „inhaltsleere Faseleien" vorsetzen. Hoffmanns „phantastische Tollheit" mit ihrem Stilprinzip der „Heterogenität" konnte sich aber in der deutschen Kinderliteratur nach diesem furiosen Auftakt lange nicht durchsetzen. Erst in den 1950er Jahren kommt es zu einem Durchbruch des phantastischen Erzählens in der deutschen Kinderliteratur (vgl. Kapitel 4).

2.6. Die Bedeutung der Romantik für die Kinderliteratur

Die Romantik hat die alleinige Verfügungsgewalt der Pädagogik über die Kinderliteratur gebrochen und eine nachhaltige Veränderung des Gattungsspektrums bewirkt. Die Volksliteratur-Sammlungen von Brentano und von Arnim und den Brüdern Grimm gelten als „Höhepunkte der kanonisierten allgemeinen Literaturgeschichte und markieren ganz entscheidende Schnittstellen der allgemeinen mit der Kinderliteratur"[37]. Die meisten der kinderliterarischen Werke, die unter dem Einfluss der Romantik entstanden sind, haben bis heute kaum etwas von ihrer Aktualität verloren, einige sind zu „Klassikern" der Kinderliteratur geworden. Auf der Grundlage der romantischen Kindheitsutopie und der Orientierung an der Volkspoesie entwickelte sich ein kinderliterarisches Gegenmodell zu dem durch die Aufklärung repräsentierten Konzept einer Erziehung durch Literatur, das die Entwicklung der Kinder- und Jugendliteratur entscheidend vorangetrieben hat.

Doch so groß die literaturgeschichtliche Bedeutung der Romantik von der Gegenwart betrachtet sich ausnimmt, so gering war ihr Einfluss auf das tatsächliche Literaturangebot für Heranwachsende im frühen 19. Jahrhundert. Die romantische Kinderliteratur ist in ihren Funktionen und Merkmalen durch ihren Bezug auf das Kindheitsideal der Früh- und Hochromantik bestimmt. Sie orientiert sich an den Traditionen der Volksliteratur mit den dort bevorzugten Gattungen Kinderlied, Märchen und Sage. Es handelt sich also um eine Literatur der frühen Kindheit mit einem offenen, erwachsene Rezipienten einschließenden Adressatenentwurf; die zeitgenössische Jugendliteratur entwickelt sich außerhalb des Einflussbereiches der Romantik. Auch in der Kinderliteratur der ersten Hälfte des 19. Jahrhunderts überwiegen pädagogisch geprägte Texte und Gattungen, die sich auf die kinderliterarische Tradition der Aufklärung zurückführen lassen: Belehrungsschriften, Exempel-Geschichten, religiöse Erzählungen, Ratgeberliteratur (v.a. für Mädchen), Sachliteratur. Die an der Idee der Volksliteratur orientierten Gattungen (Kinderlied, Volks- und Kunstmärchen, Sage, Legende, Volksbuch) werden zwar als Bereicherung des Gattungsspektrums akzeptiert, sie können aber die lehrhaften Genres nicht verdrängen. Die phantastischen Erzählungen in der Art E.T.A. Hoffmanns können sich in der deutschen Kinderliteratur – anders als zum Beispiel in der englischen – erst in der zweiten Hälfte des 20. Jahrhunderts durchsetzen. Den besten Überblick über das gesamte Gattungsspektrum der Kinder- und Jugendliteratur von 1800-1850 bietet das „Handbuch zur Kinder- und Jugendliteratur“. Die Verfasser des „Handbuchs“ stellen das Innovationspotenzial der romantischen Kinderliteratur nicht in Frage, betonen jedoch, dass diese vom Umfang her nur 3-5% des gesamten Angebots umfasste und einem nicht zu unterschätzenden Trivialisierungssog ausgesetzt war. Als Beispiel für die Vermischung traditionell pädagogischer und romantisch innovativer Tendenzen wird insbesondere auf die oftmals sentimentale und idyllisierende Kinderliteratur des Biedermeier verwiesen. Resümierend stellt Bettina Hurrelmann schließlich fest,

„daß romantische Impulse mit beträchtlicher Verspätung in der Kinder- und Jugendliteratur rezipiert werden und daß sie nur dann eine gewisse Breitenwirkung erreichen, wenn sie eine Verbindung mit Tendenzen eingehen, die gehaltlich und stilistisch eher für das Biedermeier charakteristisch sind."[38]

So blieb die Kinder- und Jugendliteratur, wie Ewers bereits 1984 feststellte, „noch lange eine sichere Bastion der Spätaufklärung, in die sie nicht zuletzt vor ihrer eigenen Krise zurückweichen konnte".[39] Für den sehr begrenzten Einfluss der Romantik auf die Kinder- und Jugendliteratur des 19. Jahrhunderts gibt es aber neben dem Hinweis auf die Beharrungstendenzen innerhalb eines literarischen Teilsystems, dessen pädagogische Überformung ja noch weitaus älter ist als die Aufklärung, auch noch einen anderen Erklärungsansatz: Im Verlauf des 19. Jahrhunderts entwickelte sich die Kinder- und Jugendliteratur zu einem auch in kommerzieller Hinsicht zunehmend bedeutenden Teil des literarischen Marktes. Aus dieser Kommerzialisierung erwuchs zwar eine gewisse Unabhängigkeit gegenüber den pädagogischen Instanzen, die im 18. Jahrhundert das Handlungssystem bestimmten, auf der anderen Seite entstand eine neue Abhängigkeit vom Geschmack eines auf den erziehlichen Qualitäten des Lesestoffes für die lieben Kleinen mehrheitlich wohl bestehenden, zahlenden Publikums.

Ob die im „Handbuch" dokumentierten Forschungsergebnisse lediglich für die Historiographie der Kinder- und Jugendliteratur des 19. Jahrhunderts von Interesse sind, oder ob mit der Anpassung an populäre pädagogische Intentionen und an sentimentalisierende literarische Gestaltungsmittel im Biedermeier auch eine für den weiteren Verlauf der Geschichte bedeutsame Weiche gestellt wurde, ist eine interessante Frage, auf die es gegenwärtig noch keine erschöpfende Antwort gibt.

Viel weniger pädagogisch überformt als die deutsche Kinderliteratur scheint die englische zu sein. In seiner 2008 erschienenen Einführung in die „Englische Kinder- und Jugendliteratur" führt Thomas Kullmann den internationalen Erfolg dieser Literatur auf ihre Geschichte zurück:

„Wie lässt sich die einzigartige Stellung der englischen Kinderliteratur erklären? [...] Zunächst fällt auf, dass kinderliterarische Texte außerhalb Großbritanniens, Irlands und den USA von der Literaturkritik vor allem nach ihrem pädagogischen Gehalt befragt werden, nicht – wie Werke der Allgemeinliteratur – nach ihren literarischen Qualitäten. [...] Auf den Britischen Inseln bildete sich indessen seit den 1830er Jahren eine Kinder- und Jugendliteratur heraus, die sich von ihrem Selbstverständnis her gegen das Primat der Vermittlung von Faktenwissen oder rigiden Verhaltensregeln wendet."[40]

England und Deutschland waren bedeutende Zentren der Romantik. In der Kinderliteratur machte sich der romantische Einfluss in Deutschland erheblich früher geltend als in England, das erst in der Viktorianischen Zeit (1837-1901) sein „golden age of children's literature" erfährt. Die deutsche Kinderliteratur der Romantik erweist sich also nicht nur mit Blick auf die Literaturgeschichte des eigenen Landes als eine Avantgarde, sondern auch im europäischen Maßstab. Ihre Wirkungen auf das Symbolsystem erscheinen allerdings verglichen mit den englischen Entwicklungen erstaunlich gering.

Zusammenfassung

Bereits zu einem relativ frühen historischen Zeitpunkt entstand in Deutschland unter dem Einfluss der Romantik ein Gegenentwurf zu der bis dato pädagogisch dominierten Kinder- und Jugendliteratur. Grundlage dafür ist eine utopisch erhöhte idealisierte Vorstellung von Kindheit, der eine Idealisierung der Volkspoesie entspricht. Kindheit und Volkspoesie sind demnach von einem zurückliegenden „goldenen Zeitalter" geprägt, dessen Wiederkehr zumindest die Frühromantik noch erhofft. Kindheit und Volkspoesie erscheinen den Vertretern der Frühromantik als Garanten ihrer auf die Endzeit der Geschichte gerichteten Heilserwartung, der nachfolgenden Romantikergeneration erscheinen Kindheit und Volkspoesie im Gegensatz dazu als gefährdete, durch die Zivilisation bedrohte Güter. Für die Frühromantik ist die Kindheit eine poetische Daseinsform, ein Leitbild. Erst in der Hoch- und Spätromantik sind Kinder auch als reale Adressaten literarischer Texte vorgesehen. Die romantische Kinderliteratur ist bestimmt von einem offenen Adressatenentwurf, sie entstand in der Absicht der Wiederbelebung der Volkspoesie und bleibt stets deren Vorbild verpflichtet. Unter dem Einfluss der Romantik haben sich die von den Aufklärern bekämpften volksliterarischen Gattungen und Genres im Gattungsspektrum der Kinderliteratur etabliert. Die langfristigen Wirkungen der Romantik in den Bereichen Kinderlied und -gedicht, Märchen und phantastische Erzählung sind immens, im zeitgenössischen Kinder- und Jugendliteraturangebot spielte die romantische Kinderliteratur jedoch nur eine untergeordnete Rolle. Vielfach kommt es zu einer Trivialisierung der innovativen Impulse, die von der romantischen Kinderliteratur ausgegangen sind.

Testfragen

1. Erklären Sie den Begriff „romantische Kindheitsutopie"!
2. Worauf gründet sich die Hochschätzung der Romantik gegenüber der Volkspoesie?
3. Wodurch unterscheidet sich die Naturpoesie-Vorstellung der Hoch- und Spätromantik von derjenigen Herders und der Frühromantik?
4. Worum ging es in dem Streit zwischen dem dichterischen und dem volkskundlich-philologischen Lager der Romantik?
5. Erläutern Sie den Begriff „Gattung Grimm"!

Anregungen zur Textarbeit

1. Schmökern Sie ein wenig im Kinderlied-Anhang zu „Des Knaben Wunderhorn"!
   - Welche Texte kennen Sie, was erscheint Ihnen generell vertraut, was eher fremd? Vielleicht haben Sie sogar noch Melodien in Ihrer Erinnerung und können etwas davon singen.
   - Wenn Sie möchten, können Sie, von den im vierten Abschnitt des Kapitels zitierten Beispielen ausgehend, weitere religiöse Motive in den Texten suchen oder das Titelgedicht mit Grimmelshausens Lied vom „Trost der Nacht" vergleichen.
   - Kannten Sie das im Text erwähnte Lied „Das Bucklicht Männlein" schon? Falls ja, wäre es interessant, Sie würden zuerst Ihren eigenen Erinnerungen nachspüren und den Text dann wiederlesen, falls nein, wäre eine intensive Lektüre erst recht zu empfehlen.

- Suchen Sie nach Kinderliedern und -gedichten der im Text erwähnten Schriftsteller des 19. Jahrhunderts (Friedrich Rückert, Hoffmann von Fallersleben, Wilhelm Hey, Friedrich Güll und Franz Graf von Pocci) und stellen Sie Vergleiche zu den Liedern aus dem „Wunderhorn" an!

2. Vielleicht ist Ihnen eines der Grimmschen „Kinder- und Hausmärchen" besonders plastisch in Erinnerung geblieben. Erzählen Sie das Märchen einem Kommilitonen oder sprechen Sie es (Ihrer Erinnerung nach) auf einen Tonträger. Lesen Sie dann den „Original"-Text nach der Ausgabe von 1857 und stellen Sie Vergleiche an. Suchen Sie nun nach motivähnlichen Märchen bzw. nach Varianten des Textes! Das können Sie auf komfortable Weise mithilfe des im Internet verfügbaren Märchenlexikons der edition amalia tun (http://www.maerchenlexikon.de/titelverz.htm). Dort finden Sie auch die KHM-Texte. Falls Ihnen keines der Grimmschen Märchen erinnerlich sein sollte: Ein Vergleich verschiedener Versionen des Märchens vom „Rotkäppchen" ist mit Blick auf die „Gattung Grimm" allemal ergiebig.

Literaturtipps

Sekundärliteratur

Baader, Meike Sophia: *Die romantische Idee des Kindes und der Kindheit. Auf der Suche nach der verlorenen Unschuld.* Neuwied [u.a.]: Luchterhand 1996.

Brunken, Otto; Hurrelmann, Bettina; Pech, Klaus-Ulrich (Hg.): *Handbuch zur Kinder- und Jugendliteratur. Von 1800-1850.* Stuttgart; Weimar: Metzler 1998 (Handbuch zur Kinder- und Jugendliteratur; 4).

Ewers, Hans-Heino: *Kindheit als poetische Daseinsform. Herder. Jean Paul. Novalis. Tieck.* München: Fink 1989.

Ewers, Hans-Heino: *Romantik.* In: Wild, Reiner (Hg.): Geschichte der deutschen Kinder- und Jugendliteratur. 3. vollst. überarb. und erw. Aufl. [EA 1990]. Stuttgart; Weimar: Metzler 2008, S. 96-130.

Rölleke, Heinz: *Die Märchen der Brüder Grimm. Eine Einführung.* Stuttgart: Reclam 2004.

Schmitz-Emans, Monika: *Einführung in die Literatur der Romantik.* Darmstadt: Wissenschaftliche Buchgesellschaft 2004 (Einführungen Germanistik).

Primärtextausgaben

Ewers, Hans-Heino (Hg.): *Kinder- und Jugendliteratur der Romantik. Eine Textsammlung.* Stuttgart: Reclam 1984, ergänzte Ausgabe 1994; in digitalisierter Form auf der Website der Arbeitsstelle für Leseforschung und Kinder- und Jugendmedien der Universität zu Köln: www.aleki.uni-koeln.de/ebib/text/ts_kjl_romantik.shtml.

Des Knaben Wunderhorn. Gesammelt von Achim von Arnim und Clemens Brentano. Herausgegeben und kommentiert von Heinz Rölleke. Stuttgart: Reclam 1987.

Kinder- und Hausmärchen. Ausgabe letzter Hand mit den Originalanmerkungen der Brüder Grimm. Mit einem Anhang sämtlicher, nicht in allen Auflagen veröffentlichten Märchen und Herkunftsnachweisen herausgegeben von Heinz Rölleke. Stuttgart: Reclam 1980.

Realistisches Erzählen für Kinder | 3

Inhaltsübersicht

3.1. Realistisches Erzählen – Definitionsansätze

Diese Geschichten sind wahr, darum sind sie unbequem: Sie erzählen von den Schwierigkeiten der Menschen, miteinander zu leben [...]. Wahre Geschichten haben nicht immer ein gutes Ende. Sie stellen viele Fragen, und jeder soll die Antworten selbst finden. Diese Geschichten zeigen eine Welt, die nicht immer gut ist, aber veränderbar. Ursula Wölfel[41]

Eine wahre Geschichte – so lautet in der Moderne der am häufigsten gewählte Untertitel kinderliterarischer Erzählungen. Genau das – in all seiner Vielfältigkeit – ist der Gegenstand dieses Kapitels. Was genau ist unter realistischem Erzählen zu verstehen? Handelt es sich hierbei um einen überzeitlichen Begriff oder weisen die Epochen unterschiedliche Vorstellungen und literarische Erscheinungsformen auf? Lassen sich Abhängigkeiten ausmachen zwischen realistischem Erzählen und bestimmten Gattungen sowie Erzählverfahren? Wie durchlässig sind die Grenzen zwischen realistischem Erzählen und seinem vermeintlichen Gegenteil, der kinderliterarischen Phantastik? Obwohl sich das Phänomen *realistisches Erzählen* seit dem 18. Jahrhundert in allen Epochen nachweisen lässt, soll in diesem Kapitel ein stärkerer Fokus auf die Kinderliteratur nach 1945 gelegt werden.

Definitionsschwierigkeiten

Die Suche nach einer adäquaten Definition dessen, was gemeinhin als *realistisches Erzählen* bezeichnet wird, gestaltet sich entgegen der landläufigen Meinung, damit einfach all jene Texte zu benennen, die *nicht-phantastisch* sind, als schwierig. Bis heute wird der Begriff *realistisches Erzählen* oftmals zur Bezeichnung der Eigenschaften jener kürzeren oder längeren (Prosa-)Texte verwendet, die in der Epoche des literarischen Realismus, also in der Zeit zwischen Romantik und Naturalismus (ca. 1830-1880) entstanden sind. Vielfach wird *realistisches Erzählen* auch als eine wirklichkeitsgetreue Darstellung gegebener Tatsachen, jenseits von idealisierender Verklärung und ohne traumhaft-phantastische Elemente definiert.

Der Begriff *realistisches Erzählen* unterliegt historischen Wandlungen; die Epochen hatten durchaus unterschiedliche Auffassungen davon, was unter *Realismus* bzw. *realistischem Erzählen* zu verstehen ist. Im Laufe seiner Geschichte wurde der Begriff mitunter sogar zeitgleich auf eine Epoche, auf ein literarisches Programm oder auf übergreifende Erzählverfahren angewendet. Nicht zuletzt implizieren die landläufigen Definitionen eine problemlose Entsprechung des literarischen Textes mit seinem Referenzgegenstand, der dargestellten Welt.

Heute versteht man Realismus bzw. realistisches Erzählen als einen historisch variablen Bedeutungseffekt, der daraus entsteht, dass ein literarischer Text der jeweiligen Realitätsauffassung des Publikums entspricht und diese zugleich mitbestimmt.

So steht am Anfang dieses Kapitels über das *realistische Erzählen* gleich ein Abschied – der Abschied nämlich von der Vorstellung, realistische Literatur vermöge es – im Unterschied zu phantastischem Erzählen – die Wirklichkeit mimetisch zu spiegeln. *Realistisches Erzählen* ist nicht Abbildung der Welt wie sie ist, sondern immer ein mit künstlerischen Mitteln erzielter Effekt. Dieser Effekt der Wirklichkeitsnähe bzw. Lebensechtheit ist im Laufe der Literaturgeschichte durch sehr unterschiedliche Stilmerkmale bestimmt worden – durch den Gegenstand, die Erzählverfahren, die sprachlichen Mittel.

Realistisches Erzählen im Kontext des kinderliterarischen Gattungsspektrums

Die Schwierigkeit, *realistisches Erzählen* innerhalb der Kinder- und Jugendliteratur adäquat zu definieren, liegt nicht zuletzt auch in der Tatsache begründet, dass dieser Bedeutungseffekt an keine der existierenden Gattungen gebunden ist. Natürlich gibt es Textsorten, für die das *realistische Erzählen* gleichsam gattungskonstituierend ist. Dazu zählen an erster Stelle alle Formen des geschichtserzählenden Romans, Reiseerzählungen, Kriminalerzählungen, Mädchen- und Familienromane, psychologische Romane und als moderne Varianten die sogenannte Kinderumweltgeschichte sowie alle Varianten des Adoleszenzromans und des problemorientierten Romans. Die Realismuskonzepte dieser Gattungen und Genres unterscheiden sich beträchtlich. Geschichtserzählende Romane und Reiseerzählungen beispielsweise sind in der Regel mit quasi-dokumentarischen Realismusansprüchen verbunden, im Falle der Kriminalerzählungen richten sich die Realismusansprüche auf die Glaubwürdigkeit der Story, der Schauplätze und der Milieuschilderungen, während psychologische Romane realistische Innensichten der Akteure zu vermitteln beanspruchen und Kinderumweltgeschichten wiedererkennbare Darstellungen der Lebenswelten der Adressaten. Solche textimmanenten Realismuskonzepte werden im Folgenden mit dem Begriff *Wirklichkeitsmodell* bezeichnet.

Aufgrund der Unterschiedlichkeit der Gattungskontexte des realistischen Erzählens in der Kinderliteratur und in der Jugendliteratur beschäftigt sich dieses Kapitel ausschließlich mit dem (im engeren Sinne) kinderliterarischen Realismus.

3.2. Realistisches Erzählen in der Geschichte der Kinderliteratur

Aufklärung

Die Geschichte des realistischen Erzählens für Kinder lässt sich bis ins letzte Drittel des 18. Jahrhunderts zurückverfolgen, in die Epoche der Aufklärung. Selbstverständlich unterscheiden sich die zu diesem Zeitpunkt entstehenden Formen realistischen Erzählens grundlegend von denjenigen des 20. Jahrhunderts. Im 18. Jahrhundert bildet sich die Pädagogik als eigenständige Wissenschaft aus. Die kinderliterarischen Konzepte realistischen Erzählens bzw. die Wirklichkeitsentwürfe der Kinderliteratur sind untrennbar mit den pädagogischen Diskursen dieser Epoche verbunden, in denen durchaus unterschiedliche Positionen darüber vertreten werden, auf welche Weise eine an Kinder adressierte Literatur Realität abbilden solle.

Realitätskonzepte der Rationalisten

Nach Auffassung der Vertreter des Rationalismus ist die Wirklichkeit durch die menschlichen Sinne nicht wahrnehmbar. Erkennbar durch die Sinne sei lediglich ein ungeordnetes Chaos, das das kindliche Individuum in seiner Mannigfaltigkeit verwirre und demzufolge in dieser Weise auch nicht in der Literatur abgebildet werden könne. Unter Realität, von der sich dann auch erzählen ließe, verstand man vielmehr die hinter den verwirrenden Phänomenen liegende Ordnung der Dinge, die jedoch nur durch das Organ der Vernunft erkennbar sei. Als kindgemäß (und zugleich realistisch) galt daher eine Darstellung der Welt als vernünftige Ordnung d.h. als ein rationales Konstrukt.

Prinzip der Veranschaulichung

Im Gegensatz dazu ist für die Anhänger des philosophisch-pädagogischen Sensualismus Realität nur durch die sinnliche Wahrnehmung zugänglich. Kinder gelten als sinnliche Wesen, da ihre Vernunft erst schwach ausgeprägt sei. Aus diesem Grund kann ihr Gemüt auch nur durch sinnliche Eindrücke, nicht aber durch die Überzeugungskraft der Vernunft bewegt werden. Diese Auffassung hat unmittelbare Konsequenzen für die Realitätskonzepte in der Kinderliteratur: Als kindgemäß gilt nun nicht mehr das Abstrakte, sondern das Konkrete und Anschauliche, d.h. sowohl die Sach- wie zunehmend auch die erzählende Literatur liefern Bilder, Stoffe und Themen, die für sich in Anspruch nehmen können, Nachahmung der äußeren (phänomenalen) Wirklichkeit zu sein. Nur auf diese Weise, so glaubte man, könnten Kinder von den Dingen berührt werden, so dass die im Anschluss an die Anschauung eingeführten Begrifflichkeiten in ihrem Gedächtnis verankert blieben. Durch Anschaulichkeit sollte ein Geschehen so verlebendigt werden, dass eine Wirklichkeitsillusion entsteht. Dies kann jedoch nur dann gelingen, wenn sich die Bilder und Erzählungen auf die Lebenswelt der kindlichen Leser beziehen.

Nicht zuletzt aus diesem Grund sucht die spezifische Kinderliteratur des späten 18. Jahrhunderts Anschluss auch an traditionelle Formen der Vermittlung, z.B. der oralen Literaturvermittlung. So spielen in den kinderliterarischen Werken der Aufklärung Gespräche zwischen Lehrern und Schülern, zwischen Eltern und Kindern, zwischen älteren und jüngeren Geschwistern – eine zentrale Rolle. Eine ebenso wichtige Rolle wird der Institution der bürgerlichen Familie zugeschrieben, die in vielfältigen Formen in den Erzählungen und Bilderbogen inszeniert wird, um auf diese Weise immer wieder anzuknüpfen an die Lebenswirklichkeit der kindlichen Rezipienten. Zu den bekanntesten Beispielen dieser Ausprägung realistischen Erzählens gehört der 1779 erschienene Roman „Robinson der Jüngere, zur angenehmen und nützlichen Unterhaltung für Kinder" von Joachim Heinrich Campe.

Joachim Heinrich Campe: „Robinson der Jüngere" (1779)

Bei seiner Adaption hat sich Campe zwar an Defoes Vorlage orientiert, dabei jedoch einige wichtige Veränderungen vorgenommen (vgl. Kapitel 1). Sie betreffen zunächst die im Original nicht vorhandene Rahmenhandlung: Jeden Abend kommt eine mehrköpfige Familie zusammen und der Vater erzählt den anwesenden Kindern die Geschichte von Robinson – dargestellt wird also eine der Realität nachgebildete, intergenerationelle Gesprächssituation. Die vom Vater an dreißig Abenden nacherzählte Geschichte Robinsons machen die Binnenhandlung des Romans aus – auch hier dominiert das dialogische Prinzip, denn immer wieder unterbrechen die Zuhörer den Vater durch Fragen oder Bewertungen des Verhaltens von Robinson. Auch in der Binnenhandlung wird immer wieder versucht, an den Erfahrungshorizont der kindlichen Zuhörer anzuknüpfen – sei es, dass der Ausgangspunkt von Robinsons Reise nach Deutschland (explizit nach Hamburg) verlegt wird, sei es, dass die Kinder mit dem Vater Ausflüge in die nähere, geografisch ebenfalls genau benannte Umgebung unternehmen, um einzelne Tätigkeiten Robinsons, etwa das Korbflechten, nachzuahmen. Auf diese Weise wird die ursprüngliche Abenteuer- und Reiseerzählung zu einem für die Kinder nachvollziehbaren (realen) Erlebnis, das eng an die Wahrnehmung der eigenen Alltagserfahrungen gekoppelt ist.

Deutlich wird, dass es trotz des Primats der Veranschaulichung nicht um eine Abbildung außerliterarischer Realität geht, sondern um eine Wirklichkeit, die immer auf eine ihr zugrundeliegende vernünftige Ordnung rekurriert, um eine Wirklichkeit, in der zwischen Gut und Böse streng unterschieden wird, um eine normative, pädagogisch instrumentalisierte Wirklichkeit. Es geht also nicht darum, den Kindern Vorstellungen von der Welt zu geben, wie sie ist, sondern sie zu Vernunftwesen heranzubilden. Oder anders formuliert: Da Kinder noch keine Vernunftwesen sind, müssen – soll die kinderliterarische Kommunikation Aussicht auf Gelingen haben – Stoffe, Themen, Aussagen dieser Literatur der kindlichen Weltsicht angepasst werden. Nicht zuletzt aus diesem Grund muss die Kinderliteratur ihren Lesern eine Realität offerieren, die grundlegend abweicht von den ‚normalen' Konstruktionen von Wirklichkeit, eine Auffassung, die wenige Jahre später in den Diskursen über die Formen realistischen Schreibens in der Romantik eine entscheidende Rolle spielte.

normative Realität

Dass Kinder in literarischen Texten mit einer Wirklichkeit konfrontiert werden sollten, die sich radikal abhob von ‚normalen' Realismuskonstruktionen, sollte sich vor allem in der Kinderliteratur der Spätromantik zu Beginn des 19. Jahrhunderts niederschlagen. Nun erblickte man in Märchen sowie in anderen Formen phantastischen Erzählens *eine* Möglichkeit, subjektiv-illusionäre Wirklichkeitsentwürfe zu präsentieren, die zwar keinerlei Objektivitätsansprüche hegten, dafür jedoch – nach der Auffassung der Zeit – der kindlichen Weltsicht strukturell entsprachen. Damit hatte sich endgültig die Auffassung durchgesetzt, dass die in kinderliterarischen Werken dargebotene Wirklichkeit nicht zwangsläufig aufgeklärt-rationalen Prämissen zu folgen habe, sondern subjektabhängig und subjektkonstituiert ist. Da die Realität für Kinder anders beschaffen ist als für Erwachsene, kann nun auch die Kinderliteratur eigene Konstruktionen der Wirklichkeit liefern. Diese Entwürfe und Konstrukte bieten jedoch eine Realität, die nicht die außerliterarischen Gegebenheiten abbilden möchte, sondern dargestellt wird eine gleichsam normative Realität, d.h. eine Realität wie sie sein sollte.

Diese Auffassung von realistischem Erzählen, bei der die Kinderliteratur zur Vermittlung von Normen instrumentalisiert wurde, behielt ihre Gültigkeit im Verlauf des gesamten 19. Jahrhunderts. Dennoch gab es auch kritische Stimmen, die zu bedenken gaben, dass ein solches Realismuskonzept in letzter Konsequenz zur Weltfremdheit und zur Verdummung der kindlichen Leser führe. Bereits im ausgehenden 18. Jahrhundert wurde die Forderung erhoben, nur eine Literatur, die nicht ein *ideales*, sondern ein *wahres* Bild vom menschlichen Leben zeichne, trage wirklich zur Bildung ihrer Leser bei. An diese Realismuskonzepte knüpfte der sozialdemokratische Pädagoge Heinrich Wolgast an, indem er an der Wende vom 19. zum 20. Jahrhundert von der aktuellen Kinderliteratur eine kritische und zugleich scharf beobachtende Wirklichkeitserkundung forderte. An die Stelle einer vorrangig normenkonformen Darstellung der Welt sollte nun eine von Normen weitgehend freie Abbildung der gesellschaftlichen Verhältnisse treten.

normenfreie Abbildung menschlichen Lebens

Eine Umsetzung dieser neuen Realismuskonzepte findet sich erstmals auf breiter Front in der erzählenden Kinderliteratur der Weimarer Republik und zwar sowohl auf der Ebene der Gattung, auf inhaltlich/thematischer, auf sprachlicher wie auch auf narratologischer Ebene. Im Vorwort zu seinem Kinderroman „Emil und

Weimarer Republik

die Detektive" (1928) hat Erich Kästner dieses neue Realismuskonzept in Worte gefasst:

„Da will ich Ihnen mal einen prima Rat geben", sagte [der Oberkellner Nietenführ zu dem von einer Schreibblockade heimgesuchten Autor Kästner], „das Beste wird sein, Sie schreiben über Sachen, die Sie kennen. Also von der Untergrundbahn und Hotels und solchem Zeug. Und von Kindern, wie Sie Ihnen täglich an der Nase vorbeilaufen und wie wir früher selber welche waren. [...] Verlassen Sie sich auf das, was ich Ihnen sage. Schließlich hab ich ja auch Kinder. [...] Und wenn ich denen, an meinem freien Tag in der Woche, erzähle, was so hier im Lokal passiert [...] dann lauschen meine Kinder, kann ich Ihnen flüstern, als ob's im Keller donnert."[42]

Die Umsetzung dieser, an den Prinzipien der Neuen Sachlichkeit orientierten Maximen findet sich nicht nur in Kästners Roman, sondern auch in den sozial-kritischen, mitunter auch sozialistischen Kinderromanen seiner Zeitgenossen. Auf der Handlungsebene manifestieren sich die veränderten Realismuskonzepte zunächst in der Wahl des Handlungsortes – es ist die moderne Großstadt, in der Mehrzahl der Romane ist es Berlin, das aufgrund der explizit herausgestellten Nennung von Straßen, Brücken, prominenten Gebäuden, Plätzen und anderen Einrichtungen für den Leser unschwer zu identifizieren ist. Die Akteure kommen aus ebenso explizit benannten sozialen Verhältnissen und Familienverhältnissen. Thematisiert werden gerade in diesem Kontext auch die aktuellen gesellschaftlichen Verhältnisse und Gegensätze. Nicht selten werden diese offen herausgestellten Realitätsbezüge gekoppelt mit den Attributen der Moderne, das betrifft die Erwähnung moderner Medien wie etwa des Kinos, die Darstellung des Verkehrs (als Fortbewegungsmittel werden neben den alten Droschken u.a. Autos, Straßenbahnen, Untergrundbahnen, Omnibusse, Lastautomobile und Eisenbahnen er-

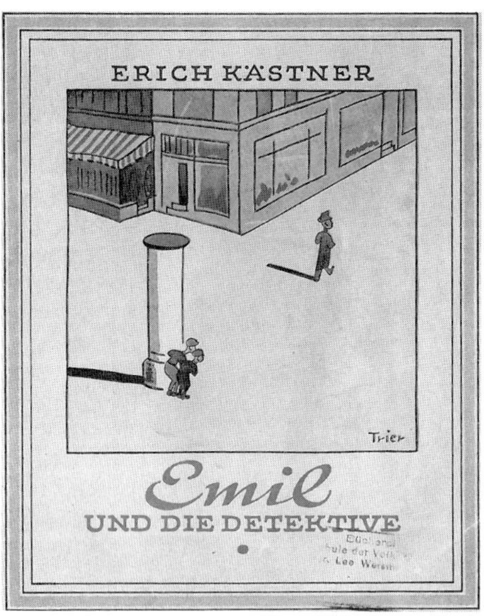

Abb. 3.1: Erich Kästner: „Emil und die Detektive". Titelbild der Ausgabe von 1947 (EA 1928)

wähnt), der technischen Errungenschaften (vor allem Kommunikationsmittel wie Telegraf, Telefon sowie die Möglichkeiten der Elektrizität) sowie der wirtschaftlichen Veränderungen. Realitätsbezüge auf der Handlungsebene werden auch hergestellt durch die explizite Benennung aktueller politischer Verhältnisse und Konflikte, die sogar die Nennung der politischen Parteien und ihrer Ideologien mit einschließt.

Diese innovativen Realitätsbezüge auf der Handlungsebene finden ihre Entsprechung auf der Figurenebene. In den kinderliterarischen Großstadterzählungen der Weimarer Republik agieren Figuren, die im gleichen Alter wie ihre Leser sind, die sich selbstbewusst in der Großstadt zu bewegen wissen und mit allen Attributen der Moderne umzugehen verstehen. Sie sind mehrheitlich männlichen Geschlechts, agieren vorwiegend auf der Straße und damit in Räumen, die frei sind von den Autoritätsvorstellungen der Erwachsenen. Erwachsene Akteure spielen in diesen Romanen insgesamt bis auf wenige Ausnahmen nur eine untergeordnete bzw. negative Rolle. Die kindlichen Figuren lösen ihre Konflikte und Probleme allein bzw. erweisen sich als schlauer, schneller und geschickter als ihre erwachsenen Gegner. Während diese in zahlreichen Variationen immer wiederkehrende Konstellation zumindest auf den ersten Blick eher realitätsfern anmutet und vielmehr Raum für die Größenphantasien der impliziten Leser zu bieten scheint, wird die Realitätsnähe der Figuren durch ihre Sprache wiederum stark betont. Nicht selten werden die Figuren durch ihre Sprache überhaupt erst konturiert, dazu zählen deutliche Anklänge an die Umgangssprache, etwa durch despektierliche Wendungen, Verkürzungen von Worten, Auslassungen von Worten und Satzteilen sowie durch Elemente des Berliner Jargons und der damaligen Jugendsprache.

Sprache und Figurenkonzept

Ohne Zweifel bieten die Erzählungen einen höchst innovativen ‚Realitätshabitus'. Sie erzeugen auf neuartige Art und Weise eine Illusion von Realität, die sich nicht mehr wie zuvor durch Normativität, allerdings auch weiterhin durch gewisse Idealvorstellungen auszeichnet. Die Erzählungen geben vor, die Realität von Kindern auf mimetische Weise abzubilden, bieten aber tatsächlich – vor allem auf der Handlungsebene – ein Ideal dieser Realität. Stets kommen die Erzählungen zu einem guten Ende, stets erweisen sich Kinder als stärker als die Erwachsenen, immer stellt die Kinderbande die beste aller möglichen Welten dar. Es

neuartiger Realitätshabitus

kann daher festgehalten werden, dass auch in den Erzählungen der Weimarer Republik keine an außerliterarischen Verhältnissen orientierte Exploration von Kindheit geleistet wird, sondern es sich auch hier – allen Realitätseffekten zum Trotz – um die Darstellung eines idealisierten Kinderalltags handelt.

Die fünfziger und sechziger Jahre

Realistisches Erzählen in Form sozialkritischer, oftmals auch offen politischer Gegenwartsromane fand nach 1933 ein jähes Ende, obwohl sich durchaus einige Elemente daraus in der Kinderliteratur sowohl während des Nationalsozialismus als auch während der 1950er und 60er Jahre erhalten haben. Überlebt hat in erster Linie die Figur des aufgeweckten, pfiffigen, selbständigen Jungen (Mädchenfiguren dieses Typs sind in realistischen Erzählungen nach 1933 kaum noch zu entdecken), der auch weiterhin eigenständig, d.h. in autoritätsfreien, elternfernen Räumen allein oder mit anderen agiert. Aus den Erzählungen verschwunden sind jedoch alle gesellschaftskritischen und politischen Bezüge, mehrheitlich die expliziten Bezüge zu Lokalitäten in jeder Form sowie die ebenso expliziten Bezüge der Moderne. Die Signale, dass die Erzählung in einer nicht näher bestimmten Gegenwart spielt, sind zwar vorhanden, werden aber äußerst sparsam gehandhabt. Vor allem die realistischen Erzählungen der 1950er und 60er Jahre erinnern in mancherlei Hinsicht an die bereits bekannten Maxime der Aufklärung: Zwar dient Realismus hier nicht mehr der Vermittlung von Normen – oder nur sehr versteckt –, aber die kindlichen Figuren agieren wiederum in eigenen Welten, die streng geschieden sind von der Welt erwachsener Figuren.

Kinderumweltgeschichten / Kindheitsautonomie

Nicht ohne Grund spricht die Forschung in diesem Zusammenhang von einer Kinderliteratur der Kindheitsautonomie. Die wichtigste Form realistischen Erzählens in dieser Epoche ist die Kinderumweltgeschichte. Dabei handelt es sich um Texte, in denen vorrangig die kindliche Weltsicht und Erlebnisperspektive zur Geltung gebracht werden, während erzieherische oder moraldidaktische Implikationen eine nachrangige Position einnehmen. Als eines der wichtigsten Beispiele der Kinderumweltgeschichte bzw. dieser Variante realistischen Erzählens gilt Astrid Lindgrens Werk „Wir Kinder aus Bullerbü“ (OA 1947, dt. EA 1954).

Themen-, Formen- und Funktionswandel zu Beginn der 1970er Jahre

Ende der 1960er, Anfang der 1970er Jahre vollzieht sich im Zuge gravierender politischer, sozialer sowie medien- und gesellschaftskultureller Veränderungen ein grundlegender Paradigmenwechsel hinsichtlich des Bildes von Kindheit und Jugend. Dieser Wandel berührt auch das Gebiet der Kindererziehung und schließlich auch das Feld der Kinderliteratur. Es kommt zu einem so fundamentalen Themen-, Formen- und Funktionswandel, dass die Epoche als sogenannte *Zweite Moderne* in die Geschichte der Kinderliteratur eingegangen ist. Im Zuge dieser *Zweiten Moderne* unterliegt auch der Realismus-Begriff der Kinderliteratur einschneidenden Veränderungen.

Abb. 3.2: Astrid Lindgren: „Wir Kinder aus Bullerbü". Titelbild der Ausgabe von 1964 (dt. EA 1954)

Grundlage ist eine veränderte Sicht der Kindheit (und Jugend), die zunächst von den Pädagogen der 68er Generation propagiert wurde. Kinder wurden nun als Teil der sie umgebenden gesellschaftspolitischen Wirklichkeit angesehen und nicht als unmündige Bewohner autonomer, nach außen abgeschlossener Kinderwelten. Davon ausgehend erscheint es folgerichtig, diese Wirklichkeiten auch literarisch abzubilden, eine Aufgabe, die man der im Verlauf der 1970er Jahr neu entstehenden Kinderliteratur zuweist. Nach den Vorstellungen der Vermittler sollte diese neue Kinderliteratur ihre Leser vorrangig in die Lage versetzen, die Mechanismen der gesellschaftspolitischen Verhältnisse, als deren Teil sich die Kinder nun zu verstehen hatten, in ihrem So-Sein zu durchschauen. Infolge dieser Maßgaben ist ein Teil der Kinderliteratur seit den 1970er Jahren zwangsläufig durch zwei zentrale Merkmale gekennzeichnet: Zum einen durch ihre explizite Orientierung an außerliterarischen Verhältnissen, zum anderen durch ihre aufklärerische d.h. didaktische Attitüde. Es entsteht eine neue Ausprägung realistischen Erzählens, die unter der Bezeichnung emanzipatorischer bzw. *problemorientierter* Kinderroman Eingang in die Literaturgeschichten gefunden hat.

problemorientierte Kinderliteratur

In diesen Texten manifestiert sich der Anspruch *realistisch* zu erzählen zunächst auf der stofflich-thematischen Ebene: Es gibt keinen Bereich der jeweils aktuellen gesellschaftspolitischen Debatten, der in der *problemorientierten* Kinderliteratur nicht zur Sprache gebracht wird; zu erwähnen sind u.a. die Infragestellung von Autoritäten in allen Bereichen, Politik, soziale Problematiken aller Art, Umweltproblematik, Dritte Welt, Nationalsozialismus, Holocaust, Liebe, alle Formen von Gewalt, Sexualität, Tod. Eine besondere Rolle kommt der Darstellung innerfamiliärer Konflikte zu, die zuvor in der Kinderliteratur nur eine untergeordnete Rolle gespielt hatte. Nun thematisierte die Kinderliteratur Generationenkonflikte, das gewandelte Geschlechterverhältnis zwischen den Eltern, aber auch zwischen den Kindern, berufstätige Mütter, sogenannte Patchworkfamilien, versehrte Familien in allen Formen, den Tod von Familienmitgliedern, Missbrauch innerhalb der Familie. Nicht selten wird Realismus in diesen Erzählungen gleichgesetzt mit der Enttabuisierung aller Bereiche. Von zentraler Bedeutung ist der explizite Bezug auf die außerliterarische *Realität* und der Anspruch, die Wirklichkeit mimetisch abzubilden.

Orientierung an der außerliterarischen Realität

Analoge Darstellungsformen lassen sich auf der Figurenebene nachweisen, an die Stelle von eindimensionalen Ausnahmeakteuren mit besonderen Fähigkeiten treten ‚normale' Figuren, die jedoch vor allem im Verhältnis zu Erwachsenen selbstbewusst ihre Interessen vertreten. Gerade dies zählt zu den wichtigsten Prinzipien der problemorientierten Kinderliteratur, dass zum einen erwachsene Figuren eine weitaus größere Rolle spielen als in den Erzählungen der 1950er und 60er Jahre und zum anderen, dass Kinder und Erwachsene mehrheitlich ein gleichberechtigtes Verhältnis zu einander pflegen.

Figurenkonzepte

In vielen Texten wird mit deutlicher Sympathielenkung gearbeitet: Autoritäre Erwachsenenfiguren erfreuen sich sowohl von Seiten der kindlichen Akteure wie auch von Seiten der Erzählerinstanz keiner Sympathie mehr. Sowohl hinsichtlich dieser Figurenkonstellationen, bei denen auch weibliche Akteure eine zunehmend wichtigere Position einnehmen, als auch in der Intention, die kindlichen Leser durch erzählende Texte in die Lage zu versetzen, die gesellschaftlichen und sozialen Verhältnisse, in denen sie leben, auf kritische Weise zu reflektieren, unterscheidet sich die realistische, problemorientierte Kinderliteratur der *Zweiten*

Moderne von der realistischen Kinderliteratur der Weimarer Republik. In der Wahl der Schauplätze – mehrheitlich ‚normale' Alltagswelten – in der Betonung kindlichen Handelns sind jedoch deutliche Anknüpfungspunkte an die realistische Kinderliteratur der Weimarer Republik festzustellen.

Als ein paradigmatisches, den Prinzipien der *Zweiten Moderne* verpflichtetes Werk gilt Peter Härtlings Kinderroman „Ben liebt Anna" (1979).

Der Text handelt von der ersten, emotional weit über eine übliche Kinderfreundschaft hinausgehenden Liebesbeziehung des neunjährigen Ben zu dem gleichaltrigen aus Polen stammenden Aussiedlermädchen Anna. An diesem Text ist nicht nur das Thema neuartig, sondern auch das Figurenkonzept. Während die Figuren vieler problemorientierter Kinderromane eher flächenhaft und typisierend konzipiert sind, ist der Protagonist dieses psychologischen Kinderromans als differenziertes Individuum mit einem komplexen Innenleben gezeichnet. Entsprechend dem Realismuskonzept der *Zweiten Moderne* orientiert sich die erzählte Welt auch in „Ben liebt Anna" an der Lebenswirklichkeit der Adressaten. Diese Lebenswirklichkeit erscheint jedoch als weitaus weniger idealisiert als in den Werken früherer Epochen, denn der Schluss trägt durchaus desillusionierende Züge: Annas Vater findet Arbeit im Ruhrgebiet, so dass die Liebe zwischen Ben und Anna zu einem abrupten Ende kommt. An die Stelle einer idealisierten Darstellung von Kindheit und Kindheitsalltag ist endgültig die Exploration einer modernen Kindheit mit all ihren Widersprüchen und Brüchen getreten. In diesem Roman wird ein neuer Realitätshabitus sichtbar, der sich sowohl auf inhaltlicher Ebene manifestiert als auch auf der Ebene der Erzählverfahren: Abweichend von der kinderliterarischen Tradition werden die Ereignisse nicht durch eine *erwachsene* auktoriale Erzählinstanz vermittelt, sondern ausschließlich aus der subjektiven Sicht des kindlichen Protagonisten.

Abb. 3.3: Peter Härtling: „Ben liebt Anna" (1979)

3.3. Durchlässige Grenzen: Realistisch-phantastisches Erzählen

Es ist deutlich geworden, dass es eine überhistorische, epochenunabhängige Definition realistischen Erzählens nicht geben kann. Davon unberührt bleibt die Frage, ob eine Bezeichnung des Textkorpus als nicht-phantastische Literatur nicht doch den kleinsten gemeinsamen Nenner für eine Definition realistischen Erzählens darstellt. Auch in diesem Fall gilt es jedoch zu differenzieren. In verschiedenen Epochen, so u.a. in der Weimarer Republik oder in der Zeit der *Zweiten Moderne* findet sich in kinderliterarischen Werken ein Erzählmodus, in dem die realistisch erzählte Welt um nicht-realistische bzw. phantastische Elemente bereichert wird. Dieses Phänomen soll an einigen Beispielen illustriert werden:

1. Lisa Tetzner: „Hans Urian oder die Geschichte einer Weltreise“ (1931). Hans Urian macht sich auf, um Nahrung für seine verarmte Familie zu besorgen. Unterwegs macht Hans die Bekanntschaft des Hasen Trillewipp, der nicht nur sprechen, sondern auch fliegen kann. Hans reist nun mit dem fliegenden Hasen durch die Welt, zu realen Schauplätzen, um immer wieder dieselbe Erfahrung zu machen, dass es überall den Gegensatz zwischen Arm und Reich gibt und überall die Reichen auf Kosten der Armen noch reicher werden.

Abb. 3.4: Lisa Tetzner: „Hans Urian“. Titelbild der Ausgabe von 1949 (EA 1931)

2. Berta Lask: „Auf dem Flügelpferde durch die Zeiten“ (1925). Der kranke Arbeitersohn Karl tritt in seinen Fieberträumen mit dem Flügelpferd Reisen in ferne Epochen an, in denen sich stets die gleiche Geschichte wiederholt: Immer kommt es zur Unterdrückung eines Volkes, einer Kaste, einer Religion, einer Klasse durch ein(e) andere(s). Wiewohl die Ungerechtigkeit und Willkür des Geschichtsverlaufes offen zutage tritt, wird jeder Versuch, sich dagegen aufzulehnen, von den Herrschenden niedergeschlagen. Karls letzter Fieber-

traum mündet in eine Utopie: Erst wenn in Zukunft der Marxismus sich als herrschende Ideologie durchgesetzt haben wird, werden alle Menschen in einer klassenlosen Gesellschaft friedlich zusammenleben. Diese Utopie lässt Karl jedoch gesunden, so dass er eingreifen kann in die politischen Konflikte der Gegenwart, die explizit als Gegenwart von Autor und Leser herausgestellt wird.

Abb. 3.5: Berta Lask: „Auf dem Flügelpferde durch die Zeiten" (1925)

3. Bruno H. Bürgel: „Die Geschichten des Doktor Ulebule" (1920). Ein alter Mann lädt Kinder in sein Haus ein und erzählt ihnen Geschichten, die anhand der Eingangsfloskeln sowie ihrer Form nach unschwer als Märchen zu erkennen sind. Tatsächlich jedoch werden hier naturwissenschaftliche Phänomene dargestellt, so auch in der ersten Erzählung „Der Wassertropfen". Erzählt wird das Leben eines einzelnen Wassertropfens von seiner „Geburt" bis hin zu seinem vorläufigen Endpunkt: Er landet in einer Weinflasche.

4. Christine Nöstlinger: „Wir pfeifen auf den Gurkenkönig" (1971)

In einer normalen Mittelstandsfamilie taucht eine Figur auf, die eindeutig einer phantastischen Welt zuzuordnen ist: der von seinen Untertanen vertriebene Gurkenkönig. Gleichzeitig jedoch weist der Roman starke Elemente realistischen Erzählens auf: Dazu zählen auf der Handlungsebene vor allem die Schilderungen des Familienlebens sowie die Konflikte des Protagonisten Wolfgang mit den elterlichen sowie schulischen Autoritäten. Effekte realistischen Erzählens manifestieren sich aber auch auf sprachlicher Ebene: Erzählt wird die Geschichte von dem kindlichen Ich-Erzähler Wolfgang, ein Erzählverfahren, das seine *Realitätsnähe* zum einen durch eine konsequente Subjektivität und zum anderen durch seine ostentative Nähe zur gesprochenen Sprache zu demonstrieren sucht. Nicht zuletzt wird bereits in Titel („Wir pfeifen auf den Gurkenkönig") und Untertitel („Wolf-

Abb. 3.6: Christine Nöstlinger: „Wir pfeifen auf den Gurkenkönig" (1971)

gang Hogelmann erzählt die Wahrheit, ohne auf die Deutschlehrergliederung zu verzichten") durch die kontrastierenden Signalworte „Gurkenkönig" und „Wahrheit" explizit auf die Durchdringung von phantastischem und realistischem Erzählen verweisen.

Es lässt sich unschwer erkennen, dass die in unterschiedlichen Formen auftretenden Elemente des Phantastischen (auf der Figuren-, der Handlungs-, der Gattungsebene) instrumentalisiert werden, um die kindlichen Leser über reale politische, gesellschaftliche, historische und naturwissenschaftliche Zustände und Phänomen aufzuklären. Des weiteren haben diese Elemente eine Entlastungsfunktion, d.h. sie können bei Bedarf dazu dienen, die Erkenntnisse über die Versehrtheit der realen Welt etwas weniger hart erscheinen zu lassen. Vor allem haben sie in sämtlichen genannten und auch zahlreichen weiteren Fällen eine stark didaktisierende Funktion, die sich in der Indienstnahme des Phantastischen für die literarische Darstellung außerliterarischer Verhältnisse äußert.

3.4. Realistische Erzählverfahren

Wie bereits erwähnt, kann ein Text den Eindruck der Wirklichkeitsnähe auch durch die verwendeten Erzählformen erzeugen. Ebenso wie die Realismuskonzepte selbst gestalten sich jedoch auch die zu ihrer Stützung angewendeten Erzählverfahren im Verlauf der Epochen äußerst unterschiedlich. Bereits in der Aufklärung versuchte man in den literarischen Texten an die Erfahrungswelt der kindlichen Leser anzuknüpfen, nicht zuletzt resultiert daraus die zentrale Rolle, die den Familienwelten in den Erzählungen zugestanden wird. Vor allem in diesem Kontext wird die Gesprächsform zu einem der wichtigsten Erzählverfahren der Kinderliteratur in der Aufklärung. Diese Gespräche sind ein wichtiger Bestandteil des auf der Handlungsebene dargestellten Familienlebens, denn sie knüpfen an reale Situationen der Kinder an. Zudem strukturieren sie die Texte. Zu den Gesprächspartnern zählen immer ein Kind bzw. mehrere Kinder und ein (männlicher) Erwachsener – der Vater. Der Anstoß zum Gespräch geht meist von den Kindern aus, von einer von ihnen gemachten (Lektüre-) Erfahrung, über die es Klarheit zu gewinnen oder ein Urteil zu fällen gilt. Den Abschluss des Gesprächs bildet meist ein allgemein gehaltener, den besprochenen Sachverhalt zusammenfassender Satz oder eine Verhaltensregel. Als Methode zur Einübung des richtigen Denkens hatte das Gespräch in der Pädagogik der Aufklärung einen hohen Stellenwert.

dialogisches Prinzip

Als Merkmal realistischen Erzählens tritt die Gesprächsform jedoch bereits in der Spätaufklärung zurück. Realistisches Erzählen ist in den folgenden 150 Jahren untrennbar verbunden mit einem mehr oder weniger dominant in Erscheinung tretenden auktorialen Erzähler. Dieser erzählt nicht nur vom Handeln der Figuren, sondern nimmt in Form von Kommentaren auch Bewertungen vor und zwar in einer Weise, dass es dem kindlichen Rezipienten kaum möglich ist, sich der jeweils artikulierten Werthaltung zu entziehen. Anders als in der Kinderliteratur der Aufklärung wird die Rezipientenlenkung nunmehr durch eine unsichtbare (Erzähler-)Instanz vorgenommen, die die jeweils gültigen gesellschaftlichen, pädagogischen und erzieherischen Maximen artikuliert.

Modellierung des auktorialen Erzählers

Die vorherrschenden Formen der Rede- und Gedankenwiedergabe sind Erzählerbericht und -kommentar sowie direkte Figurenrede. Die realistische Kinderliteratur des 19. und frühen 20. Jahrhunderts ist eine auf Handlung orientierte Literatur, das Innenleben der kindlichen Akteure spielt in dieser Zeit nur eine nachrangige Rolle. In den realistischen Erzählungen der Weimarer Republik setzt eine Tendenz ein, die sich in der Kinderliteratur der Kindheitsautonomie noch verstärkt: Die auktoriale Erzählerinstanz tritt zunehmend weniger dominant in Erscheinung, d.h. der Anteil der Erzählerkommentare und -berichte geht zurück, dafür steigt der Anteil der Figurenrede. In der *Zweiten Moderne* gewinnen Formen des personalen Erzählens an Bedeutung. Diese Entwicklung manifestiert sich nicht zuletzt im Aufkommen

subjektive Erzählverfahren

einer neuen realistischen Gattung, dem psychologischen Kinderroman. Sein Kennzeichen ist „eine Schwerpunktverlagerung auf die Darstellung kindlicher [...] Innenwelten“[43]. An die Stelle von Aktion tritt in unterschiedlich starkem Maße die Darstellung psychischer Phänomene der kindlichen Akteure, eine Darstellung, die durch einen hohen Grad an Subjektivität gekennzeichnet ist. Ohne Einlassungen eines Erzählers reflektieren die kindlichen Figuren über ihre Handlungen sowie über ihre psychischen Befindlichkeiten, deren Bewertung damit ausschließlich den Rezipienten überlassen wird. Mit dieser zunehmenden Komplexität der Darstellung von Figuren geht eine in diesem Ausmaß bisher in der realistischen Kinderliteratur nicht vorhandene Ausweitung der Rede- und Bewusstseinsformen einher – sie reichen nun vom Erzählerbericht bis hin zur erlebten Rede und zum inneren Monolog, als dessen extremste Form selbst der Bewusstseinsstrom zur Anwendung gelangt.

Der Vielfalt der Darstellungsverfahren wiederum korrespondiert nicht nur eine Vielfalt der Gattungen, sondern auch eine zunehmende Offenheit der Form, z.B. der Erzählschlüsse. Wiesen kinderliterarischen Erzählungen von der Aufklärung bis zum Ende der 1960er Jahre mehrheitlich ein *geschlossenes* Ende mit einer meist harmonischen Lösung auf, so gibt es in der *Zweiten Moderne* nun auch zunehmend *offene* Schlüsse, d.h. die Konflikte werden am Ende der Erzählung nur partiell oder gar nicht gelöst.

offenes Ende

Die Parameter realistischen Erzählens in der *Zweiten Moderne* lassen sich zusammenfassend beschreiben mit der Hinwendung zur Darstellung gesellschaftspolitischer Konflikte, d.h. dem *Zurückholen* der kindlichen Figuren in die Welt der Erwachsenen, einer zunehmenden Komplexität der kindlichen Akteure sowie der Vielfalt der zur Anwendung gelangenden Rede- und Bewusstseinsformen. Diese Formen realistischen Erzählens sind jedoch keineswegs auf die Kinderliteratur begrenzt oder anders formuliert: Spätestens seit den 1970er Jahren sind die Grenzen zwischen Kinder- und Jugendliteratur, aber auch zwischen Kinder- und Erwachsenenliteratur durchlässig geworden, da die Prinzipien realistischen Erzählens wie sie für die Kinderliteratur diagnostiziert worden sind, in gleicher Weise in der Jugend- wie in der Erwachsenenliteratur zur Anwendung kommen.

Die Praxis der adressatenspezifischen Akkommodation ist in den realistischen Erzählungen der *Zweiten Moderne* also in den

Hintergrund getreten. Diese der allgemeinen Literatur in Inhalt und Form angenäherten modernen realistischen Kindererzählungen verlangen ihren Rezipienten vergleichsweise komplexe Verstehensleistungen ab. Zugleich können die in diesen Texten enthaltenen differenzierten und zunehmend tabulosen Darstellungen kindlicher Emotionen und Befindlichkeiten in einem bis dato nicht gekannten Ausmaß Impulse zur inneren Selbstwahrnehmung, zur Ausbildung des Empathievermögens und zur Identitätsentwicklung vermitteln. Bei der Planung und Durchführung von Unterrichtsprojekten mit realistischen Erzählungen für Kinder sollten diese wirkungsästhetischen Aspekte unbedingt berücksichtigt werden.

Zusammenfassung

Das Kapitel setzt sich zunächst mit einigen grundlegenden Fragen auseinander, die sich bei einer Definition realistischen Erzählens ergeben und führt aus, warum es sich hierbei nicht um einen überzeitlichen, sondern um einen im hohen Maße epochenspezifischen Begriff handelt, der demnach nicht zu trennen ist von der Realismusauffassung der jeweiligen Epoche. Der sich anschließende diachrone Überblick behandelt spezifische, für realistisches Erzählen relevante literarische Perioden und zwar sowohl hinsichtlich der jeweiligen Realismusauffassung als auch an literarischen Beispielen. An weiteren Beispielen kinderliterarischen Erzählens wird erläutert, inwiefern das dichotomische Modell von realistischem und phantastischem Erzählen zu kurz greift und worin die Bedeutung der den jeweiligen Realismuskonzepten immanenten Erzählverfahren für die Realismuseffekte besteht.

Testfragen

1. Erläutern Sie den Begriff *Realistisches Erzählen.*
2. Erläutern Sie (an einem ausgewählten Werk) die Realismusauffassungen der Aufklärung, der Weimarer Republik sowie der *Zweiten Moderne.*
3. Erläutern Sie mögliche Zusammenhänge zwischen realistischem und phantastischem Erzählen.
4. Erläutern Sie mögliche Zusammenhänge zwischen Realismuseffekten und Erzählverfahren.

Anregungen zur Textarbeit

Versuchen Sie auf eigene Faust den Realismus-Konzepten verschiedener Epochen anhand einzelner Texte nachzuspüren:

1. Das erfolgreichste Kinderbuch der Aufklärung „Robinson der Jüngere" von Joachim Heinrich Campe (http://gutenberg.spiegel.de/) beginnt mit einer längeren Vorrede des Autors. Notieren Sie, welche Aspekte dabei für sein Realismuskonzept von Bedeutung sind! Lesen Sie anschließend das erste Kapitel des Romans und überlegen Sie, auf welche Weise Campe sein Realismuskonzept in die „Praxis" umgesetzt hat! Achten Sie dabei besonders auf die hier verwendeten Erzählverfahren!
   - Besorgen Sie sich in der Bibliothek zum Vergleich Campes Prätext „Robinson Crusoe" von Daniel Defoe (Ausgabe Insel- oder Reclam-Verlag) und untersuchen Sie anhand der Lektüre des Vorwortes sowie des ersten Kapitels, welche Strategien Defoe angewendet hat, um die Handlung als realistisch, d.h. als tatsächlich geschehenes Ereignis erscheinen zu lassen!
2. Wie Sie festgestellt haben, spielen sowohl die paratextuellen Signale wie die Erzählverfahren für den Realitätshabitus des jeweiligen Werkes eine entscheidende Rolle.
   - Überprüfen Sie diese Behauptung an zwei ausgewählten Beispielen – dem Vorwort von Erich Kästners Kinderroman „Emil und die Detektive" sowie an der Lektüre von Kirsten Boies Jugendroman „Erwachsene reden, Marco hat etwas getan" (1994)!
   - Überlegen Sie, warum Kästner seinem Roman ein so ausführliches Vorwort vorausgeschickt hat, während Kirsten Boie offensichtlich der Überzeugung war, darauf vollkommen verzichten zu können!
   - Falls Sie in einer Lerngruppe bzw. mit Partner arbeiten, können Sie sich darüber austauschen, an wen die Vorworte von Defoe, Campe und Kästner gerichtet sind. Vergessen Sie dabei nicht, dass in Kästners Vorwort auch eine piktorale Ebene existiert und notieren Sie, ob und wenn ja, welche Bezüge zwischen Vorwort und Erzählung zu erkennen sind!

Literaturtipps

Sekundärliteratur

ARMBRÖSTER-GROH, ELVIRA: *Der moderne realistische Kinderroman. Themenkreise, Erzählstrukturen, Entwicklungstendenzen, didaktische Perspektiven.* Frankfurt am Main [u.a.]: Peter Lang 1997 (Kasseler Arbeiten zur Sprache und Literatur; 21).

EWERS, HANS-HEINO: *Themen-, Formen- und Funktionswandel der westdeutschen Kinderliteratur seit Ende der 60er, Anfang der 70er Jahre.* In: Zeitschrift für Germanistik, 5. Jg. N.F. / 1995, H. 2, S. 257-278.

EWERS, HANS-HEINO: *Vom Anschauen zum Erleben – Wirklichkeitskonzepte in der Kinder- und Jugendliteratur von der Aufklärung bis zur Spaßgesellschaft.* In: Härle, Gerhard; Weinkauff, Gina (Hg.): Am Anfang war das Staunen. Wirklichkeitsentwürfe in der Kinder- und Jugendliteratur. Baltmannsweiler: Schneider-Verlag Hohengehren 2005, S. 99-115.

HOFMANN, REGINA: *Der kindliche Ich-Erzähler in der modernen Kinderliteratur.* Eine erzähltheoretische Analyse mit Blick auf aktuelle Kinderromane. Frankfurt am Main [u.a.]: Peter Lang 2010 (Kinder- und Jugendkultur, -literatur und -medien; 65).

SCHEINER, PETER: *Realistische Kinder- und Jugendliteratur.* In: Lange, Günter (Hg.): Taschenbuch der Kinder- und Jugendliteratur. Baltmannsweiler: Schneider-Verlag Hohengehren 2000, S. 158-186.

Phantastische Kinderliteratur | 4

Inhaltsübersicht

4.1. Definitionsvorschläge der Kinder- und Jugendliteraturforschung

Phantastische Literatur in ihren vielfältigen Erscheinungsformen gehört bis heute zu den populärsten kinderliterarischen Textsorten. Auch die Forschung hat sich mit dieser Gattung, ihren zahlreichen Subgenres sowie den unterschiedlichen Modellen phantastischen Erzählens immer wieder auseinandergesetzt. Das Kapitel wird daher zunächst die unterschiedlichen Gattungsdefinitionen skizzieren. Weiterhin behandelt wird das Problem der Abgrenzung von anderen nicht-realistischen Textsorten. Anschließend geben die Ausführungen eine Vorstellung der wichtigsten Modelle phantastischen Erzählens, dem ein Abriss über die Geschichte phantastischen Erzählens von der Romantik bis zur Gegenwart folgt.

Erste Definitionen

Die seit dem Ende der 1950er Jahre unternommenen Definitionsversuche verweisen auf die große Heterogenität einer Textsorte, die es aufgrund der Vielfalt ihrer Erscheinungsformen nicht gestattet, die literarische Phantastik in einer einzigen Definition adäquat zu erfassen. Zu den Voraussetzungen für eine Beschäftigung mit kinderliterarischer Phantastik gehört daher die Auseinandersetzung mit diesen, mitunter durchaus widersprüchlichen Definitionen.

Der Anstoß, sich mit kinderliterarischer Phantastik zu beschäftigen, erfolgte bereits in den 1950er Jahren durch die Literaturpädagoginnen Ruth Koch und Anna Krüger. Beide verorteten die Textsorte im Kontext bereits etablierter kinderliterarischer Genres: dem des Märchens sowie dem der Abenteuererzählung. Vor allem der Bezug auf die Gattung Märchen dient dazu, um durch die von ihr abweichenden Strukturmerkmale erste Besonderheiten kinderliterarischer Phantastik zu formulieren. Bereits Krüger wie Koch konstatieren, dass sich Phantastik von Märchen vor allem durch das Vorhandensein von zwei Welten unterscheidet: Kennt das Märchen meist nur eine, nicht-realistische Welt, deren Vorhandensein von allen Akteuren als selbstverständlich angesehen und an keiner Stelle in Zweifel gezogen wird, existieren in phantastischen Erzählungen vielfach zwei Welten – eine wunderbare und eine der außerliterarischen Realität nachgebildete. Diese gegensätzlichen Welten treffen in phantastischen Erzählungen aufeinander, d.h. phantastische Erzählungen werden zunächst durch ein Strukturmerkmal definiert: der Gegenüberstellung bzw. dem Nebeneinander von wunderbarer und real-fiktiver Welt. Diese Definition wird auch von dem schwedischen Literaturpädagogen Göte Klingberg übernommen. Klingberg trennt jedoch zwischen surreal-komischen und mythischen Erzählungen, da sie für ihn eigene Textsorten darstellen. Bei einer genaueren Betrachtung seiner Gattungstypologie wird deutlich, dass auch er die phantastische Erzählung letztlich durch Strukturmerkmale definiert, denn der entscheidende Unterschied zwischen phantastischer und surreal-komischer Erzählung besteht für ihn darin, dass

„[d]as Geschehen der surreal-komischen Kinder- und Jugenderzählung [...] sich grundsätzlich in einer, meist der realen, vertrauten Welt des Lesers ab[spielt]. Die phantastische Erzählung dagegen handelt von zwei verschiedenen, aufeinander stoßenden oder in einander übergehenden Welten.“[44]

Als Beispiele für surreal-komische Erzählungen werden von Klingberg u.a. die Mary Poppins-Romane von Pamela Travers (OA 1934ff., dt. EA 1952ff.) angeführt: In einer real-fiktiven Welt erscheint eine Figur, die eindeutig nicht dieser realen Welt angehört und damit Züge des Surrealen trägt – das Kindermädchen Mary Poppins.

Analog verfährt Klingberg bei der Definition der mythischen Erzählung, die gleichsam das Gegenstück zur surreal-komischen Erzählung bildet, denn auch die mythischen Erzählungen spielen nur in einer Welt, allerdings „in einer mythischen Welt [...], [die]

aber (im Gegensatz zu der surreal-komischen Erzählung) logisch aufgebaut ist“[45]. Als Beispiele für dieses Genre nennt Klingberg u.a. die Romane von J.R.R. Tolkien „Der kleine Hobbit“ (OA 1937) und „Der Herr der Ringe“ (OA 1954ff.). Das verbindende Element dieser Romane stellt allein der Ort der Handlung dar, die ausschließlich in einer geschlossenen mythischen Welt angesiedelt ist. Verbindungen zur real-fiktiven Welt weisen die Texte und damit das Genre der mythischen Erzählungen nicht auf.

Tzvetan Todorov: Die Unschlüssigkeit des Lesers

Klingbergs Genredefinitionen tragen eindeutig idealtypischen Charakter und dies vor allem deshalb, da sich die genrekonstituierenden Elemente des Surreal-Komischen sowie des Mythischen durchaus auch in Texten finden lassen, die seiner Definition nach eigentlich zum Textkorpus der phantastischen Erzählung gehören.

Zweierlei unterscheidet die Definitionsversuche phantastischer Literatur von Koch, Krüger und Klingberg von jenen des französischen Literaturtheoretikers Tzvetan Todorov: Zum einen das Textkorpus: Koch, Krüger und Klingberg erläutern ihre Definition an kinderliterarischen Texten des 19. und 20. Jahrhunderts. Todorov hingegen bezieht sich ausschließlich auf allgemeinliterarische Werke des 18. und 19. Jahrhunderts, d.h. vor allem der deutschen Romantik. Zweitens stehen für ihn nicht mehr die Strukturmerkmale im Vordergrund, sondern der Leser rückt in den Mittelpunkt der Argumentation. Das entscheidende Kriterium des Phantastischen ist also nicht mehr das wie auch immer geartete phantastische Ereignis, sondern

„die Unschlüssigkeit, die ein Mensch empfindet, der nur die natürlichen Grenzen kennt und sich einem Ereignis gegenübersieht, das den Anschein des Übernatürlichen hat“[46].

Nur wenn die Unschlüssigkeit des Lesers auch während der Lektüre anhält, handelt es sich – so Todorov – tatsächlich um einen phantastischen Text. Kann die Unschlüssigkeit hingegen aufgelöst werden, muss das Werk entweder zum Phantastisch-Unheimlichen oder zum Phantastisch-Wunderbaren gerechnet werden. Darunter sind nach Todorov bestimmte Stufen des Phantastischen zu verstehen, die den Übergang entweder zum unvermischt Unheimlichen (Horrorgeschichte) oder zum unvermischt Wunderbaren (Märchen) darstellen.

Kritik an Todorov

Todorovs Definitionsversuche sind nicht ohne Widerspruch geblieben. Kritisiert wurde in erster Linie, dass die Gattungsdefinition allzu eng ausgefallen sei. Denn zum einen stelle das Phantastische für Todorov gar keine eigene Gattung dar, sondern lediglich eine Spielart zweier anderer Gattungen. In diesem Kontext wurde auch darauf hingewiesen, dass kaum Texte existierten, die das Element der Unschlüssigkeit durchgängig aufwiesen. Weiterhin wurde angemerkt, dass Todorov zum einen die Entscheidung darüber, ob ein Text phantastisch sei, ausschließlich in die subjektive Entscheidung des Lesers verlagere und zum anderen, dass seine Definition vorrangig auf allgemeinliterarische Texte eines bestimmten Zeitraums (18./19. Jahrhundert) bezogen sei und die Existenz phantastischer Texte nach 1900 sogar explizit in Frage gestellt habe.[47]

Aus diesen Gründen wird Todorovs Theorie bis heute vielfach als enge oder minimalistische Theorie bezeichnet (und damit implizit abgewertet). Erst Jahrzehnte später wird auch wieder auf die Stärken dieser engen Gattungsdefinition verwiesen, die u.a. darin lägen, dass auf diese Weise der gängigen Praxis Einhalt geboten werde, dass alle Texte, „in deren fiktiver Welt die Naturgesetze verletzt werden, zur Phantastik gezählt werden“[48].

Gerhard Haas und die Maximalistische Definition

Genau dieser Vorwurf wurde gegen die Definitionsversuche des Literaturdidaktikers Gerhard Haas erhoben. Haas hatte dafür plädiert, die „literarische Phantastik nicht als Gattung, sondern als eine Form bildlichen, ‚wilden Denkens‘ zu verstehen, wie es von dem französischen Ethnologen Claude Lévi-Strauss als Alternative zum begrifflichen Erkenntnisweg“[49] wenige Jahre zuvor beschrieben worden war. Haas verstand unter ‚wildem Denken‘, dass alles mit allem auf eine rational nicht aufhellbare Weise in Zusammenhang stand, ein Denken, das durch Intuition geprägt sei und wissenschaftlichen Erkenntnissen stets vorausginge, d.h. der Erkenntnisgewinn erfolge vorrangig auf der Ebene der sinnlichen Wahrnehmung und der Einbildungskraft, wodurch ein begrenzter Bestand von Material immer wieder neu geordnet werde.[50] Das Phantastische nun weise deutliche Elemente und Strukturen des wilden Denkens auf und zwar dergestalt, dass der Einbruch des Phantastischen in die real-fiktive Welt als ein solcher Neuordnungsversuch klassifiziert werden könne. Entstehen dadurch Brüche oder Risse, kann man nach Haas von literarischer Phantastik sprechen, wobei Haas hier ausdrücklich Bezug auf die kinder- und jugendliterarische Phantastik nimmt. Während Todorov vielfach vorgeworfen wurde, seine minimalistische Definition mache einen Großteil der phantastischen Texte heimatlos, wurde an Haas' maximalistischer Definition immer wieder kritisiert, er versuche im Gegenteil phantastische Literatur so zu fassen, dass alle Texte eine Berücksichtigung erfahren, die nicht eindeutig der realistischen Literatur zuzuordnen sind.

neueste Definitionsvorschläge

Neuere und neueste Versuche das Genre zu definieren, sind zum einen von der Erkenntnis geprägt, dass es eine allzeit gültige, überhistorische Definition des Phantastischen nicht geben könne und zum anderen von der Intention sowohl die Erkenntnisse Todorovs als auch von Haas für die eigene Forschung fruchtbar zu machen – also einen Mittelweg zwischen den Extremen zu wählen. So vertritt Carsten Gansel (1998) die Auffassung, ein zentrales Merkmal phantastischen Erzählens bestehe darin, dass Figuren, Ereignisse und Handlungen in der literarischen Darstellung so mit einander in Verbindung gebracht werden, wie es in der empirischen Wirklich nicht möglich ist. Das heißt phantastisches Erzählen kann die Grenzen der Logik und damit der empirischen Wirklichkeit nach Belieben durchbrechen. Etwas enger hat Brigit Patzelt (2001) das Genre definiert: Für sie lassen sich phantastische Erzählungen daran erkennen, dass hier die Figuren in einer real-fiktiven Welt mit einem übernatürlichen Phänomen, dem zugleich handlungsstrukturierende Bedeutung zukommt, konfrontiert werden – diese Konfrontation jedoch eine logische Erklärung erfährt.

4.2. Begrifflichkeits- und Abgrenzungsprobleme

Zur Schwierigkeit das Genre angemessen zu definieren, treten die Probleme unterschiedlicher Begrifflichkeiten wie auch der Abgrenzung zu anderen nicht-realistischen Genres. Beim Umgang und der Benennung des Genres hat sich im Lauf der Zeit eine Vielfalt von Begriffen etabliert, die umgangssprachlich oftmals synonym verwendet werden, wiewohl sie durchaus unterschiedliche Sachverhalte bezeichnen. Heinrich Kaulen hat erstmals den Versuch unternommen, diese Uneinheitlichkeiten innerhalb der Begrifflichkeiten eindeutigen Merkmalen zuzuordnen.

Die literarische Phantastik

Von literarischer Phantastik kann dann gesprochen werden, wenn phantastische Darstellungsmittel, u.a. Figuren, Motive oder Formelemente, die keine Entsprechung in der außerliterarischen Realität aufweisen sowie mit der außerliterarischen Erfahrungswelt nicht vereinbare Ereignisse sowohl eine handlungskonstituierende Bedeutung einnehmen als auch die gesamte Textstruktur prägen.

Spielarten phantastischer Literatur

Die Bezeichnung phantastische Literatur schließlich ist als ein Gattungsbegriff zu verstehen, als dessen wichtigstes Merkmal die Zweidimensionalität der fiktional dargestellten Welt ausgemacht worden ist: der Dualismus, der Konflikt, die Konfrontation zweier Weltordnungen: eine wunderbare, über die rationalen Alltagserfahrungen hinausreichende Welt und eine der außerliterarischen Welt nachgebildete Welt.[51]

Zu den Textsorten literarischer Phantastik zählen u.a. Märchen, Sage, Legende, Utopie und Anti-Utopie, Science Fiction, Fantasy sowie Schauer- und Horrorerzählungen. Obwohl für alle genannten Genres „das Auftreten phantastischer Inhalte und Formelemente [...] gattungsbestimmend ist“[52], gibt es zwischen phantastischer Literatur und ihren Subgenres durchaus Unterschiede, die im Folgenden an einigen ausgewählten Beispielen dargestellt werden sollen.

Märchen

Am offensichtlichsten erscheinen die Unterschiede zwischen phantastischer Literatur und der Textsorte Märchen. Im Gegensatz zu phantastischen Erzählungen kennt das Märchen meist nur eine, nicht-realistische Welt, deren Vorhandensein von allen Akteuren an keiner Stelle in Zweifel gezogen wird. Zu unterscheiden ist hier allerdings zwischen sogenannten Volks- und Kunstmärchen, wiewohl diese dichotomische Unterscheidung von der Märchenforschung mittlerweile nicht mehr vorgenommen wird. Für die Abgrenzung der Textsorte Märchen zur phantastischen Literatur muss jedoch auf sie zurückgegriffen werden, da schon die Kunstmärchen der Romantik die gattungsprägende Eindimensionalität nicht mehr aufweisen, sondern hier bereits der Einbruch des Wunderbaren in die real-fiktive Welt gestaltet wird. Nicht ohne Grund wird daher mit den Wirklichkeitsmärchen von E.T.A. Hoffmann ungeachtet ihrer Bezeichnung auch der Beginn eines neuen Genres markiert: der Anfang der phantastischen Literatur.

Science Fiction

Bereits die Wortbestandteile von Science und Fiction verweisen auf eine Verbindung zwischen Wissenschaft und Dichtung, die jedoch in den Texten nicht als Konfrontation, sondern als eindimensionale Welt gestaltet wird. Gattungskonstituierendes Merkmal von Science Fiction ist, dass sie sich mit Ereignissen beschäftigt, die in der Autorgegenwart naturwissenschaftlich noch unmöglich sind, die jedoch in Zukunft durchaus einmal Wirklichkeit werden könnten. Der entscheidende Unterschied zu phantastischer Literatur besteht nun darin, dass Science Fiction immer darum bemüht ist, unbekannte und vermeintlich irrationale Ereignisse rational, d.h. naturwissenschaftlich zu erklären, während phantastische Literatur den Einbruch des Wunderbaren zwar auch benennt, aber gerade keine Erklärungen dafür anbietet und die Gesetze der Naturwissenschaft auch nach Belieben überschreiten kann.

Fantasy

Die heute beliebteste Spielart phantastischer Literatur stellt die Fantasyliteratur dar. Vor allem in nicht-wissenschaftlichen Kontexten werden die Begriffe Phantastik und Fantasy vielfach synonym verwendet, eine Begriffsverwirrung, die möglicherweise der englischen Herkunft des Wortes Fantasy geschuldet ist. Im Englischen wird mit Fantasy nämlich phantastische Literatur bezeichnet, während Texte, die im Deutschen dem Genre Fantasy zugerechnet werden, im Englischen als high fantasy, heroic fantasy oder sword and sorcery benannt werden.[53] Wie auch im Märchen ist die Handlung mehrheitlich in *einer* geschlossenen Eigenwelt angesiedelt, die zum einen über eine andere Geschichte und Geographie als die der Welt der Leser verfügt und die zum anderen explizite Züge des Wunderbaren bzw. Mythischen tragen kann und von allen Akteuren als selbstverständlich angesehen wird. Zu einer Konfrontation mit der real-fiktiven Welt kommt es nicht. Sehr viel stärker als Märchen oder phantastische Literatur sind die Texte den Strukturen der Abenteuererzählung verpflichtet, zu deren wichtigsten Elementen der Aufbruch des Helden, das Spannungsmoment, eine ereignisstarke Handlung sowie der Kampf des eindeutig Guten gegen das ebenso klar markierte Böse zählt.

Die hier bezeichneten Spielarten phantastischer Literatur, Subgenres und Abgrenzungsversuche müssen jedoch als idealtypische Zuordnungen angesehen werden, die sich bei der Analyse einzelner Werke nicht immer in der hier beschriebenen Exaktheit ausmachen lassen. Vor allem moderne kinderliterarische Texte weisen vielfach Elemente mehrerer Subgenres auf und verweigern sich damit den etablierten Genredefinitionen.

Kennzeichnend für die nach 1970 erschienene phantastische Literatur ist auch ein gegenläufiges Element: In dem Maße, in dem die moderne Kinderliteratur Züge allgemeinliterarischen Erzählens und besonders der Gattung Roman aufweist, lassen sich auch in der phantastischen Literatur zunehmend Anteile anderer Genres nachweisen, die bislang realistischen Textsorten vorbehalten waren. Darunter zählen an erster Stelle Elemente des Abenteuerromans, der Reiseerzählung, des geschichtserzählenden Romans, des Schülerromans, der Kriminalerzählung, des psychologischen Kinderromans wie auch des Entwicklungsromans. Diese Anteile können in den einzelnen Werken unterschiedlich stark vertreten sein – bislang stellt J.K. Rowlings „Harry-Potter"-Zyklus ohne Zweifel das herausragendste Beispiel eines phantastischen Werkes dar, in dem praktisch alle hier genannten Genreelemente zu finden sind.

4.3. Modelle phantastischer Literatur

Die Versuche, phantastische Literatur zu definieren, gingen von Beginn an mehrheitlich von einem als zentral erachteten Strukturmerkmal des Genres aus – dem Aufeinandertreffen von einer real-fiktiven mit einer wunderbaren, einer Anderswelt. Auch die Literaturwissenschaftlerin Maria Nikolajeva greift in ihren Überlegungen zur phantastischen Kinderliteratur auf diese Zweiweltenmodelle zurück. In Erweiterung dieser Modelle sieht Nikolajeva jedoch die phantastische Literatur geprägt von drei Möglichkeiten des Kontaktes zwischen real-fiktiver und wunderbarer Welt. Ausgehend von der sog. wunderbaren Welt, die von ihr als sekundäre Welt bezeichnet wird (im Gegensatz zur primären Alltagswelt), entwickelt sie drei Modelle, die ausschließlich durch die Struktur des miteinander in Kontakt tretens beider Welten geprägt sind.

Erstes Modell: die geschlossene sekundäre Welt

Beim ersten Modell spielt die Handlung ausschließlich in einer phantastischen Welt, die keine Entsprechung in der Alltagswelt der Leser hat. Auch die Akteure entstammen ausschließlich dieser sekundären Welt, deren Vorhandensein und Eigengesetzlichkeit von ihnen nicht hinterfragt wird. Damit weist dieses Modell phantastischen Erzählens auf struktureller Ebene eine deutliche Nähe zu Volksmärchen und Fantasyliteratur auf.

Zweites Modell: die offene sekundäre Welt

In der zweiten Variante kommt es zum Aufeinandertreffen zwischen den beiden Welten, der sekundären phantastischen und der primären alltäglich-realistischen. Auch in diesem zweiten Modell erscheint das Vorhandensein von zwei Welten, die friedlich nebeneinander existieren oder aber konfliktreich aufeinandertreffen, als eine Selbstverständlichkeit. Das mitunter sich manifestierende Erstaunen der Figuren über das Vorhandensein einer zweiten Welt spielt innerhalb der Handlung nur eine untergeordnete Rolle. Die Akteure, und hier vor allem die kindlichen Figuren, können in der Regel problemlos zwischen den beiden Bereichen hin- und herwechseln, so dass die unterschiedlichen Ausprägungen der Grenzüberschreitung zu einem zentralen Motiv innerhalb dieser Variante phantastischen Erzählens wird. E.T.A. Hoffmann hat in seiner Erzählung „Nußknacker und Mausekönig“ (1816) dieses Motiv und damit auch den kindlichen Grenzgänger, der die Schwelle von der einen in die andere Welt überschreitet, erstmals in die Literatur eingeführt. Weitere bekannte Beispiele sind u.a. die Romane „Alice im Wunderland“ (OA 1865, dt. EA 1869) von Lewis Carroll, „Mio, mein Mio“ (OA 1954; dt. EA 1955) von Astrid Lindgren, „Die unendliche Geschichte“ (1979) von Michael Ende sowie der „Harry-Potter“-Zyklus (OA 1997ff., dt. EA 1998ff.) von J.K. Rowling.

Drittes Modell: die implizierte sekundäre Welt

Im Gegensatz zu den beiden anderen Varianten ist die Handlung beim dritten Modell ausschließlich in der primären Welt angesiedelt, in der unvermutet eine Figur oder ein Gegenstand aus einer anderen Welt auftaucht, die ihrerseits jedoch keine direkte Darstellung in der Handlung findet. Handlungskonstituierendes Element ist hier mehrheitlich der Kontrast zwischen der Alltäglichkeit der primären Welt sowie dem übernatürlichen Wesen bzw. Gegenstand. Zu den bekanntesten Beispielen dieser Variante phantastischen Erzählens gehören die Erzählungen über das Kindermädchen Mary Poppins der englischen Autorin Pamela Travers (OA 1934ff., dt. EA 1952ff.), „Pippi Langstrumpf“ (OA 1944, dt. EA 1949), „Timm Thaler oder das verkaufte Lachen“ (1962) von James Krüss und „Wir pfeifen auf den Gurkenkönig“ (1972) von Christine Nöstlinger.

Auch für die hier entwickelten Modelle phantastischer Literatur gilt, dass sie als idealtypische Zuordnungen angesehen werden müssen, die sich bei der Analyse einzelner Werke nicht immer den hier dargelegten Schemata zuordnen lassen, eine Tatsache, die ebenfalls vor allem für moderne kinderliterarische Texte gilt, die mitunter Merkmale aller drei Modelle aufweisen.

4.4. Themen und Motive phantastischen Erzählens

Eine erste Kategorisierung und damit Definition wichtiger Themen und Motive in der phantastischen Kinderliteratur wurde bereits Ende der 1960er Jahre von Göte Klingberg unternommen; auf seine Ergebnisse griffen später auch Haas[54] und Nikolajeva[55] zurück, die neueste Übersicht bietet die Abhandlung von O'Sullivan,[56] auf die im Folgenden auch zurückgegriffen werden soll.

Die phantastische Schwelle

Wie bereits erwähnt, spielt die phantastische Schwelle vor allem in den Erzählungen eine zentrale Rolle, die von Nikolajeva dem Textkorpus des zweiten Modells, der offenen sekundären Welt, zugeordnet werden. In diesen Erzählungen dient sie „als Schleuse, als Umsteigepunkt zwischen Primär- und Sekundärwelt"[57], die die vertraute Primärwelt mit der fremden sekundären Welt verbindet. Die phantastische Kinderliteratur kennt unzählige Varianten dieser Schwellen, die permanent vorhanden sein, aber ebenso gut nur temporär in Erscheinung treten können, darunter die Tür, der Tod, der Traum, Boten aus der implizierten Sekundärwelt, ein oder mehrere magische Objekte, Zeitreisemaschinen und andere technische Geräte, magische Gegenstände und Eigenschaften, ohne dass diese den Anspruch auf Vollständigkeit stellen könnten. Zu erinnern ist in diesem Zusammenhang z.B. an Michael Endes Roman „Die unendliche Geschichte" (1979), in dem ein Buch als phantastische Schleuse fungiert, sowie an die im Zuge der Neuen Medien entstandenen technischen Veränderungen, die auch zu neuen Varianten der phantastischen Schwellen wie etwa dem Computerspiel geführt haben.

Die Reise

Eng mit dem Motiv der phantastischen Schwelle verbunden ist das Motiv der Reise zwischen primärer und sekundärer Welt, das ebenfalls in zahlreichen Varianten in der phantastischen Literatur zu finden ist. Dabei können unterschiedliche Modelle des Reisens unterschieden werden: das Reisen in linearer Weise, d.h. eine einmalige Reise von der primären in die sekundäre Welt, in zirkulärer Weise, d.h. es wird in die sekundäre Welt und auch wieder zurück gereist, und in schleifenförmiger Weise, d.h. es kann beliebig oft zwischen den Welten hin- und her gereist werden. Weiterhin ist zu unterscheiden zwischen Erzählungen, in denen Art und Ziel der Reise im Zentrum der Handlung steht und solchen, die vorrangig die Veränderungen, die das Reisen bei dem Protagonisten bewirken, fokussieren. Als Beispiel für einen solchen durch das Reisen hervorgerufenen Selbstfindungsprozess kann Astrid Lindgrens Erzählung „Die Brüder Löwenherz" (OA 1973, dt. EA 1974) genannt werden. Auch das Reisemotiv ist allerdings nicht immer in diesen idealtypisch Varianten anzutreffen, sondern es kommt wiederum, vor allem in der neueren phantastischen Literatur, zu vielerlei Mischformen.

Das Reisen von der primären in die sekundäre Welt, das Überschreiten phantastischer Schwellen, kann sich jedoch auch als Bestandteil einer Traumhandlung erweisen; Träume sind zentrale Motive in phantastischen Erzählungen, wobei diese Träume sehr unterschiedliche Gestalt annehmen und ebenso unterschiedliche Funktionen erfüllen können. Träume ermöglichen das Ausleben von Phantasien, die in dieser Weise in der Alltagswelt nicht möglich gewesen wären, d.h. vielfach handelt es sich bei diesen Träumen um sogenannte Wunschträume, in denen eigentlich Unerfüllbares plötzlich möglich wird, in denen die Gesetze der realen Welt nach Belieben verändert werden können, z.B. durch die Verlebendigung eigentlich lebloser Dinge. Der Antagonist des Wunschtraumes ist der Albtraum, in denen der Träumende bedroht wird von Ängsten. Auf struktureller Ebene lassen sich zwei Varianten unterscheiden, wie Träume in phantastischen Erzählungen auftreten, zum einen den Mustern der Abenteuererzählung folgend und dem Motiv der Reise verwandt: Der Beginn des Traumes gleicht dem Aufbruch, der Traum selbst den Stationen des Abenteuers bzw. der Reise, das Erwachen der Heimkehr. In einer zweiten Variante fungiert der Traum als eine Art „Erklärungsstrategie"[58]: Am Ende der Handlung werden alle stattgefundenen Ereignisse als Traum deklariert.

Der Traum

Der Spiegel

Spiegel bilden ein zentrales Requisit in phantastischen Erzählungen. So können Spiegel, wie auch anderes optisches Zubehör (vor allem Augen, Gläser und Brillen) dazu verwendet werden, eine andere Welt, d.h. entfernte oder verborgene Figuren, Plätze und Gegenstände, sichtbar zu machen, er kann als phantastische

Schwelle dienen, als Eingangstor zu Zeitreisen in die Zukunft oder in die Vergangenheit, als Medium zur Kommunikation mit Figuren aus sekundären Welten, als eine Möglichkeit, die eigenen Visionen sichtbar werden zu lassen, er kann jedoch ebenso als Instrument der Bewusstseinswerdung dienen, d.h. die Begegnung mit dem eigenen Spiegelbild kann eigene Entwicklungsprozesse und -krisen in entscheidender Weise anstoßen. Und nicht zuletzt können Spiegel auch Unheil auslösen, dies vor allem dann, wenn sie absichtlich oder unabsichtlich zerbrochen werden.

Verlebendigte Gegenstände

Weiterhin bietet die phantastische Literatur unbeseelten Gegenständen auch die Möglichkeit sich zu verlebendigen. Gerade diesem Motiv kommt eine herausragende Bedeutung zu, vor allem dann, wenn es sich bei diesen Gegenständen um das Spielzeug von Kindern handelt. Damit knüpft phantastisches Erzählen auf mehreren Ebenen unmittelbar an die Alltagswelt der kindlichen Leser an, denn auch diese sind im Besitz von Spielzeug, das sie im Spiel mitunter wie lebendige Gegenstände behandeln. Seit der Romantik sind es daher vielfach ausschließlich Kinder – in ihrer Rolle als Grenzgänger zwischen den Welten –, die diese Verlebendigung ihres Spielzeuges wahrnehmen können, in der Gegenwart von Erwachsenen werden aus den lebendigen Gestalten wieder leblose Gegenstände. In dieser Motivvariante werden auf die Spielzeuge vielfach kindliche Phantasien, Ängste und Nöte projiziert. Neben diese erste Variante, in der aus der Perspektive der kindlichen Figur erzählt wird, tritt eine weitere Variante, die das Geschehen aus der Perspektive der Spielzeuge schildert. Hierbei wäre zu unterscheiden zwischen Erzählungen, in denen das Spielzeug Kontakt zu menschlichen Figuren hat bzw. diesen Kontakt wünscht, oder aber das Spielzeug in einer eigenen Welt lebt und agiert, d.h. kein Kontakt zu menschlichen Figuren besteht bzw. ein solcher explizit vermieden wird. Prominente Beispiele für diese Variante phantastischen Erzählens bilden die Erzählungen „Die Zwölf vom Dachboden" (OA 1962, dt. EA 1967) von Pauline Clarke und „Die wundersame Reise der kleinen Sofie" (OA 1984, dt. EA 1985) von Els Pelgrom.

Miniaturgesellschaften

Handelt es sich um mehrere Spielzeuge bzw. Spielzeugfiguren, die wie menschliche Figuren agieren, kann man (ungeachtet ihrer Größe) von sogenannten Miniaturgesellschaften sprechen, die in phantastischen Erzählungen oftmals neben der menschlichen Gesellschaft existieren, ohne von dieser bemerkt zu werden. Auch in diesem Fall haben vielfach nur die Kinder die Möglichkeit, diese Wesen und Gesellschaften wahrzunehmen. Vgl. u.a. die Begegnung der Kinder mit dem verborgenen Volk der Gurkinger in Nöstlingers Roman „Wir pfeifen auf den Gurkenkönig". Ähnlich wie die verlebendigten Spielzeuge können diese Miniaturgesellschaften entweder als Projektionsfläche kindlicher Phantasien, Ängste und Nöte dienen oder aber ein verkleinertes Abbild der eigenen Gesellschaft mit ihren jeweiligen Vorstellungen darstellen.

Hexen und Zauberer

Innerhalb des Figurenarsenals von phantastischen Erzählungen spielen Hexen und Zauberer eine entscheidende Rolle. Anders als im Märchen können sie in phantastischen Erzählungen sowohl in der primären Alltags- wie auch in der sekundären Welt in Erscheinung treten. Hinsichtlich ihres Kontaktes zu menschlichen Figuren gibt es keine festen Regeln, sie können für die Menschen insgesamt unsichtbar sein und sich nur durch ihre Aktionen bemerkbar machen oder aber sie sind nur für kindliche Figuren sichtbar. Wiederum im Unterschied zu Märchen, aber auch zu Fantasy erscheinen vor allem Hexen in kinderliterarischen phantastischen Erzählungen vielfach entdämonisiert, sie sind harmlose, nicht selten auch komische, witzige und schlagfertige Figuren und – wichtiger noch – es handelt sich nicht selten um kindliche Hexenfiguren, die auch als Projektionsfläche kindlicher Größenphantasien und Identifikationsobjekte dienen können. Als ein Vorreiter kann hier Preußlers Protagonistin in seinem Werk „Die kleine Hexe" (1957) genannt werden. Ein differenzierteres Bild zeigt sich bei den Zaubererfiguren. Hier agieren vielfach noch erwachsene Figuren, die ihre Macht sowohl zum Guten wie auch zum Bösen nutzen können.

Das fremde Kind

Auch hierbei handelt es sich um eine Figur, um ein Motiv, das bereits seit der Romantik bekannt, mittlerweile jedoch in zahlreichen modernen Varianten präsent ist. Namensgeber dieses Motivs ist E.T.A. Hoffmanns Kindermärchen „Das fremde Kind" (1817). Zu den Eigenschaften, die diese fremden Kinder gemeinsam haben zählen ihre „geheimnisvolle Herkunft, die Elternlosigkeit, das unbestimmte Alter, das androgyne Wesen, ein auffälliges äußeres Erscheinungsbild, besondere Fähigkeiten (fliegen können, besonders stark sein) und ihr Verzicht auf das Erwachsenwerden"[59]. Die Erzählungen, in denen fremde Kinder in Erscheinung treten, gehören vielfach dem dritten Modell phantastischen Erzählens, der implizierten sekundären Welt an: Ort der Handlung ist die primäre Alltagswelt, in der unvermutet eine Figur (hier also eine kindliche Figur) aus einer anderen Welt in Erscheinung tritt. Zu den bekanntesten Vertretern fremder Kinder zählen u.a. Pippi Langstrumpf und Karlsson vom Dach aus Astrid Lindgrens gleichnamigen Romanen, die von Michael Ende erfundene Figur Momo und nicht zuletzt das Sams von Paul Maar.

4.5. Phantastisches Erzählen in der Geschichte der Kinderliteratur

Seit den Anfängen der Kinder- und Jugendliteratur lassen sich Texte mit non-realistischen Inhalten nachweisen, die entweder für Kinder empfohlen wurden oder aber, seit der Aufklärung, die auch explizit für Kinder verfasst wurden. Es kann jedoch kein Zweifel darüber bestehen, dass die Ursprünge kinderliterarischer Phantastik in der Romantik liegen. Vor allem die sogenannten Alltags- oder Wirklichkeitsmärchen E.T.A. Hoffmanns markieren den Beginn kinderliterarischer Phantastik in Deutschland (vgl. Kapitel 2). Die von Hoffmann in seinen „Kindermährchen" (1816) geschaffenen Muster phantastischen Erzählens haben jedoch in Deutschland bis zur Mitte des 20. Jahrhunderts kaum Nachahmer gefunden, rezipiert wurden seine Erzählungen zunächst vor allem in England.

Anfänge in der Romantik

So lassen sich Einflüsse, ja intertextuelle Bezüge von Hoffmanns Werk in den phantastischen Werken von George Mac Donald (der Hoffmanns Erzählungen ins Englische übersetzte), Lewis Carroll und Edith Nesbit nachweisen. Die Werke dieser Autoren wiederum wurden, mit Ausnahme der Romane von Lewis Carroll, mit großer zeitlicher Verzögerung ins Deutsche übersetzt, so dass von einer Tradition phantastischen Erzählens in Deutschland während des 19. und frühen 20. Jahrhunderts von wenigen Ausnahmen abgesehen, nicht gesprochen werden kann.

Hoffmanns Rezeption in England

Obwohl es nach 1945 auch in der Kinder- und Jugendliteratur bekanntermaßen keine Stunde Null gegeben hat, kann man dennoch von einem Neuanfang in der Kinderliteratur nach 1945 sprechen. Dieser Neuanfang manifestierte sich u.a. in der Öffnung des kinderliterarischen Marktes für internationale Literaturen so-

Die Wiederentdeckung nach 1945

wie in einer Wiederentdeckung der phantastischen Literatur. Es waren vor allem ausländische Autoren – und hier erster Stelle Astrid Lindgren –, die entscheidend dazu beitrugen, kinderliterarische Phantastik in Deutschland zu etablieren.

Die überwiegend positive Rezeption phantastischer Literatur in Deutschland korrespondierte mit einer Strömung, die man später als die Suche nach der heilen Welt bezeichnete (und kritisierte). Phantastische Erzählungen, obwohl einige von ihnen durchaus innovatives, ja anarchisches Potenzial aufwiesen, boten sich – so lautete der Vorwurf – an, den Problemen von Gegenwart und Vergangenheit zu entkommen. Gleichzeitig korrespondierten die Erzählungen mit der in den 1950er Jahren entstehenden und in einigen Zügen an die Romantik anknüpfenden Kindheitsvorstellung.

Kindheitsvorstellung der 1950er und 60er Jahre

Diese neue Kindheitsvorstellung[60] manifestierte sich bereits in Astrid Lindgrens phantastischer Erzählung „Pippi Langstrumpf" (OA 1944, dt. EA 1949). Erstmals betritt eine Kinderfigur die Szene, die die bislang gültigen Vorstellungen von Kindheit als einem Lebensalter vor allem der Unselbständigkeit konterkariert; Kindheit wird nun als ein Lebensalter der Überlegenheit, der Autonomie dargestellt. Entscheidend sind weiterhin, was Pippis Verhalten angeht, auch nicht mehr wie bisher die erzieherischen Aspekte, sondern der Akzent liegt auf dem ästhetischen Vergnügen, auf der zweckfreien Komik. Aus dieser veränderten Kindheitsauffassung resultieren auch neue Kinderliteraturkonzepte. Diente Kinderliteratur bislang vorrangig als Erziehungs- und Sozialisationsinstrument, gilt nun die Kindgemäßheit, d.h. die in der Kinderliteratur geschaffenen entpädagogisierten Räume, als oberstes Gestaltungsprinzip. Diese *Literatur der vollendeten Kindheitsautonomie* kann gleichzeitig als die innovativste kinderliterarische Strömung der 1950er und 50er Jahre angesehen werden.

Erzählformen kinderliterarischer Phantastik

Die Dominanz der Kindgemäßheit manifestiert sich auch in Erzählformen, die erzähltheoretisch weniger dem modernen Roman, als vielmehr dem traditionalen, kinderliterarischen Geschichtenerzählen zugeordnet werden müssen. Als zentrale Merkmale dieser Erzählformen gelten u.a. die fiktive mündliche Erzählsituation mit Leseransprache, übersichtliche Handlungskonstruktionen, Handlungsdominanz, einprägsame Figurengestaltung, Happy End, eindeutige Bewertungen sowie der Verzicht auf psychologische Handlungsmotivierung.[61]

Diese Nähe zum Geschichtenerzählen begünstigt die Entstehung von Werken, die entweder der volkstümlichen Literatur nahestehen oder aber der kinderliterarischen Phantastik zugerechnet werden müssen, da sich hier nach den Vorstellungen der Autoren und Vermittler die Exterritorialisierung von Kindheit am eindrücklichsten manifestieren kann. Rückblickend kann festgehalten werden, dass die phantastische Kindererzählung die „quantitativ und qualitativ fruchtbarste Gattung dieser Epoche“[62] darstellt, insofern kann sie durchaus als epochentypisch gelten.

Haupttendenzen kinderliterarischer Phantastik

In der Epoche der fünfziger und sechziger Jahre können drei Haupttendenzen kinderliterarischer Phantastik unterschieden werden. Die Mehrheit der Erzählungen war eindeutig darum bemüht dem Anspruch zu genügen, die Lesebedürfnisse der Kinder zu befriedigen. So bot das Gros dieser phantastischen Erzählungen den Lesern Abenteuer, Unterhaltung, Spannung und eine aktionsreiche Handlung. Auf diese Weise sollten die Kinder bei der Lektüre Ablenkung von ihrer Realität finden, in literarischen Räumen, die frei waren von pädagogischen Ansprüchen. Eine zweite Tendenz lässt sich in jenen Texten erkennen, in denen die Phantastik bereits psychologische Elemente aufweist, da hier reale Probleme der Kinder wie z.B. Krankheit, Einsamkeit, Ängste aufgegriffen und auf einer phantastischen Handlungsebene umgesetzt werden. Anna Krüger hat diese Erzählungen daher als „Spiegelbilder des kindlichen Seelenlebens“[63] bezeichnet. Zwar bleibt die Darstellung dieser Probleme, deren Funktion in einer Entlastung des Lesers besteht, stets dem Horizont der kindlichen Lebenswelt verpflichtet, dennoch können diese Erzählungen durchaus als ein Novum in der Geschichte phantastischen und auch kinderliterarischen Erzählens angesehen werden.

Auch die Texte, die der dritten Tendenz zugeordnet werden können, weisen durchaus atypische Elemente für die Epoche auf – handelt es sich doch um phantastische Erzählungen, die auch als politische Parabeln gelesen werden können. Damit jedoch verbleiben die Erzählungen nicht mehr wie bisher im Horizont kindlicher Lebenswelten, sie richten sich implizit auch an erwachsene Leser. Gleichzeitig finden sich hier bereits die ersten Texte, in denen die Phantastik zu einem wichtigen Mittel der Gesellschaftskritik wird, eine Tendenz, die allerdings erst in den 1970er Jahren ihre volle Ausprägung erreichen wird.

Kinderliterarische Phantastik seit den 1970er Jahren

Anfang der 1970er Jahre kommt es zu einem Paradigmenwechsel der Kindheitsvorstellung und daraus resultierend auch zu einem Wandel der Kinderliteratur selbst. Diesem Wandel voraus geht eine scharfe Kritik an den bisherigen kinderliterarischen Traditionen. Kritisiert wird vor allem die vermeintliche Ideologie einer heilen Kinderwelt, wie sie sich vorrangig in phantastischen Erzählungen manifestiert, so dass in letzter Konsequenz auch die Gattung selbst scharfer Kritik unterzogen wird. Die wichtigste Aufgabe der Kinderliteratur solle, so wird nun gefordert, in der Aufklärung ihrer Leser über die gesellschaftlichen Verhältnisse bestehen, dafür jedoch müssen zunächst die Leser in die komplexen Wirklichkeiten dieser Gesellschaft zurückgeholt werden. Man geht nun von einer weitgehenden Gleichheit zwischen der gesellschaftlichen Lage der Erwachsenen und der Kinder aus, die Vorstellung von einer generellen Andersartigkeit der Kinder wird als traditional und der neuen gesellschaftlichen Wirklichkeit als nicht mehr angemessen bezeichnet. Zum zentralen Charakteristikum der neuen Kinderliteratur werden Aufklärung und Enttabuisierung – kurz, es kommt zu einer Wiedergeburt der sozialkritischen, realistischen Kinderliteratur. Auch an der kinderliterarischen Phantastik sind diese Veränderungen ablesbar. Bereits Ende der 1960er Jahre kommt es zu den ersten Annäherungen zwischen phantastischer und realistischer Kinderliteratur. Zum einen öffneten sich einige realistische Gattungen phantastischen Elementen oder Motiven, zum anderen lassen sich seit den 1970er Jahren auch Sozialkritik und Politik in kinderliterarischer Phantastik finden, d.h. sie weist nun deutlicher als zuvor Bezüge zur außerliterarischen Realität auf. Diese Erweiterung des Gattungsmusters wird zu einem der entscheidenden Merkmale kinderliterarischer Phantastik in den kommenden Jahrzehnten. Mit Sicherheit stellt daher die Synthese sehr unterschiedlicher literarischer Textsorten das herausragendste Merkmal aktueller kinderliterarischer Phantastik dar.

Zusammenfassung

Das Kapitel setzt sich zunächst mit den vielfältigen, oftmals auch widersprüchlichen Definitionen von phantastischer Literatur auseinander, wie sie seit den 1960er Jahren von Literaturdidaktikern und -wissenschaftlern, u.a. von Anna Krüger, Göte Klingberg, Tzvetan

Todorov, Gerhard Haas und Carsten Gansel, entwickelt worden sind. In einem zweiten Schritt wird die Vielfalt jener Begrifflichkeiten erörtert, die zur Definition des Genres Anwendung erfahren sowie die wichtigsten Subgenres phantastischer Literatur mit einem Fokus auf Märchen, Science Fiction und Fantasy dargestellt und von einander abgegrenzt. Anschließend werden die drei zentralen Modelle phantastischer Literatur, basierend auf den Überlegungen der Literaturwissenschaftlerin Maria Nikolajeva präsentiert, denen eine Darstellung der wichtigsten Motive des Genres folgt: die phantastische Schwelle, die Reise, der Traum, der Spiegel, verlebendigte Gegenstände, Miniaturgesellschaften, Hexen und das fremde Kind. Den Abschluss des Kapitels bildet eine knappe Übersicht über die Geschichte phantastischen Erzählens für Kinder von der Romantik bis in die Gegenwart, wobei ein besonderer Fokus auf der Epoche der 1950er und 60er Jahre liegt, da sie mit ihrer Literatur der vollendeten Kindheitsautonomie als eine Blütezeit phantastischer Kinderliteratur gilt.

Testfragen

1. Definieren Sie den Begriff Phantastik in Abgrenzung zum Märchen.
2. Was ist unter dem Begriff der ‚Unschlüssigkeit' zu verstehen? Wie lauteten die Argumente der Kritiker?
3. Erläutern Sie den Begriff der sogenannten ‚maximalistischen Definition'.
4. Erklären Sie Nikolajevas Modell von der Dreiteilung der phantastischen Welt.
5. Nennen und erläutern Sie wichtige Themen und Motive phantastischer Literatur.

Anregungen zur Textarbeit

1. Welches der im Text genannten phantastischen Kinderbücher hat in Ihrer Lese-/ Lektürebiografie eine entscheidende Rolle gespielt?
   - Wählen Sie ein Buch aus, lesen sie es noch einmal und stellen Sie bei Ihrer Lektüre Überlegungen zu den Merkmalen des Phantastischen an:
   - Durch welche Merkmale lässt sich der von Ihnen ausgewählte Text der phantastischen Literatur zuordnen?

- Achten Sie dabei auch darauf, ob sich das Werk eher einer minimalistischen oder maximalistischen Definition zuordnen lässt, ob Ein- oder Zweidimensionalität vorherrschend ist und wie es sich mit dem Moment der Unschlüssigkeit verhält!
- Stellen Sie auch Überlegungen darüber an, ob Sie Elemente anderer Gattungen im Text erkennen können oder atypische Konstellationen, die sich mit den im Kapitel dargelegten Definitionen nicht in Einklang bringen lassen!

2. Besorgen Sie sich in der Bibliothek eine zuverlässige Ausgabe der Grimmschen „Kinder- und Hausmärchen" (z.B. aus dem Reclam-Verlag) und lesen Sie eines der Märchen, das Ihnen noch besonders gut in Erinnerung geblieben ist!
- Stellen Sie anschließend Vergleiche zu dem von Ihnen zuvor gelesenen phantastischen Kinderroman an: Wo lassen sich Gemeinsamkeiten feststellen? Bei welchen Aspekten dominieren Unterschiede?
- Ziehen Sie (u.U. auch in Partnerarbeit) einen dritten Vergleichstext heran. Haben Sie bzw. Ihr Partner einen Band der „Harry Potter"-Reihe gelesen, einen Band von Stephenie Meyers „Biss"-Büchern oder ein anderes aktuelles Werk, das durch seine paratextuellen Signale als Werk der Phantastik bzw. Fantasy ausgewiesen ist? Lassen sich auch hier (noch) Gemeinsamkeiten bzw. Unterschiede zum Märchen feststellen? Notieren Sie auch Gemeinsamkeiten und Unterschiede zu dem von Ihnen eingangs erneut gelesenen kinderliterarischen Roman.

Literaturtipps

Sekundärliteratur

DURST, UWE: *Theorie der phantastischen Literatur.* Tübingen: Francke 2001.

GANSEL, CARSTEN: *Vom Märchen zur Discworld-Novel. Phantastisches und Märchenhaftes in der aktuellen Literatur für Kinder und Jugendliche.* In: Deutschunterricht, 51. Jg. / 1998, S. 597-606.

GERSTNER, ULRIKE: *Einfach phantastisch! Übernatürliche Welten in der Kinder- und Jugendliteratur.* Marburg: Tectum 2008.

KULIK, NILS: *Das Gute und das Böse in der phantastischen Kinder- und Jugendliteratur.* Frankfurt am Main [u.a.]: Peter Lang 2005 (Kinder- und Jugendkultur, -literatur und -medien; 33).

LANGE, GÜNTER (Hg.): *Literarische und didaktische Aspekte der phantastischen Kinder- und Jugendliteratur.* Würzburg: Königshausen und Neumann 1993 (Schriftenreihe der Deutschen Akademie für Kinder- und Jugendliteratur Volkach e.V.; 13).

PATZELT, BIRGIT: *Phantastische Kinder- und Jugendliteratur der 80er und 90er Jahre. Strukturen – Erklärungsstrategien – Funktionen.* Frankfurt am Main [u.a.]: Peter Lang 2001 (Kinder- und Jugendkultur, -literatur und -medien; 16).

RANK, BERNHARD: *Phantastik im Spannungsfeld zwischen literarischer Moderne und Unterhaltung.* Ein Überblick über die Forschungsgeschichte der 90er Jahre. In: Ewers, Hans-Heino [u.a.] (Hg.): Kinder- und Jugendliteraturforschung 2001/2002, S. 101-125.

ROEDER, CAROLINE: *Phantastisches im Leseland. Phantastische Kinderliteratur der DDR (einschließlich der SBZ). Eine gattungsgeschichtliche Analyse.* Frankfurt am Main [u.a.]: Peter Lang 2006 (Kinder- und Jugendkultur, -literatur und -medien; 44).

TABBERT, REINBERT: *Phantastische Kinder- und Jugendliteratur.* In: Lange, Günter (Hg.): Taschenbuch der Kinder- und Jugendliteratur. Bd. 1. Baltmannsweiler: Schneider-Verlag Hohengehren 2000, S. 187-200.

Modelle des Jugendromans | 5

Inhaltsübersicht

5.1. Zwei Modelle jugendliterarischen Erzählens

Ebenso wie dasjenige der Kinderliteratur wird auch das Erscheinungsbild der erzählenden Jugendliteratur durch Gattungstraditionen bestimmt, die sich seit dem 19. Jahrhundert entwickelt haben. Während die kinderliterarischen Gattungen vielfach auf folkloristische Textsorten (Märchen, Sagen Legenden – im weitesten Sinne ‚Geschichten') zurückgehen, sind die jugendliterarischen eher durch Impulse aus der zeitgenössischen Erwachsenenliteratur geprägt.

Bei einer genaueren Betrachtung der unterschiedlichen Gattungen und ihrer Präsenz in verschiednen Epochen kristallisieren sich zwei grundlegende, einander gegenüberstehende *Modelle* jugendliterarischen Erzählens heraus, denen sich die einzelnen Gattungen (auf lange Zeit wenigstens) eindeutig zuordnen lassen.

Aus diesem Grund wird in diesem Kapitel zunächst nicht von einzelnen Gattungen, sondern von unterschiedlichen *Modellen* des Jugendromans ausgegangen werden, deren Merkmale anhand der unterschiedlichen, ihnen zugeordneten Gattungen herausgefiltert werden sollen. In der Postmoderne kommt es schließlich infolge der Auflösung von Gattungsgrenzen zu einer Hybridität jugendliterarischer Erzählmodelle. Gegenwärtig haben wir es daher nicht nur mit einem besonders breiten Gattungsspektrum zu tun, sondern auch mit Texten, die Merkmale verschiedener Gattungen aufweisen, von denen durchaus auch mehrere handlungskonstituierende Bedeutung haben können.

Zunächst bilden die unterschiedlichen Modelle des Jugendromans jedoch ein klassisches Gegensatzpaar: Dem *Modell* des Abenteuerromans steht das *Modell* des Adoleszenzromans gegenüber. Auf inhaltlicher Ebene manifestiert sich dieser Gegensatz darin, dass das *Modell* des Abenteuerromans im weitesten Sinne alltagsferne Inhalte thematisiert, während sich das *Modell* des Adoleszenzromans zwangsläufig alltagsnahen Gegenständen zuwendet. In den Texten des Abenteuermodells geht es üblicherweise um mehr oder weniger moderne Varianten von Initiationsriten: die Protagonisten erfahren infolge von Bewährungssituationen Reifungsprozesse. Dagegen thematisiert das *Modell* des modernen Adoleszenzromans die Auseinandersetzung, die Konfrontation des Protagonisten mit der Gesellschaft und ihren Riten.

5.2. Das *Modell* des Abenteuerromans

Der Anschaulichkeit halber soll zunächst das *Modell* des Abenteuerromans an einem exemplarischen Text – dem Roman „Der Brief für den König" (OA 1962, dt. EA 1977) der niederländischen Autorin Tonke Dragt – verdeutlicht werden.

Abb. 5.1: Tonke Dragt: „Der Brief für den König". Titelbild der Ausgabe von 2000 (EA 1977)

Wie die Tradition es verlangt, hält auch der junge Tiuri mit seinen Freunden vor seinem Ritterschlag Nachwache in einer Kapelle: Es darf nicht gesprochen werden, alle Formen der Ablenkung sind zu ignorieren. Dennoch reagiert Tiuri auf das Klopfen eines Unbekannten, der ihm einen Brief an den König eines befreundeten Nachbarlandes übergibt: Er muss gewarnt werden vor den Intrigen des eigenen Sohnes, der Friedenssignale aussendet, in Wahrheit aber den Aufstand vorbereitet. Und so bricht Tiuri auf, um diesen Brief zu überbringen, von dem der Friede in den Königreichen abhängt. Trotz Verfolgung, Gefangennahme, Mordanschlägen und scheinbar unüberwindlichen Hindernissen erreicht Tiuri schließlich sein Ziel. Unterstützung erhält er erst spät – durch den jungen Piak, der ihm den Weg über das

Gebirge zwischen den Königreichen ermöglicht. Nach seiner triumphalen Rückkehr erhält Tiuri durch seinen Herrscher den ersehnten Ritterschlag und Piak schickt sich an als Knappe in seine Fußstapfen zu treten.

Merkmale des Abenteuer*modells*

Bereits diese knappe inhaltliche Zusammenfassung verdeutlicht die Grundkonstanten des Abenteuer*modells*. Im Zentrum der Handlung steht die Bewährung des Protagonisten. Sie scheint vordergründig in der erfolgreichen Absolvierung der Nachwache zu bestehen, deren Traditionen Tiuri verletzt. Scheinbar verletzt, denn am Ende des Romans ist klar, dass diese Überschreitung einen zentralen Teil des Initiationsritus darstellt. Deutlich wird weiterhin, dass sich der Protagonist und die ihn umgebende Gesellschaft in vollkommenem Einklang befinden, denn Tiuri ersehnt sich ja nichts mehr als die Aufnahme in den Ritterstand. Differenzen zwischen Individuum und Gesellschaft erfahren demgegenüber eine explizit negative Sanktionierung; nicht umsonst besteht ein weiteres handlungskonstituierendes Element im geplanten Verrat eines jungen Herrschers an seinem Vater, dem alten König. Weiterhin veranschaulicht der Roman, wie eng in diesem Modell Bewährung und Initiation des Heranwachsenden mit der Alltagsferne der Handlung gekoppelt ist – und dies gleich in doppelter Hinsicht: Zum einen auf geographischer Ebene, dies betrifft sowohl den Protagonisten, der seine vertraute Umgebung verlassen und sich in die Fremde begeben muss, als auch den Leser, denn die Handlung spielt in einer Umgebung, die keine Gemeinsamkeiten mit der ihm vertrauten Welt aufweist. Zum anderen auf zeitlicher Ebene, denn eindeutig weist der Text alle Insignien dafür auf, dass er nicht in der Gegenwart von Autor und Leser spielt.

Dieses hier skizzierte *Modell* des Abenteuerromans ist eng verbunden mit den Elementen verschiedener Subgenres, die in unterschiedlicher Intensität in diesen Romanen zu finden sind. Auf ihre spezifischen Merkmale soll nun näher eingegangen werden.

5.2.1. Die Subgenres des Abenteuer*modells*

Der Abenteuer*roman*

Abenteuerliteratur gehört zu den ältesten Erscheinungsformen in der Literatur.[64] Die Etymologie des Wortes Abenteuer lässt sich aus dem mittelhochdeutschen Begriff *aventiure* herleiten, der wiederum seine Herkunft im französischen Wort *aventure* hat. Dies wiederum lässt sich auf das lateinische Verb *advenire* zurückführen, ins Deutsche ließe sich das am besten mit *ankommen*, *eintreffen*, im übertragenen Sinne also mit *sich ereignen* übersetzen. Damit ist der Genrebegriff gleichsam selbst erklärend: Handlungskonstituierend ist die Tatsache, dass sich etwas Unerwartetes ereignet, mit dem die Hauptfigur konfrontiert wird, auf das sie reagieren muss. Der darauf folgende Aufbruch des ‚Helden' bildet demnach ein zentrales Strukturmerkmal des Abenteuerromans, der den Protagonisten in die Ferne führt, wo er sich auf vielfältige Weise immer wieder bewähren muss. Ein weiteres Strukturmerkmal von Abenteuerromanen bildet das Spannungsverhältnis zwischen Nähe und Ferne, zwischen Heimat und Fremde: Fremde, exotische Schauplätze gehören zum festen Gattungsinventar. Dennoch hat die Mehrheit der Abenteuerromane einen zyklischen Verlauf: Nach dem Aufbruch des Helden, seinen Abenteuern in fernen Welten, kehrt er stets zu seinem Ausgangpunkt zurück.

Ein weiteres Kennzeichen des Abenteuerromans bildet seine Figurenkonzeption: Die Akteure weisen kaum individuelle Züge auf und durchlaufen keine Entwicklungsprozesse, d.h. sie sind keine unverwechselbaren Individuen, sondern Typen mit feststehenden Eigenschaften, zu denen auch zählt, dass sie mehrheitlich männlichen Geschlechts sind. Erst in den letzten Jahren ist von der Forschung darauf hingewiesen worden, dass keineswegs nur in neueren, sondern auch in klassischen, also älteren Abenteuerromanen mitunter auch weibliche Helden in Erscheinung treten können.[65]

Der Reise- und Expeditionsroman

Ein weiteres Genre, das dem *Modell* des Abenteuerromans zugeordnet werden kann, ist der Reise- und Expeditionsroman, es wurde bereits dargelegt, dass die Handlungsräume dieser Romane mehrheitlich in entfernten Regionen liegen.[66] Stärker noch als der Abenteuerroman ist auch der Reiseroman bei der Darstellung fremder Welten und Kulturen nicht nur mit Unterhaltungsangeboten versehen, sondern gleichermaßen an didaktische Wirkungsstrategien gebunden.[67] Dieser Anspruch auf Stimmigkeit der geografischen Referenzen gilt auch für eine besondere Variante des Reiseromans, die dem Abenteuerroman ebenfalls eng verwandt ist: die Robinsonade.

Die Robinsonade

Wie im Abenteuerroman spielt auch in den Robinsonaden der Aufbruch des Protagonisten und damit das Verhältnis zwischen Heimat (Herkunftswelt) und Fremde (neue Welt) eine zentrale Rolle. Dem Aufbruch zugrunde liegt immer die ‚Versehrtheit' der jeweiligen Herkunftswelt. Dieses sehr unterschiedliche Spannungsverhältnis zwischen Herkunftswelt und dem / den Akteur(en) (bereits im 19. Jahrhundert gab es neben Einzel- auch Gruppenrobinsonaden) treibt die Figuren hinaus in die Welt, eine ‚Reise', die in allen Fällen unfreiwillig endet.

Im Zentrum jeder Robinsonade steht der Aufenthalt auf der Insel, die in manchen Werken allerdings auch nur als Metapher für eine von der übrigen Menschheit in irgendeiner Weise abgeschlossenen Örtlichkeit in Erscheinung tritt, d.h. mitunter auch auf dem Festland ‚liegt'. In der Abgeschiedenheit seines / ihres Daseins ist der Protagonist / die Gruppe gezwungen, sich eine neue Welt aufzubauen, ein Vorgang, der durchaus abenteuerliche Elemente trägt, dessen Höhepunkt nicht selten in der Konfrontation mit anderen Menschen oder Tieren liegt. Gleichzeitig trägt die neu errichtete Welt unverkennbar die Züge der Herkunftswelt, dies allerdings in einer idealisierten Art und Weise, die sie als Elemente der Utopie ausweisen. Im Gegensatz zu den Akteuren des Abenteuerromans durchläuft der Protagonist der Robinsonade während des Aufenthalts auf der ‚Insel' eine Veränderung, die ihn dazu befähigt, sich nach seiner Rückkehr in die gesellschaftlichen Verhältnisse seiner Herkunftswelt einzufügen. Diese kathartische Funktion des Inselaufenthalts stellt ein weiteres zentrales Strukturmerkmal der Robinsonade dar.

Der historische Roman

Die Handlungsräume der Abenteuerliteratur sowie aller ihr zugeordneten Genres liegen mehrheitlich in der Vergangenheit. Auch der Roman „Der Brief für den König" spielt in einer Epoche, die unübersehbar als Mittelalter zu erkennen ist. Damit jedoch wird er zu einem historischen Abenteuerroman und bestätigt die in der Forschung vielfach gemachte Beobachtung von der häufigen Verbindung zwischen Abenteuer- und historischem Roman.[68] Auch der historische Roman hat seine Wurzeln in der allgemeinen Literatur, wo er bereits im ersten Drittel des 19. Jahrhunderts seine erste Blütezeit erlebte.[69]

Spielarten des historischen Genres

Zu historischen Romanen zählen alle Texte, in denen geschichtliche Personen, Ereignisse und Lebensverhältnisse narrativ in fiktionalen Konstruktionen dargestellt werden.[70] *Auf inhaltlicher Ebene müssen demnach zwei Felder miteinander verknüpfen werden: Ein historisches Referenzobjekt gilt es zu verbinden mit fiktiven Elementen. Zwar kann ‚Fiktives' und ‚Reales' durchaus unterschiedlich gewichtet sein, handlungskonstituierend ist jedoch in jedem Fall das historische Ereignis, da die fiktiven Elemente es zwar ausgestalten, aber niemals in offenem Widerspruch zu ihm stehen dürfen. Diese gattungskonstituierende Bezugnahme auf den historischen, außerliterarischen Referenzgegenstand, betont zugleich den implizit belehrenden Charakter des Werkes: Der Leser soll über die historischen Ereignisse (wie sie hätten gewesen sein können) aufgeklärt und damit belehrt werden.*[71]

Ähnlich wie im Falle der Begriffsbestimmungen der phantastischen Literatur lassen sich bei der Bestimmung des gleichfalls überaus variantenreichen Genres des historischen Romans ‚minimalistische' und ‚maximalistische' Definitionen unterscheiden. Die minimalistische Definition lässt ausschließlich realistische Werke mit zeitlich und geografisch genau lokalisierbaren Inhalten, in denen etwa historische Ereignisse bzw. Persönlichkeiten eine zentrale Rolle spielen, als historische Romane gelten. Die maximalistische Definition umfasst dagegen auch Werke, die lediglich durch bestimmte Elemente der Handlung zu erkennen geben, dass zwischen der von ihnen erzählten Welt und der Gegenwart des Lesers eine deutliche zeitliche Differenz besteht.

Nach dieser ‚maximalistischen Definition' wäre der Roman „Der Brief für den König" nicht nur ein Abenteuerroman, sondern auch ein historischer Roman, denn eindeutig ist er in einer Epoche angesiedelt, die dem historischen Mittelalter nachgebildet ist. Eine genauere Datierung wird aber nicht gegeben, keiner der Akteure ist eine historische Persönlichkeit, und was den Ort der Handlung angeht, so verweigert sich der Roman sogar explizit jeglicher geografischen Referenz: Zwar erscheinen die Handlungsorte durchaus ‚real', ihre Bezeichnungen haben jedoch kein Äquivalent in der außerliterarischen Welt.

Bei großzügiger Auslegung der ‚maximalistischen' Definition können auch solche geschichtserzählenden Werke dem Genre des historischen Romans zugeordnet werden, die einen gewissen (allerdings nicht handlungskonstituierenden) Anteil an phantastischen Elementen aufweisen. Dazu zählen beispielsweise alle Romane, in denen die Akteure durch eine Zeitreise die Distanz zwischen Gegenwart und Vergangenheit überbrücken. Folgt die Darstellung der Vergangenheit den außerliterarischen, ‚realen' Verhältnissen, so kann auch hier von einem historischen Roman gesprochen werden. Ist jedoch die Darstellung der Vergangenheit ihrerseits geprägt durch nicht-realistische Elemente, so wäre das Werk dem Genre der Fantasy-Literatur zuzuordnen. Einen Grenzfall stellen auch jene Texte dar, die den sogenannten Alternativgeschichten zugerechnet werden, Erzählungen also, die einen ‚Was wäre wenn-Fall' schildern (wenn Deutschland den Zweiten Weltkrieg gewonnen hätte).

Diese Unterscheidungen und Genrezuschreibungen machen deutlich: Es handelt sich bei allen Definitionen der Genres, die dem *Modell* des Abenteuerromans zuzurechnen sind, um idealtypische Definitionen. Sie sollen die einzelnen Texte nicht auf diese Zuschreibungen festlegen, sondern erkennen helfen, welche Genreelemente ein Werk jeweils aufweist – vorrangig oder nachrangig. Wie das Beispiel von Dragts Roman deutlich gemacht hat, weist ein Text in der Mehrzahl der Fälle immer die Merkmale mehrerer Genres auf, weswegen sie als sogenannte hybride Gebilde bezeichnet werden müssen.

Phantastische Erscheinungsformen des Abenteuer*modells*

Zu dem *Modell* des Abenteuerromans zählen vorrangig realistische Genres (vgl. Kapitel 3). Von Beginn an bis heute existieren von allen Genres jedoch *auch* phantastische Varianten (vgl. Kapitel 4). So gilt beispielsweise Science Fiction als moderne, technische Variante des Abenteuerromans,[72] ein Reiseroman kann entweder in nicht-realistische Welten führen bzw. phantastische Fortbewegungsmittel oder aber die Zeitreise als handlungskonstituierendes Element aufweisen und Robinsonaden können die insulare Abgeschiedenheit der Akteure in phantastische Welten verlegen. Lediglich der historische Roman kennt keine phantastische Variante, das Vorhandensein phantastischer Elemente führt in diesem Fall zur Bildung eines neuen Genres – der Fantasy-Literatur, wenngleich auch die Grenzen zwischen beiden Genres mittlerweile als durchlässig bezeichnet werden müssen.

5.3. Das Modell des Adoleszenzromans

5.3.1 Vorformen und Geschichte

Wie zu Beginn dieses Kapitels dargelegt, wird von zwei unterschiedlichen *Modellen* jugendliterarischen Erzählens ausgegangen, dem *Modell* des Abenteuerromans mit seiner Thematisierung alltagsferner Inhalte, sowie dem *Modell* des Adoleszenzromans, in dessen Zentrum die Schilderung alltagsnaher Gegenstände steht und hier vor allem die Konfrontation des Protagonisten mit der Gesellschaft. Das *Modell* des Adoleszenzromans konstituiert sich in seiner idealtypischen, klassischen Ausprägung durch das *Genre* des Adoleszenzromans. Wie alle anderen bislang behandelten jugendliterarischen Genres hat auch der Adoleszenzroman (die Gattungsbezeichnung entstand erst in den 1980er Jahren) seinen Ursprung in der allgemeinen Literatur.[73] Seine Vorgeschichte reicht bis ins 18. Jahrhundert zurück. In den Entwicklungs-, Erziehungs- und Bildungsromanen des 18. und 19. Jahrhunderts finden sich bereits jene Muster, die später durch den Adoleszenzroman in modifizierter Weise aufgenommen werden. Im Zentrum der Entwicklungs-, Erziehungs- und Bildungsromane steht mehrheitlich ein männliches Individuum, dessen Werdegang bis zu einer gewissen Reifung geschildert wird. Fokussiert wird dabei vielfach die Innensicht des Protagonisten, seine Entwicklungs-, Bewusstseins- und Lernprozesse. Sie führen ihn letzter Konsequenz zu der von ihm angestrebten Vollkommenheit, ein Status, der keinen überzeitlichen Charakter hat, sondern abhängig ist von dem jeweiligen Menschenbild der Epoche bzw. der Autorgegenwart.

Die Leiden
des
jungen Werthers.
Erster Theil.
Leipzig,
in der Weygandschen Buchhandlung.
1774.

Abb. 5.2: Johann Wolfgang von Goethe: „Die Leiden des jungen Werther(s)“ (1774)

Zu den Vorläufern des Adoleszenzromans zählen aber nicht nur die Entwicklungs- und Bildungsromane des 18. Jahrhunderts, sondern auch das bedeutendste Prosazeugnis des Sturm und Drang, Goethes Briefroman „Die Leiden des jungen Werther(s)" (1774). Das Aufeinandertreffen von Individuum und Gesellschaft wird in diesem Roman als ein tiefgreifender Konflikt dargestellt. Der Status der Vollkommenheit ist für den Protagonisten unerreichbar, sein Erreichen auch gar nicht mehr erstrebenswert, da mit dem eigenen Wesen offensichtlich unvereinbar. Lösbar ist der Konflikt für Werther nur durch einen autoaggressiven Akt – den Selbstmord. Erstmals wird in einem Roman nicht nur demonstriert, dass die Entwicklung zur ‚Vollkommenheit' nicht nur einen höchst krisenhaften Prozess darstellt, sondern dass dieser Prozess (und damit das Individuum) auch scheitern kann. Übernommen hat Goethe von seinen Vorgängern die subjektive Form des Erzählens, die hier allerdings weniger Bekenntnischarakter trägt, sondern durch die individuell geprägte Form der brieflichen Äußerung legitimiert wird.

Trotz Goethes Roman und trotz des überwältigenden Erfolges, den das Werk gerade bei jugendlichen Lesern verzeichnen konnte, bleiben Kindheit und Jugend im 18. und auch im Verlauf des 19. Jahrhunderts Entwicklungsstadien, mit denen man sich vor allem in pädagogischer Hinsicht beschäftigte. Die ihnen eigenen Dynamiken und Entwicklungsabläufe interessierten hingegen weniger.[74] Spätestens seit der Romantik jedoch werden die adoleszenten Entwicklungsprozesse und die aus ihnen resultierende Identitätsproblematik (obwohl diese Begrifflichkeit noch gar nicht existiert) in ihrer Krisenhaftigkeit in literarischen Texten, darunter auch in den romantischen Kunstmärchen verhandelt. Wie die Texte des 18. Jahrhunderts richten sich auch diese jugendthematisierenden Werke nicht an jugendliche Leser, so dass hier bestenfalls von Jugend*lektüre* gesprochen werden kann.

Schülerromane der Jahrhundertwende

Das gilt auch für jene Variante des Adoleszenzromans, der an der Wende vom 19. zum 20. Jahrhundert entsteht: die sogenannten Schülerromane. Hier ist es der Handlungsort Schule, an dem das krisenhafte Aufeinandertreffen zwischen Individuum und Gesellschaft inszeniert wird. In fast allen Fällen hat diese Konfrontation, die sich u.a. in psychischen und physischen Quälereien der Schüler von Seiten der Lehrer, aber auch von Seiten der Mitschüler manifestiert, für den Protagonisten verheerende Folgen: Er hält dem Druck der Umwelt nicht stand und nimmt sich das Leben oder ‚quittiert' gleichsam seinen Entwicklungsprozess, indem er die Schule verlässt und in sein Elternhaus zurückkehrt. Mehrheitlich handelt es sich also um gescheiterte oder zumindest hochgradig versehrte Entwicklungsprozesse, die in diesen Werken zur Anschauung gebracht werden. Neue Impulse erhält das Genre erst zu Beginn der 1950er Jahre und zwar vor allem durch den Roman „Der Fänger im Roggen" (OA 1951, dt. EA 1962) des amerikanischen Autors Jerome D. Salinger.

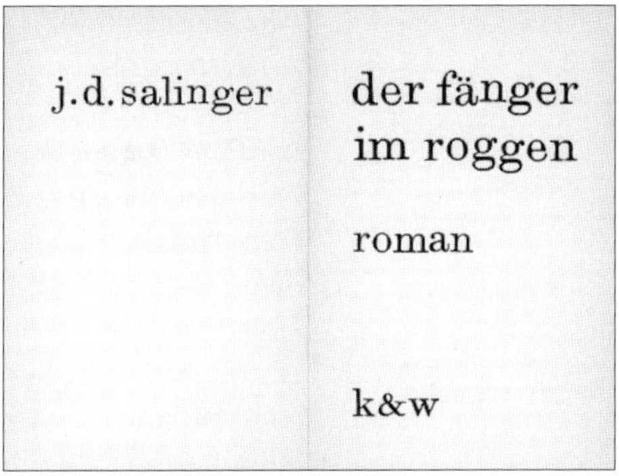

Abb. 5.3: Jerome D. Salinger: „Der Fänger im Roggen". Titelbild der Ausgabe von 1982 (EA 1962)

Rückblickend und aus der Ich-Perspektive berichtet der 16jährige Holden Caulfield von einigen Tagen seines Lebens, eine Chronologie des bewusst in Kauf genommenen Scheiterns an den Initiationsriten des Erwachsenwerdens. Anders als seine Vorgänger ist Holden jedoch kein passives Opfer, das an seiner Umwelt zugrunde geht, sein Leiden trägt durchaus aggressive Züge; zwar fühlt auch er sich unverstanden, viel mehr jedoch verachtet er sein soziales Umfeld, dessen Habitus er durchweg als verlogen und menschenverachtend abqualifiziert. Innovativ ist auch das Ende des Romans, der Protagonist leidet zwar an seiner Umwelt, er geht jedoch nicht an ihr zugrunde – es handelt sich um einen sogenannten ‚offenen Schluss', der für die weitere Zukunft des Protagonisten noch alle Optionen offen hält.

Adoleszenz

Im Verlauf der 1950er und 60er Jahre beginnen sich die wissenschaftlichen Disziplinen u.a. der Medizin, der Soziologie, der Psychologie, der Erziehungswissenschaft, der Pädagogik, der Sozialforschung mit den Lebensphasen zwischen dem Ende der Kindheit und dem Übergang zum Erwachsenenalter eingehender zu beschäftigen. Für diese Phasen wird von allen Disziplinen nun der Begriff der Adoleszenz verwendet, eine Bezeichnung, die bald auch für literarische Werke in Anwendung gebracht wird: In Anlehnung an die anglo-amerikanische Gattungsbezeichnung ‚adolescent novel' etabliert sich im Deutschen in den 1980er Jahren endgültig der Begriff des Adoleszenzromans.[75]

Im Unterschied zum Begriff der Pubertät, die die körperlichen Veränderungen des/der Heranwachsenden umfasst, wird die Adoleszenz als ein psychosoziales Phänomen betrachtet, mit der im weitesten Sinne alle psychischen, physiologischen und sozialen Veränderungen benannt werden. Gleichzeitig erachtet man die Adoleszenz als ein Phänomen moderner Gesellschaften, da nur sie der Jugend jenes psychosoziale Moratorium, d.h. jenen Aufschub vor dem endgültigen Erwachsenendasein einräumen. Da es sich bei dem Phänomen der Adoleszenz um ein soziokulturelles Konstrukt handelt, sind altersmäßige Phasen dieses Prozesses nur schwer bestimmbar, sie hängen, wie alle anderen Ausformungen der Adoleszenz ab von den jeweiligen kulturgeschichtlichen Gegebenheiten und gesellschaftlichen Rahmenbedingungen sowie dem Grad der gesellschaftlichen Modernisierung. „Insofern lässt sich sagen: Adoleszenz im modernen Sinn ist [auch ein] Produkt gesellschaftlicher Modernisierung."[76]

Jugendliterarische Adoleszenzromane

Zu den Voraussetzungen für die Ausprägung einer jugendliterarischen Variante des Adoleszenzromans zählt aber nicht nur das Vorhandensein eines entsprechenden Erzählmusters in der Erwachsenenliteratur sowie die eingehende Beschäftigung wissenschaftlicher Disziplinen mit den soziokulturellen Rahmenbedingungen von Adoleszenz in modernen Gesellschaften, von ebenso entscheidender Bedeutung war die Herausbildung des sogenannten problemorientierten Jugendromans zu Beginn der 1970er Jahre, der die jugendlichen Leser mit den gesellschaftspolitischen Gegebenheiten ihrer Gegenwart konfrontieren bzw. sie darüber ausklären wollte. Die Bezugnahme auf die jeweiligen gesellschaftlichen Gegebenheiten ist unerlässlich für die Evokation von Alltagsnähe, die, wie dargestellt, zu den wichtigsten Merkmalen von Adoleszenzromanen zählt. Vor dem Hintergrund dieser Gegebenheiten vollziehen sich die komplexen, mitunter radikal anmutenden Selbstfindungsprozesse der Protagonisten, die nicht zuletzt aus diesem Grund immer als ausgeprägte Individuen erscheinen.

Der Komplexität dieser Selbstfindungsprozesse wird auch auf narrativer Ebene Rechnung getragen, vor allem durch Integration moderner Erzähltechniken, die zuvor der Erwachsenenliteratur oder der Gattung des psychologischen Romans vorbehalten waren. Dazu zählen ein vermehrtes Auftreten von Ich- bzw. von personalen Erzählern sowie die Verwendung subjektiver Erzählformen, u.a. der erlebten Rede, des inneren Monologs und des Bewusstseinsstroms. (vgl. Kapitel 3.4) Nicht zuletzt durch diese

Erzählformen innerhalb des jugendliterarischen Adoleszenzromans wurden die Grenzen zwischen Jugend- und Allgemeinliteratur durchlässiger.

Im Rückblick auf die Geschichte des Adoleszenzromans während des 20. Jahrhunderts lassen sich durchaus unterschiedliche Ausprägungen der Gattung erkennen, was darauf zurückzuführen ist, dass sowohl die Adoleszenz als auch die literarische Adoleszenzdarstellung sehr unterschiedlichen kulturellen Rahmenbedingungen unterworfen sind.[77] Zu unterscheiden sind der klassische bzw. traditionelle Adoleszenzroman sowie der moderne und der postmoderne Adoleszenzroman.

5.3.2 Der Adoleszenzroman und seine Ausprägungen

'Klassische' Adoleszenzromane

Die traditionelle bzw. klassische Variante des Genres entsteht an der Wende vom 19. zum 20. Jahrhundert. Obwohl zu diesem Zeitpunkt weder der Begriff der Adoleszenz noch der des Adoleszenzromans existiert, erscheint eine Vielzahl von nicht spezifisch adressierten Romanen, in denen vor allem die krisenhaften Züge der Adoleszenz inszeniert werden, die für den ausschließlich männlichen Protagonisten fast immer in der Katastrophe enden. Das Figurenspektrum trägt vielfach stark antagonistische Züge: Allein steht der Protagonist den ihm feindselig gesonnenen oder sich zumindest gleichgültig verhaltenden Vertretern der Gesellschaft, meist personifiziert in Lehrern oder Mitschülern, gegenüber. Vor allem das Verhalten der Lehrer lässt den Einzelnen die Distanz zwischen ihm und der Gesellschaft als unüberbrückbar erscheinen.

Nicht zuletzt aus diesem Grund hat sich in der Forschung die Auffassung herauskristallisiert, in dieser traditionellen Variante des Adoleszenzromans manifestiere sich eine tiefe Krise der zeitgenössischen bürgerlichen Gesellschaft. Die Krise der Gesellschaft potenziert die Krise des adoleszenten Individuums, dem eine Identitätsfindung im positiven Sinne aktiv verwehrt wird. Auf diese Weise erscheint die Adoleszenz hier nicht als ein Moratorium vor dem Eintritt in das Erwachsenendasein, sondern als eine Leidens- und Passionszeit, an deren Ende nur der Tod oder die völlige Regression stehen können.

Abb. 5.4: Dagmar Chidolue: „Aber ich werde alles anders machen" (1981)

Die *modernen*, vielfach bereits explizit an jugendliche Leser adressierten Adoleszenzromane seit den 1970er Jahren, die zunächst mangels einer anderen Begrifflichkeit als sogenannte Jeansliteratur bezeichnet werden, nehmen diese Traditionen auf und brechen zugleich mit ihnen in signifikanter Weise. So schildern auch diese Romane die Adoleszenz zwar auch weiterhin als einen zutiefst krisenhaften Prozess, zugleich muss jedoch von einer eindeutigen Entdramatisierung dieses Prozesses gesprochen werden, an dessen Ende nicht mehr zwangsläufig wie bisher der Tod bzw. Selbstmord des Protagonisten steht. Hinzu kommen die Einflüsse des problemorientierten Romans. Aber auch außerliterarische Einflüsse werden zunehmend wichtig für das Genre, zu nennen sind hier vor allem die sozialen Bewegungen der 1960er Jahre, die Studenten- sowie die Frauenbewegung.[78] Trotz der Entdramatisierung des Adoleszenzprozesses steht auch im Zentrum der neuen Werke das konflikthafte Aufeinandertreffen zwischen jugendlichem Individuum und Vertretern der Erwachsenenwelt, an denen die Jugendlichen zunächst noch vielfach scheitern, von denen sie sich aber zunehmend emanzipieren, eine Haltung, die sich oftmals in einem sich am Ende des Romans manifestierenden Aufbruch, etwa in Form des Auszugs, manifestiert. Zu den Unterscheidungsmerkmalen von der traditionellen Ausprägung des Genres zählt auf inhaltlicher Ebene nicht zuletzt, dass seit dem Ende der 1970er Jahre zunehmend auch weibliche Adoleszenzen geschildert werden. Im Gegensatz zu den männlichen Protagonisten vollzieht sich für die weibliche Akteure die Adoleszenz vorrangig in Form eines Emanzipationsprozesses, in deren Verlauf sie vor allem gegen die bislang gültigen Geschlechterrollen aufbegehren, etwa in der Umsetzung eigener Vorstellungen hinsichtlich der Berufs- oder Partnerwahl. Als exemplarische Darstellung einer solchen weiblichen Emanzipation gilt

‚Moderne' Adoleszenzromane

Dagmar Chidolues Roman „Aber ich werde alles anders machen" (1981), in dem die Protagonistin sich gegen den Willen ihrer Eltern sowohl von ihrem Freund trennt als auch die ihr angebotene Lehrstelle ausschlägt, und sich stattdessen dafür entscheidet als erste in ihrer Familie das Abitur abzulegen.

Als Antagonistin dieser Figuren treten vor allem die Mütter in Erscheinung, von deren Lebensentwurf als Hausfrau und Mutter die Protagonistinnen sich durch die Suche nach eigenen Lebensentwürfen abzugrenzen versuchen.

Auf formaler Ebene dominieren auch in den modernen Adoleszenzromanen subjektive Erzählformen durch Ich- bzw. personale Erzähler sowie offene bzw. halb-offene Schlüsse, durch die die Unabgeschlossenheit des Adoleszenzprozesses, der mit dem Ende der Erzählung keineswegs als abgeschlossen gelten kann, noch zusätzlich unterstrichen werden soll.

Postmoderne Adoleszenzromane

In den 1990er Jahren ist eine weitere Variante des Genres in Erscheinung getreten, die mittlerweile als sogenannte *postmoderner Adoleszenzroman* bezeichnet wird.[79] Die Übergänge zwischen modernem und postmodernem Adoleszenzroman müssen jedoch als fließend bezeichnet werden, gerade bei modernen Texten ist eine exakte Zuordnung oftmals nicht mehr möglich, nicht zuletzt deshalb, da nicht wenige Werke die Merkmale beider Varianten aufweisen, wie u.a. in Tamara Bachs Roman „Busfahrt mit Kuhn" (2004) anschaulich unter Beweis gestellt wird. Der Roman, in Form eines Drehbuchs verfasst, erzählt von der Reise dreier Abiturienten durch Deutschland, die in letzter Konsequenz eine Reise zu sich selbst ist, ohne dass die Figuren am Ende irgendein Ziel erreichen. Der Text ist durchsetzt mit zahlreichen intertextuellen Verweisen aus Filmen sowie Zitaten aus aktuellen Musikstücken und -richtungen. Das Lebensgefühl der Jugendlichen manifestiert sich be-

Abb. 5.5: Tamara Bach: „Busfahrt mit Kuhn" (2004)

zeichnenderweise nicht nur in ihren Dialogen und Handlungen, sondern vor allem in ihren Vorlieben für bestimmte Filme sowie in ihrem geradezu exzessiven Musikkonsum.

Zu den signifikanten Merkmalen des postmodernen Adoleszenzromans[80] zählen u.a. die Pluralitäten der Werte und Normen, die an die Stelle der durch den modernen demokratischen Staat vorgegeben gesellschaftlichen Werte getreten sind; anstatt expliziter Gesellschaftskritik evozieren die Texte ein Spiel mit den herrschenden Normen und Werten. Lustvolle Konsumerlebnisse, u.a. Medien-, nicht negativ sanktionierte Drogen- sowie sexuelle Erfahrungen, zählen ebenfalls zu den Merkmalen der Adoleszenz in der Postmoderne. Da die Akteure durchweg in sogenannten Verhandlungsfamilien aufwachsen, hat die Entdramatisierung des Generationenkonfliktes weiter zugenommen, so dass die Ablösung von der Familie entweder gar nicht mehr oder zu einem immer späteren Zeitpunkt vollzogen wird. Auch die Suche nach der Selbstverwirklichung, dem unverwechselbaren Ich, das bereit ist, sich auch außerhalb der Gesellschaft zu positionieren, ist vielfach abgelöst worden durch sogenannten Patchworkidentitäten, die sich durch Selbstreflexivität und immer wieder wechselnde Eigenschaften auszeichnen, Merkmale, die sowohl männliche wie weibliche Adoleszenzen auszeichnen.

Abb. 5.6: Karla Schneider: „Die Reise in den Norden". Titelbild der Ausgabe von 2004 (EA 1995)

Die hier angeführten Merkmale von traditionellen/klassischen, modernen und postmodernen Adoleszenzromanen müssen auch in diesem Fall als idealtypische Eigenschaften angesehen werden, d.h. dass vor allem in aktuellen Werken auch nach Belieben davon abgewichen wird. Ein Gleiches gilt auch für die eingangs skizzierten *Modelle* des Abenteuer- und des Adoleszenzromans. Die dort skizzierte Dichotomie dieser Modelle hat in modernen Texten vielfach keine Gültigkeit mehr, sondern ist einer Gattungstransgression gewichen.[81] So können Jugendromane heute durchaus in Form eines historischen Abenteuerromans in Erscheinung treten, auf inhaltlicher wie narratologischer Ebene zugleich jedoch unübersehbar die Züge des modernen Adoleszenzromans aufweisen.[82] Als ein Beispiel von vielen sei hier Karla Schneiders Roman „Die Reise in den Norden" (1995) genannt.

Gattungstransgression

Aufgerufen wird hier zunächst das *Modell* des klassischen Abenteuerromans: Im 18. Jahrhundert bricht ein junger Wissenschaftler zu einer Forschungsreise in den noch unentdeckten Norden seines Landes auf, ein nicht ungefährliches Unterfangen, da er von Widersachern verfolgt wird. Noch vor Antritt der Reise wird dem Protagonisten jedoch der Schutz eines jungen Mädchens aufgetragen, das ihn schließlich auf seiner Reise begleiten muss: In Ich-Form erzählt der Protagonist nun nicht nur von den Reiseabenteuern, die es zu bewältigen gilt, sondern ebenso von der Adoleszenz seiner Begleiterin wie auch von seiner eigenen Entwicklung. Eine explizite Zuordnung zu den Modellen und Gattungstraditionen, wie sie für jugendliterarische Texte früherer Jahrzehnte Gültigkeit hatten, ist für diesen wie auch für die Mehrheit der anderen jugendliterarischen Romane nicht mehr möglich.

Zusammenfassung eines Kapitels

Das Kapitel setzt sich mit zwei zunächst dichotomen Modellen des Jugendromans auseinander: dem Modell des Abenteuerromans und den ihm zugeordneten Subgenres (u.a. Abenteuerroman, Reiseroman, Robinsonade und historischer Roman) sowie dem Modell des Adoleszenzromans, der Geschichte sowie den Ausprägungen dieser Gattung. Typische Merkmale für Texte, die dem Modell des Abenteuerromans zugerechnet werden, sind ihre Beschäftigung mit alltagsfernen Gegenständen, die starke Fokussierung auf eine Handlung, die nur vordergründig vorrangig mit Unterhaltungsangeboten versehen ist, tatsächlich jedoch gleichermaßen an didaktische Wirkungsstrategien gebunden ist. Auf der Figurenebene dominieren eindimensionale, zunächst mehrheitlich männliche Akteure, deren vorrangiges Ziel die Bewährung und weniger die eigene Entwicklung darstellt. Demgegenüber thematisieren der Adoleszenzroman und seine Vorgänger in einem alltagsnahen Umfeld die Entwicklung sowie die Konfrontation der Protagonisten mit der sie umgebenden Gesellschaft. Diese Modelle, die zunächst in einem konkurrierenden

Nebeneinander bestehen, haben im Verlauf der letzten Jahrzehnte eine Vielzahl von Transformationen erfahren, so sind zunehmend auch weibliche Akteure in Erscheinung getreten und es haben sich phantastische Varianten aller Subgenres ausgebildet. In modernen Jugendromanen ist die ursprüngliche Dichotomie der Modelle von Abenteuer- und Adoleszenzroman endgültig einer Gattungstransgression gewichen: Jeder Text kann nun in sehr unterschiedlicher Gewichtung nach Belieben Elemente beider Modelle in sich vereinen.

Testfragen

1. Wie lauten die zentralen Merkmale des *Modells* des Abenteuerromans im Unterschied zu
2. den Merkmalen jenes *Modells*, wie sie als typisch für den Adoleszenzroman erachtet werden?
3. Skizzieren Sie einige dem *Modell* des Abenteuerromans zugehörige Gattungen.
4. Nennen und erläutern Sie die unterschiedlichen Ausprägungen des Adoleszenzromans.
5. Was ist unter dem Begriff der Gattungstransgression zu verstehen?

Anregungen zur Textarbeit

Da es in diesem Kapitel ausschließlich um umfangreichere Texte geht, sollten Sie sich mit anderen zu einer Lesegruppe zusammenschließen oder sich wenigstens einen Partner suchen, um die Lektürevorhaben besser verteilen zu können

1. Suchen Sie in der Bibliothek zunächst einen Jugendroman, der zwischen 1950 und 1970 erschienen und im Paratext eindeutig als Abenteuerroman bzw. als historischer Roman ausgewiesen ist.
   - Überprüfen Sie bei Ihrer Lektüre, inwieweit dieser Roman die in den Ausführungen des Kapitels dargelegten Gattungsmerkmale aufweist bzw. davon abweicht. Haben Sie dabei ein besonderes Augenmerk sowohl auf die Darstellung des Protagonisten wie auch auf die zur Anwendung kommenden Erzählverfahren.

2. Sollten Sie in einer Lesegruppe arbeiten, bietet sich in einem zweiten Schritt die Lektüre ausgewählter Adoleszenzromane aus den 1980er und 1990er Jahren sowie nach der Jahrtausendwende an.
   - Darunter sollte sich wenigstens ein Roman mit einer weiblichen Protagonistin befinden. Achten Sie bei Ihrer Lektüre wiederum vor allem auf die Darstellung des Protagonisten, des Generationenverhältnisse, der jugendlichen Lebenswelten sowie die Rolle der Medien. Ebenso wichtig sind Beobachtungen über die angewendeten Erzählverfahren – vor allem, ob und inwieweit hier Unterschiede zu den klassischen Abenteuerromanen festzustellen sind!
   - Arbeiten Sie nur mit *einem* Partner zusammen, so sollten Sie nach einem modernen, d.h. nach 1990 erschienenen Abenteuerroman, am besten mit einer weiblichen Protagonistin suchen.
   - Achten Sie bitte bei Ihrer Lektüre auf Gattungsmerkmale: Inwieweit und auf welche Weise lässt sich hier das Phänomen der Gattungstransgression erkennen? Wie ist die Hauptfigur des Romans konzipiert? (Unterschiede / Gemeinsamkeiten zum klassischen Abenteuerroman?) Welche Erzählverfahren können Sie identifizieren?

Literaturtipps

Sekundärliteratur

EWERS, HANS-HEINO (Hg.): *Jugendkultur im Adoleszenzroman. Jugendliteratur der 80er und 90er Jahre zwischen Moderne und Postmoderne*. Weinheim [u.a.]: Juventa 1994 (Jugendliteratur – Theorie und Praxis).

KÖBLER, VERENA: *Jugend thematisierende Literatur junger AutorInnen. Postadoleszente Identitäten an der Wende vom 20. zum 21. Jahrhundert*. Frankfurt am Main [u.a.]: Peter Lang 2005 (Kinder- und Jugendkultur, -literatur und -medien; 37).

LANGE, GÜNTER (Hg.): *Von der Steinzeit bis zur Gegenwart. Historisches in der Kinder- und Jugendliteratur. Festschrift für Heinrich Pleticha*. Baltmannsweiler: Schneider-Verlag Hohengehren 2004.

Weinkauff, Gina: *Die ferne Fremde.* In: Dies.: *Fremdwahrnehmung und Kulturtransfer in der deutschsprachigen Kinder- und Jugendliteratur.* Mit einem Vorwort von Ulrich Nassen. Bd. 1: Fremdwahrnehmung. Zur Thematisierung kultureller Alterität in der deutschsprachigen Kinder- und Jugendliteratur seit 1945. München: Iudicium 2006 S. 26-281.

Wulf, Carmen: *Mädchenliteratur und weibliche Sozialisation. Erzählungen und Romane für Mädchen und junge Frauen von 1918 bis zum Ende der 1950er Jahre. Eine motivgeschichtliche Untersuchung.* Frankfurt am Main [u.a.]: Peter Lang 1996.

Kinderlyrik und Kindergedicht | 6

Inhaltsübersicht

6.1. Abgrenzungsprobleme

Der Dichter macht mir ein Gedicht.
Gedichte kosten Geld, ich weiß.
Er macht mir eins, das reimt sich nicht,
das läßt er mir zum halben Preis.
Frantz Wittkamp[83]

Gegenstand dieses Kapitels ist eine kinderliterarische Textsorte, deren Reiz in der gegenwärtig erreichten Vielfalt der Formen und Funktionen liegt. Das Kapitel skizziert ihr Erscheinungsbild und behandelt das Problem der Gattungsdefinition.

Wodurch unterscheiden sich Kindergedichte von Gedichten aus der allgemeinen Literatur? Welche Rolle spielen dabei Reim und Metrum? Worin liegt die Bedeutung kinderliteraturspezifischer Medienkontexte und Gebrauchssituationen (Kinderreim, Kinderlied, Versbilderbuch)?

Reim und Metrum im Kindergedicht

Bis heute sind viele Kindergedichte gereimt und noch mehr in metrisch gebundener Sprache verfasst. Reim und Metrum machen einen wichtigen Teil des ästhetischen Erfahrungspotenzials der Textsorte aus und die Differenz zur Alltagssprache wird hier besonders deutlich wahrnehmbar. Zweifellos besteht zwischen den formalen Konventionen des Kindergedichtes und seiner Enkulturationsfunktion ein enger Zusammenhang: Die Begegnung mit Texten dieser Art ermöglicht Kindern in einem frühen Stadium ihrer Entwicklung elementare literarische Erfahrungen. Zudem ist die Gattung nachhaltig durch *Kinderreim* und *Kinderlied* geprägt, in Reim und Metrum sind tradierte Gebrauchskontexte und orale Überlieferungsformen eingeschrieben.

Erweiterung des Formenspektrums

Dennoch haben wir es hier eher mit einem verbreiteten Gattungsmuster zu tun als mit einem wesensbestimmenden Gattungsmerkmal. Ebenso wie in anderen Gattungen der Kinder- und Jugendliteratur treten auch im Bereich des Kindergedichtes überkommene Vorstellungen von adressatenspezifischer *Akkommodation* zunehmend in den Hintergrund und das Ausdrucksrepertoire der adressatenunspezifischen zeitgenössischen Lyrik wird dort in wachsendem Maße ausgeschöpft. Dass das Spektrum des Kindergedichtes der Gegenwart unter anderem auch reimlose Gedichtformen wie das Haiku, freie, metrisch ungebundene Versformen und verschiedene Spielarten der Konkreten Poesie umfasst, ist das Ergebnis einer Entwicklung, die unter dem Einfluss von Autorinnen und Autoren wie Christine Busta (1915-1987), Josef Guggenmos (1922-2003) und Elisabeth Borchers (geb. 1926) bereits in den frühen 1960er Jahren einsetzte, und nicht zuletzt durch die Arbeit des Verlegers Hans-Joachim Gelberg gefördert wurde. Die drei von Gelberg herausgegebenen Anthologien „Die Stadt der Kinder" (1969), „Überall und neben dir" (1986) und „Großer Ozean" (2000) vermitteln ein anschauliches Bild dieser Veränderungen, dokumentieren die erreichte Vielfalt der Formen und Inhalte und zeugen nicht zuletzt auch von der großen Bedeutung der Rezeption von Gedichten, die nicht für Kinder geschrieben worden sind, für das Erscheinungsbild der Textsorte.

6.1.1. Begriffliche Unterscheidungen der Kinder- und Jugendliteraturforschung

intentionale Kindergedichte

Im *Kindergedicht* der Gegenwart begegnen wir nicht nur einer denkbar breiten Palette traditioneller und moderner Formen, das Textkorpus ist auch in anderer Hinsicht heterogen: Es enthält immer noch eine ganze Reihe kanonisierter Verstexte, von denen viele dem 19. Jahrhundert entstammen, und nicht wenige aus dem anonym verfassten Bestand der Volkspoesie überkommen sind, daneben neuere Gedichte der spezifischen Kinderliteratur und Gedichte aus der allgemeinen Literatur, die in unterschiedlichen Perioden der Gattungsgeschichte in den Kernbestand übernommen worden sind. Es liegt nahe, den Begriff *intentionale*

Kinderliteratur auf das Kindergedicht zu übertragen. Unabhängig davon, ob sie für Kinder verfasst wurden oder nicht, sind alle in adressatenspezifischen Publikationsmedien veröffentlichten Gedichte *intentionale Kindergedichte*. Allerdings sagt diese Zuordnung über die Nachhaltigkeit der Eingemeindung von Gedichten aus der allgemeinen Literatur ebenso wenig aus wie über deren Stellenwert im kinderliterarischen Symbolsystem.

Abb. 6.1: Erste Strophe des „Abendliedes“ von Matthias Claudius (entstanden 1773, 1790 von Johann Abraham Peter Schulz vertont)

unterschiedliche Rezeptionsmuster

Das „Abendlied“ von Matthias Claudius beispielsweise findet sich in zahllosen Kinderliederbüchern des 19. und 20. Jahrhunderts und sein Einfluss auf Formen und Inhalte des spezifischen Kindergedichts ist beträchtlich. Die Rezeption solcher volksliedhaften Texte aus der allgemeinen Literatur, wie es das „Abendlied“ ist, hat einen entscheidenden Anteil an der Ausformung des Symbolsystems *Kindergedicht*. Auch die in den 1970er Jahren einsetzende kinderliterarische Rezeption der Nonsense-Lyrik (z.B. der „Galgenlieder“ Christian Morgensterns) wirkte sich, indem sie den dort vorhandenen Spielraum für lyrischen Humor erweiterte, nachhaltig auf das Symbolsystem aus. Von den späten 1980er Jahren an begegnen wir einem weiteren Muster der Rezeption lyrischer Texte aus der allgemeinen Literatur.

Abb. 6.2: „Das goße Lalula". Bilderbuchausgabe mit Illustrationen von Norman Junge (2005)

Christian Morgenstern

Das große Lalula

Kroklokwafzi? Semmememmi!
Seiokrontro - prafriplo:
Bifzi, bafzi; hulalemmi:
quasti basti bo...
Lalu lalu lalu lalu la!

Hontraruru miromente
zasku zes rü rü?
Entepente, leiolente
klekwapufzi lü?
Lalu lalu lalu lala la!

Simarar kos malzipempu
silzuzankunkrei (;)!
Marjomar dos: Quempu
Lempu
Siri Suri Sei [ ]!
Lalu lalu lalu lalu la!

Abb. 6.3: Aus der Sammlung „Galgenlieder" von Christian Morgenstern (1895)

Zu keinem früheren Zeitpunkt fand man in Kinderbüchern – und nicht nur in Anthologien, sondern zum Beispiel auch in Bilderbüchern – so viele anspruchsvolle, stark verdichtete lyrische Texte aus der allgemeinen Literatur, wie heute.

Ein Beispiel ist die von Uwe Michael Gutzschahn herausgegebene Reihe „RTB Gedichte" (Verlag Otto Maier, Ravensburg), deren zwölf Bände (1988-1992) jeweils eine für Leserinnen und Leser von 10 Jahren an bestimmte Auswahl aus dem Werk eines zeitgenössischen Autors enthalten (z.B. Ernst Jandl, Erich Fried, Oskar Pastior, Günter Grass, Sarah Kirsch, Friederike Mayröcker, Günter Kunert, Peter Härtling). Nur ganz wenige Texte aus diesem Korpus sind, wie „ottos mops" von Jandl, als *intentionale Kindergedichte* regelrecht kanonisiert, die meisten wurden in keinem weiteren Kinderbuch abgedruckt. Überhaupt zielt das Konzept dieser Reihe weniger auf eine Fortentwicklung des Symbolsystems Kindergedicht ab als auf ein Ausloten von Möglichkeiten der lyrischen Kommunikation mit kindlichen Rezipienten. Ganz ähnlich kann das Vorgehen Hans-Joachim Gelbergs beschrieben werden, wenn er in seine Gedicht-Anthologien für Kinder neben ausgesprochenen Kindergedichten auch moderne Lyrik aus der allgemeinen Literatur aufnimmt. Dieses Vorgehen gründet auf einem offenen Adressatenkonzept – nicht von ungefähr lautet der Untertitel der neuesten Gelbergschen Anthologie (2001) „Gedichte für alle" – und es intendiert eine generelle Öffnung der Grenzen zwischen Kindergedicht und allgemeiner Lyrik.

Öffnung der Grenzen zwischen Kinderliteratur und allgemeiner Literatur

Das bedeutet nicht, dass sämtliche Gedichte aus der allgemeinen Literatur als geeignet erscheinen würden, um sie in Kinderbüchern zu publizieren – Gelberg hat sich dazu in einem Artikel ausführlich geäußert[84] – es bedeutet jedoch, dass Gedichte für Kinder nicht (mehr) per se auf ein bestimmtes Formenrepertoire festgelegt werden können, dass es also kaum noch möglich ist, zu bestimmen, wodurch sich Kindergedichte von Gedichten ohne spezielle Adressierung unterscheiden.

Ende der Ära des Kindergedichts

Diesen Zustand qualifiziert Ewers als ein Ende der „Ära des Kindergedichts"[85] und meint damit den Verlust eben jener Unterscheidungsmerkmale zur adressatenunspezifischen Lyrik, die sich in Gestalt eines speziellen Symbolsystems seit dem späten 18. Jahrhundert herausgebildet haben.

Kinderlyrik > Kindergedicht

Bei Ewers bezeichnet der Begriff *Kindergedicht* also eine ganz bestimmte, vom späten 18. bis zum späten 20. Jahrhundert verbreitete Gattungsvariante, die sich von den Gattungsvarianten der allgemeinen Literatur abgrenzen lässt. Demgegenüber schließt der Begriff *Kinderlyrik* das traditionelle *Kindergedicht* ebenso ein wie modernere, der allgemeinen Literatur näher stehende Varianten der Textsorte. Ein derartiger Gebrauch des Begriffs *Kinderlyrik* als Sammelbezeichnung für Verstexte unterschiedlicher Art hat sich innerhalb der Kinder- und Jugendliteraturforschung Mitte der 1970er Jahre eingebürgert. Die folgende Definition ist dem von Klaus Doderer herausgegebenen „Lexikon der Kinder- und Jugendliteratur" entnommen, das den bis dato erreichten Forschungsstand wiedergibt (4 Bde., 1975-1982) und bis heute ein wichtiges Nachschlagewerk darstellt. In seinem Artikel zum Stichwort „Kinderlyrik" beschreibt Doderer den Gebrauch des Begriffes innerhalb der Fachöffentlichkeit:

„Kinderlyrik ist die Bezeichnung für diejenige poetische Gattung, die alle für oder von Kindern verfassten oder von ihnen adaptierten Gedichte umfaßt. Die Begriffe Kinderlied, Kinderreim oder Kindergedicht werden teilweise mit Kinderlyrik synonym gebraucht."

lyrische Kinderfolklore vs. literarische Kinderlyrik

Dazu muss man wissen, dass sich die ältere Forschung zu dem von Doderer beschriebenen Gegenstand stark auf die literarische Folklore konzentrierte (auf das oftmals anonym verfasste Kinderlied und den Kinderreim) und auch methodisch mehr von der Volkskunde geprägt war als von der Literaturwissenschaft. Die Wahl des Begriffes *Kinderlyrik* hat also, als Ausdruck einer literaturwissenschaftlichen Neuorientierung, auch eine programmatische Komponente.

Nach Doderer schließt *Kinderlyrik* als Sammelbegriff aber nicht nur Genres wie das Kindergedicht, das Kinderlied und den Kinderreim ein, sondern wird zudem generell auf Verstexte ausgedehnt, die von Kindern verfasst bzw. im Rahmen von Kinderöffentlichkeiten mündlich tradiert wurden.

Auch Kurt Franz plädiert im „Taschenbuch der Kinder- und Jugendliteratur" (2000) für eine Beibehaltung des Terminus „Kinderlyrik" als Oberbegriff für „den Kinderreim, das Kindergedicht, das Kinderlied und verwandte Formen"[86]. In der Absicht, zu bestimmen, was so unterschiedliche Genres wie Ammenverse, Spiel- und Bewegungslieder, für Kinder bestimmte Gebete, Rätsel, Versgeschichten und Gedichte „im engeren Sinn" denn nun gemeinsam haben, gibt Franz im Anschluss daran die folgende Definition des Begriffes:

„Sämtliche in gebundener, großenteils gereimter Sprache und in einer bestimmten Form von Kindern oder Erwachsenen für Kinder vom Kleinkindalter bis etwa 12 Jahren verfassten und von diesen rezipierten sprech-, les- und zum Teil auch singbaren Texte."

Reim und Metrum als Gattungskriterium

Im Unterschied zu Klaus Doderer grenzt Kurt Franz die Reichweite des Begriffs auf die *spezifische Kinderliteratur* ein und auf metrisch gebundene, großenteils auch gereimte Texte. Entsprechend definiert auch Jörg Steitz-Kallenbach in seinem Kapitel zur Kinderlyrik im „Handbuch Kinderliteratur" (2003) „ungeachtet aller Probleme und möglicher Einwände" Kinderlyrik als „Textform",

„die vor allem durch Gestaltungsmittel wie Metrum, Rhythmus, Reim oder strophische Gliederung bestimmt ist“[87].

Obgleich Franz und Steitz-Kallenbach *Kinderlyrik* ebenso wie Doderer und Ewers als Sammelbezeichnung für kinderliterarische Verstexte verschiedener Art verwenden, sind sie doch offenkundig bestrebt, die Bedeutung dieses Begriffes weiter einzugrenzen. In ihrem Verständnis des Begriffes ist *Kinderlyrik* durch Textmerkmale bestimmt, die sich aus der traditionellen Enkulturationsfunktion der Textsorte ergeben.

Ohne Zweifel trifft die Beschreibung auf die meisten Texte aus der „Ära des Kindergedichts“ zu, das Formenspektrum der gegenwärtig für Kinder publizierten Gedichte gibt eine solche Definition jedoch nicht mehr adäquat wieder. Das Ende der „Ära des Kindergedichts“ stellt die Kinder- und Jugendliteraturforschung vor ein Dilemma, mit dem sich die Lyrik-Theorie schon seit geraumer Zeit beschäftigt: Worin besteht die gattungskonstituierende Gemeinsamkeit lyrischer Texte, wenn Einigkeit darüber besteht, dass Reim und Metrum als Gattungskriterium nicht in Frage kommen?

6.1.2. Begriffliche Unterscheidungen der Lyrik-Theorie

Die von Dieter Burdorf in seinem Standardwerk zur Gedichtanalyse gegebene Antwort, dass eine einzige derartige Gemeinsamkeit nicht existiere, sondern vielmehr ein ganzes Bündel zwar typischer, jedoch weder notwendiger noch hinreichender *Merkmale*,[88] deren Ausprägung und Kombination je nach Gattungsvariante differieren könne, leuchtet zwar ein, führt aber leider nicht zu einer leistungsfähigen Theorie der Kinderlyrik. Eine Theorie der Kinderlyrik sollte in der Lage sein, sowohl das gegenwärtige Erscheinungsbild der Textsorte als auch ihre historische Entwicklung adäquat zu beschreiben, sinnvolle Bezüge zwischen Formen und Funktionen herzustellen und Aussagen zu treffen, die sich auf das literarische Erfahrungspotenzial der Texte beziehen.

Lyrik ≠ Gedicht

Bei der Bewältigung dieser Aufgaben sind vor allem diejenigen Beiträge zur Theorie der Lyrik von Interesse, die die Systematik der Gattungsmerkmale betreffen. Nicht ohne Grund lautet der Titel eines anderen bekannten literaturwissenschaftlichen Standardwerkes „Das lyrische Gedicht“. Sein Verfasser Dieter Lamping begnügt sich im Gegensatz zu Burdorf nicht mit der Aufstellung von Merkmalskatalogen, sondern entwirft eine Gattungsdefinition, die auf der Annahme gründet, dass es auch Gedichte gibt, die nicht lyrisch sind. Lyrische Texte sind nach Lamping durch ihre Redeform gekennzeichnet. Im Unterschied zur Epik mit der durch die Erzählinstanz vermittelten Rede und dem Drama mit der Wechselrede zeichne sich die Lyrik durch ihre strukturelle Einfachheit aus, denn lyrische Texte seien in Form von Einzelrede gehalten.

Gedichte definiert Lamping im Unterschied dazu als Texte, die sich durch ihre Versform von Prosatexten unterscheiden. Verstexte seien jedoch nicht notwendigerweise in metrisch gebundener Sprache verfasst. Nicht die Abfolge von Hebungen und Senkungen, von betonten und unbetonten Silben mache den entscheidenden Unterschied zur Prosa aus, sondern die *Gliederung in Verszeilen.*

„Als Versrede soll hier jede Rede bezeichnet werden, die durch ihre besondere Art der Segmentierung rhythmisch von normalsprachlicher Rede abweicht. Das Prinzip dieser Segmentierung ist die Setzung von Pausen, die durch den Satzrhythmus der Prosa, und das heißt vor allem: durch die syntaktische Segmentierung des Satzes nicht gefordert werden. Das Segment, das durch zwei solche, aufeinanderfolgende Pausen geschaffen wird, ist der Vers.“[89]

Daraus ergibt sich eine Minimaldefinition des *lyrischen Gedichts* als *Einzelrede in Versen.* Kritiker erheben gegen Lamping den Vorwurf des Schematismus und lehnen seine Begriffe ihrer Künstlichkeit wegen ab. Für eine Theorie der Kinderlyrik ergiebiger als die Debatte um den Anspruch einer allgemeingültigen und darum notwendiger Weise hochgradig abstrakten Gattungsdefinition erscheint die Lampings Ansatz zugrunde liegende Unterteilung in zwei Ebenen der Abgrenzung hilfreich: die Abgrenzung von Poesie und Prosa auf der einen und diejenige von Lyrik, Epik und Dramatik auf der anderen Seite.

zwei Ebenen der Abgrenzung

Auch andere Gattungsmerkmale, als die von Lamping zu Definitionskriterien erhobenen, lassen sich den beiden Abgrenzungsebenen zuordnen. Die Merkmale der Sangbarkeit, der Strukturierung durch Metrum und Reim, der Abweichungen von syntaktischen Normen und der den Text rhythmisierenden Wiederholungseffekte liegen offenkundig auf der Ebene der Abgrenzung zur Prosa. Auf der Ebene der Abgrenzung zur Epik und zur Dramatik liegen die Merkmale des Fehlens eines narrativen Inhalts, der Kürze und Konzisheit, die Instanz des lyrischen Ich und die Qualitäten der Bildhaftigkeit, der Überstrukturierung und der Autoreflexivität.

rhythmische Strukturen in der Kinderliteratur und in der literarischen Sozialisation

Es ist evident, dass die Gattungsmerkmale der ersten Kategorie in der Kinderliteratur traditionell eine ungleich größere Rolle spielen als diejenigen der zweiten Kategorie. Verstexte begegnen uns nicht nur in Kindergedichten und -liedern, sondern auch in Rätseln, Kinderreimen der verschiedensten Art und oftmals auch in Bilderbuchtexten. In vielen Kulturen ist die Begegnung mit Versen zu einem viel früheren Zeitpunkt der kindlichen Entwicklung vorgesehen als die Begegnung mit Prosatexten. Die ersten Erfahrungen mit Versen finden üblicherweise bereits im Säuglingsalter statt, Verse begleiten den Primärspracherwerb und prägen den kulturellen und medialen Alltag von Kindern in hohem Maße. Nicht zuletzt lässt sich die große Bedeutung von Versen in der literarischen Sozialisation von Kindern an den versähnlichen Strukturen und Elementen kinderliterarischer Prosatexte ablesen: Nicht nur Märchen, sondern auch andere strukturell einfache Prosaerzählungen für Kinder sind durch Wiederholungsstrukturen rhythmisch gegliedert, insbesondere die Namen der Protagonisten sind vielfach von Alliterationen und anderen Klangspielen bestimmt und nicht selten enthalten die Texte eingestreute Lieder und Gedichte, Formeln, Sprüche und andere Passagen in Versform. All dies erklärt hinlänglich die große Beachtung von Verstext-Phänomenen in der Kinderliteraturtheorie bis hin zur Festschreibung von Reim und Metrum als Gattungskriterium der Kinderlyrik.

Schwierigkeiten der Abgrenzung zur Epik und zur Dramatik

Erheblich seltener sind die Gattungsmerkmale der zweiten Kategorie in der Kinderliteratur anzutreffen. Kindergedichte weisen zwar üblicherweise das Merkmal der Kürze auf, aber das ist nicht trennscharf, denn schließlich gibt es in und außerhalb der Kinderliteratur auch epische Texte, die kurz und konzise sind. Insbesondere doppelsinnige Kindergedichte, also solche, die sowohl eine naive als auch eine literarisch versierte Lesart zulassen, sind durchaus „überstrukturiert". Etwa dann, wenn ihre rhythmischen und klanglichen Strukturen über ihr sinnlich-ästhetisches Erfahrungspotenzial hinaus als Bedeutungsträger fungieren. Doch auch die Überstrukturiertheit ist kein exklusives Merkmal der Lyrik, sondern eine generelle Qualität literarischer Texte. Ähnliches gilt für die Formen der uneigentlichen Rede (Metapher, Symbol, Allegorie), die in Kindergedichten zwar vorkommen, aber auch in anderen literarischen und sogar in pragmatischen Texten. Unter den zur Abgrenzung von epischen und dramatischen Texten herangezogenen Gattungsmerkmalen der Lyrik weisen diejenigen der strukturell einfachen Redeform (nach Lamping) und des Fehlens eines narrativen Inhalts die deutlichste Trennschärfe auf. Erhöbe man diese Merkmale – wie Lamping es für die allgemeine Literatur vorgeschlagen hat – zu notwendigen Gattungskriterien, dann könnte man bis zum Ende der „Ära des Kindergedichts" allenfalls in seltenen Ausnahmefällen von *Kinderlyrik* sprechen.

Symbolsystem, Medien- und Gebrauchskontexte

Ein Großteil der traditionellen, von einem eigenständigen Symbolsystem bestimmten Kindergedichte hat einen narrativen Inhalt, der noch dazu vielfach durch eine vermittelnde Erzählinstanz dargeboten wird. Kinderreime und -lieder begleiten oftmals körperliche Handlungen wie Tanz und Spiel und vielfach werden Verstexte für Kinder im Medium Bilderbuch verbreitet. Diese Gebrauchs- und Medienkontexte sind den Texten in Gestalt von dialogischen Redeformen eingeschrieben. Es fällt in dem Maße schwer, die Konturen einer Gattung *Kinderlyrik* auszumachen, in dem die Textsorte *Kindergedicht* insgesamt durch dergleichen dramatische und epische Elemente geprägt ist. Umgekehrt erweitern sich mit der von Ewers konstatierten Auflösung des eigenständigen Symbolsystems die Spielräume für im engeren Sinn *lyrische* Kindergedichte während zugleich die Textmerkmale Reim und Metrum an Bedeutung verlieren.

i.e.S. *lyrische* Kindergedichte

6.2. „Das ist die Erde" von Elisabeth Borchers. Analyse und Interpretation

Das folgende Gedicht von Elisabeth Borchers steht Hans-Joachim Gelbergs 1969 erschienener Anthologie „Die Stadt der Kinder" als Motto voran:

„Das ist die Erde,
kugelrund und dick,
mit Land und Meer,
mit Berg und Tal,
mit Städten, Schnee und Wäldern.
So wie sie fliegt
durch Nacht und Tag,
ein Stern wie alle andern."

Verzicht auf Endreim und einheitliches Metrum

Wie in anderen ihrer Gedichte für Kinder und Erwachsene verzichtet Elisabeth Borchers nicht nur auf den Endreim, sondern auch auf ein einheitliches Metrum. In thematischer Hinsicht steht der Text in der Tradition vieler älterer Lieder und Gedichte für Kinder, die den Kosmos in den Bereich der sinnlichen Erfahrbarkeit rücken. Allerdings verzichtet Elisabeth Borchers nicht nur auf die tradierte Motivik der Anthropomorphisierung („Wer hat die schönsten Schäfchen...“), sondern geht generell sparsam mit literarischen Bildern um. Die Gegenstände, von denen das Gedicht spricht, sind durchwegs sichtbar und stehen für sich selbst; einzig im sechsten und siebten Vers steht eine metaphorische Umschreibung („So wie sie fliegt / durch Nacht und Tag“). Dass der Text sowohl einfach als auch in gewisser Weise eingängig, harmonisch wirkt, ist nicht nur ein Effekt der Wortwahl und der Redeweise, sondern auch der Segmentierung.

wenig uneigentliche Rede

Abb. 6.4: Erste Strophe des „Liedes vom Monde“ von Hoffmann von Fallersleben (entstanden 1830, Melodie: Johann Friedrich Reichardt, 1790)

Betonung der syntaktischen Struktur

Entsprechungen zwischen Syntax und Semantik

Anstelle von harten, spektakulären Enjambements stehen glatte Fügungen, die Verszeilen betonen die syntaktische Struktur des Textes. Dadurch werden nicht nur die Anaphern und Parallelismen in den Versen drei, vier und fünf bzw. drei, vier und sieben herausgehoben, sondern auch die klanglichen Rekurrenzen des Textes. Die Verfasserin vermeidet zwar den Endreim, strukturiert ihren Text aber gleichwohl durch assonante Versendungen (dick – fliegt, Tal – Tag, Wäldern – andern). Die weiblichen Kadenzen im ersten, fünften und letzten Vers lassen zudem eine semantische Struktur des Textes erkennen, die sich auf der syntaktischen Ebene wiederholt. So artikuliert der im fünften Vers endende erste Satz des Gedichtes noch eine ungebrochen naive Weltsicht, während der zweite Satz einem lyrischen Ich zum Ausdruck verhilft, das durchaus von den unmittelbaren sinnlichen Erfahrungen zu abstrahieren vermag und dessen Vorstellungskraft den eigenen Lebenshorizont überschreitet. Die Rede war von bislang fünf bedeutungstragenden Strukturebenen, die einander wechselseitig verstärken: zwei Sätze, drei Anaphern und drei parallele Gegensatzpaare, drei Assonanzen am Versende, drei weibliche (und fünf männliche) Kadenzen. Dass die Unendlichkeit des Alls dem lyrischen Ich – obwohl der eigene Planet von außen betrachtet nichts ist als ein „Stern wie alle andern“ – weder bedrohlich noch chaotisch erscheint, dass der Text von einem durchaus wohlgeordneten, Geborgenheit vermittelnden Kosmos spricht, drückt sich nicht zuletzt in einer sechsten Strukturebene aus: dem Metrum. Denn metrisch ungebunden sind lediglich die beiden ersten Verse. Die Verse drei, vier und fünf sowie sechs, sieben und acht bilden durch den Wechsel von jeweils zwei zweihebigen, „männlich“ ausklingenden und einem dreihebigen, „weiblich“ ausklingenden Jambus eine parallele Struktur. Daraus ergibt sich wiederum eine Aufteilung des Textes in drei Teile. Der erste Teil evoziert ein modellhaftes Bild der Erde als Ganzes, der zweite, anaphorisch geprägte Teil verbindet das Modell mit der erfahrbaren Wirklichkeit und lässt durch die Nennung der teilweise gegensätzlichen Einzelheiten ein Bild der Vielfalt entstehen, das im dritten Teil wieder in ein ganzheitlich gesehenes kosmologisches Modell-Bild überführt wird.

Überstrukturierung

Auf diese Weise gibt sich der Text als kunstvoll gebautes und fraglos überstrukturiertes Gedicht zu erkennen, also nicht nur als *Versrede* im Sinne Dieter Lampings, sondern unzweifelhaft auch als *Lyrik*. Neben Lampings Lyrik-Theorie kann zur Begründung dieser Zuordnung auch der etwas ältere Ansatz von Jürgen Link[90] angeführt werden, der gleichfalls auf der Unterscheidung von *Lyrik* und *Vers* gründet und den nicht-narrativen Inhalt lyrischer Texte als Unterscheidungsmerkmal zur Epik und zur Dramatik heranzieht.

keine Handlung
Einzelrede

Das Gedicht von Elisabeth Borchers hat keine narrativen Elemente, es gründet nicht auf einem zeitlich geordneten Geschehen und die Redesituation ist in einem absoluten Sinn monologisch, d.h. es handelt sich um Einzelrede, die in keinerlei pragmatische Kontexte eingebunden ist. All dies trifft auf die meisten älteren Kindergedichte allenfalls bedingt zu.

„Das neue Kindergedicht"

Als Motto der Anthologie „Die Stadt der Kinder" von Hans-Joachim Gelberg steht der Text auch für die Ziele des Herausgebers, dem es erklärtermaßen um literarische Innovation und um die Überwindung der Kluft zwischen dem Kindergedicht und der altersunspezifischen zeitgenössischen Lyrik ging. Elisabeth Borchers ist mit ihren 1965 als Bilderbuch (mit Illustrationen von Dietlind Blech) erschienenen reimlosen Kalendergedichten („Und oben schwimmt die Sonne davon") eine der herausragenden Vertreterinnen dessen, was Gelberg in seinem Nachwort als „Das neue Kindergedicht" (Titel des Nachwortes) bezeichnet hat.

Das Bilderbuch „Ich weiß etwas, was du nicht weißt"

Im Gegensatz zu vielen anderen Gedichten aus der Anthologie ist Elisabeth Borchers' Text über die Erde kein Originalbeitrag. Gelberg entnahm ihn dem Manuskript des Bilderbuches „Ich weiß etwas, was du nicht weißt", das im gleichen Jahr wie „Die Stadt der Kinder" erschienen ist (1969 im Verlag Ellermann). Ein Blick auf diesen Kontext lässt den Text in einem anderen Blickwinkel erscheinen und wirft ein interessantes Licht auf die begrifflich nur schwer zu fassende Eigenart von Kinderlyrik bzw. Kindergedicht und damit auf das, was sie von der *Erwachsenenlyrik* unterscheidet.

Das 38 unpaginierte Seiten umfassende Bilderbuch entstand auf der Grundlage einer Idee der Grafikerin Maria Enrica Agostinelli, die um den Gegensatz zwischen Schein und Sein der dargestellten Dinge kreist: Auf einer ganzseitigen farbigen Abbildung sieht man zum Beispiel zwei mutmaßliche Baumstämme, die sich beim Umblättern als die Beine eines Elefanten entpuppen. Das Spiel entfaltet sich in zahlreichen Variationen ganz auf der piktoralen Ebene; der Text von Elisabeth Borchers erscheint redundant und wirkt im Ganzen weitaus schlichter als der von Gelberg als Motto seiner Anthologie gewählte Ausschnitt.

Dominanz der Bildebene

Der Textausschnitt aus der Gelberg-Anthologie steht auf Blatt 33 als Kommentar zu einer auf der gegenüberliegenden Doppelseite abgebildeten Scheibe, die vorgibt, den blauen Planeten Erde darzustellen. Auf den von Gelberg übernommenen Text folgt im Bilderbuch (im zweizeiligen Abstand) die Formel „Ich weiß etwas, was du nicht weißt", die die Auflösung des Rätsels auf der nachfolgenden Doppelseite signalisiert.

Abb. 6.5: Maria Enrica Agostinelli; Elisabeth Borchers: „Ich weiß etwas, was du nicht weißt" (1969), Bl. 35-36

Wie der Ausschnitt aus der Gelberg-Anthologie weist der gesamte Bilderbuchtext sowohl Assonanzen am Versende auf als auch abschnittsweise metrische Bauformen und eine generelle Übereinstimmung von Verszeilen und syntaktischen Einheiten. Aus diesen Elementen entsteht allerdings an keiner anderen Stelle ein auch nur annähernd vergleichbar komplexes Gefüge klanglicher, rhythmischer und semantischer Strukturen. Die strophenartige Struktur des Bilderbuches wird auf der visuellen Darstellungsebene erzeugt, als Effekt der Abfolge der Einzelbilder. Der Verbaltext mit seinen Formeln „Das ist ...", „Ich weiß etwas, was du nicht weißt", „Das war nicht..." leistet kaum mehr als eine Verdoppelung dieser Struktur. Eine literarische Eigendynamik besitzt ausschließlich die von Gelberg ausgewählte Passage.

Abb. 6.6: „Ich weiß etwas, was du nicht weißt", Bl. 37-38

Dialogisierung

Didaktisierung

Die Formel „Ich weiß etwas, was du nicht weißt" verwandelt unser lyrisches Gedicht über die Einmaligkeit der Erde und die Unendlichkeit des Kosmos in einen dialogischen Redeakt. Am Ende gibt es sogar eine im „didaktischen Wir" formulierte Schlussmoral: „Und wenn einer kommt, / und wir wissen nicht, wer, / dann sagen wir gleich: / Dreh dich mal um. / Zeig dich mal her." (Bl. 37)

Ihrem Inhalt nach ist diese Quintessenz (dem Erscheinungsjahr des Textes entsprechend) durchaus emanzipatorisch, denn sie wurde im unmittelbaren Anschluss an eine Bild-/Text-Sequenz formuliert, bei der zunächst ein bürgerlich-korrekt gekleideter Mann als hinterhältiger Bösewicht enttarnt wird (er hält einen Knüppel hinter seinem Rücken) und dann eine Art Clochard gezeigt wird, der an der gleichen Stelle eine Blume verbirgt. Dennoch nimmt dieses Ende dem Bilderbuch seine spielerische Leichtigkeit. Zudem erscheint der konventionelle Ausklang in einer pädagogischen Beispielgeschichte – entsprechend der lehrhaften Ausrichtung und den narrativen Tendenzen vieler traditioneller Kindergedichte – alles andere als *lyrisch*.

6.3. Formen-, Funktions- und Medienwandel

Medienkontexte: Kinderlied und Versbilderbuch

Kindergedichte sind üblicherweise keine reinen Lesetexte. Als Lieder oder Bilderbuchtexte werden sie oftmals in ganz bestimmten Medienkontexten kommuniziert, die das Erscheinungsbild der Gattung in hohem Maße bestimmen. Der Zusammenhang zwischen Sangbarkeit und metrischer Gebundenheit ist evident. Dennoch sei an dieser Stelle wenigstens darauf hingewiesen, dass auch das Kinderlied der Gegenwart ein breites Ausdrucksspektrum besitzt, von traditionellen, volksliedhaften Formen, über Lieder, die in Text und Musik von der modernen Popmusik oder vom Schlager geprägt sind, bis hin zur Adaption musikalischer Traditionen aus anderen Kulturen, und dass es außerdem sehr unterschiedliche Grade der Übereinstimmung von literarischen und musikalischen Metren gibt.

Das Versbilderbuch ist hier durch ein Beispiel repräsentiert, bei dem der literarische Text durch eine dominante piktorale Darstellungsebene gewissermaßen ins „zweite Glied" verwiesen worden ist. Von den populären Bildergeschichten Wilhelm Buschs bis zu den bebilderten Vierzeilern Frantz Wittkamps gibt es aber auch zahllose reizvolle Beispiele für nicht-redundante Text-Bild-Konstellationen. In den letzten Jahren entstand zudem eine ganze Reihe ästhetisch markanter Bilderbuchadaptionen lyrischer Gedichte aus der allgemeinen Literatur.

Abb. 6.7: Frantz Wittkamp: „Ich glaube, daß Du ein Vogel bist. Verse und Bilder". Weinheim: Beltz (1987), S. 45

Bezüge zwischen verbaler und piktoraler Ebene (vgl. Kapitel 7)

Unabhängig davon, ob die Verse zuerst da waren oder die Bilder, ob eine der beiden Ebenen dominiert, ob sich piktorale und verbale Elemente eher zu Akkorden fügen oder in kontrapunktischer Spannung zueinander stehen: Illustrationen erweitern nicht nur das ästhetische Erfahrungspotenzial von Gedichten, sie lenken ihre Rezeption in ganz fundamentaler Weise. Zum Beispiel, indem sie intertextuelle Bezüge herstellen, Textstrukturen betonen oder übertönen, Stimmungen erzeugen oder auflösen, Leerstellen des

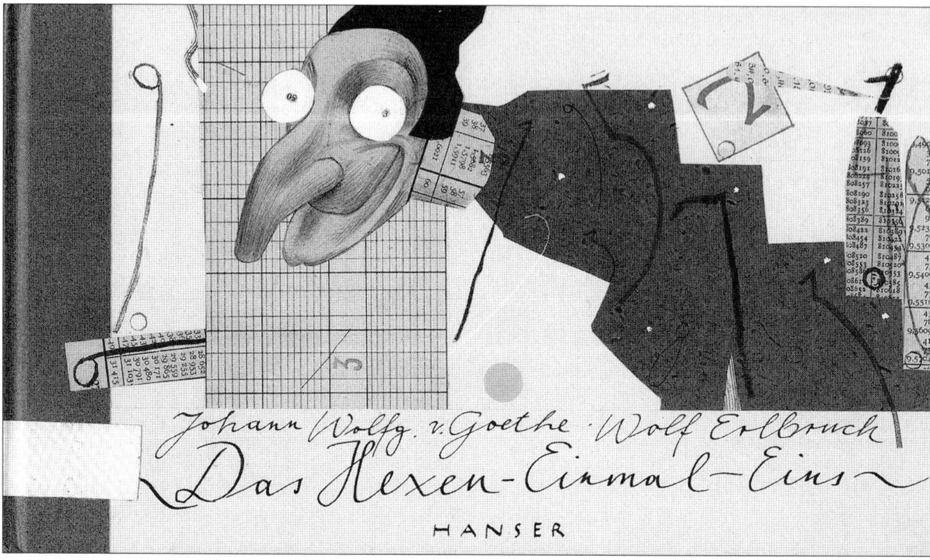

Abb. 6.8: „Das große Hexen-Einmal-Eins". Bilderbuchausgabe mit Illustrationen von Wolf Erlbruch (1998)

Textes vereindeutigend auffüllen oder offen halten, Tiefenschichten sichtbar machen und neue Ambiguitäten stiften.

veränderte Medienkontexte

Wer von der Modernisierung des Kindergedichts in den zurückliegenden Jahrzehnten spricht oder schreibt, bezieht sich jedoch in aller Regel auf einige wenige herausragende Anthologien (besonders die von Gelberg herausgegebenen), von denen in der Tat entscheidende Impulse ausgegangen sind. Die große Bedeutung der Anthologien macht deutlich, dass wir es im Bereich der Kinderlyrik und des Kindergedichts nicht nur, wie im Bereich der epischen Kinder- und Jugendliteratur, mit einem *Formen- und Funktionswandel* zu tun haben, sondern ganz offensichtlich auch mit einem *Medienwandel.*

Kontinuität und Wandel

Dieser Prozess setzt vergleichsweise früh ein (bereits in den frühen sechziger Jahren), verläuft aber weniger radikal. Obgleich das Formenspektrum der zeitgenössischen Lyrik dem Kindergedicht längst nicht mehr verschlossen ist, findet auch im modernen lyrischen Kindergedicht vielfach ein Spiel mit traditionellen Formen und Inhalten statt und immer noch prägen die überlieferten Medienkontexte das Erscheinungsbild der Textsorte.

Neben dem lyrischen Kindergedicht erfreut sich das, was mit Lamping als *episches Kindergedicht* bezeichnet werden könnte, nach wie vor einer großen Beliebtheit; das Kinderlied hat in Fredrik Vahle einen Erneuerer gefunden, der die folkloristischen Traditionen mit zeitgemäßen Inhalten verbunden und auf diese Weise bewahrt hat und auch mit Blick auf den Endreim ist das Beharrungsvermögen der Autorinnen und Autoren von Kindergedichten wohl einmalig.

Entsprechend sieht ein so profunder Kenner der Textsorte wie Heinz-Jürgen Kliewer die westdeutsche Kinderlyrik seit 1945 nicht so sehr durch klar erkennbare Entwicklungslinien bestimmt als durch das „Nebeneinander einiger profilierter Autoren und Autorinnen, die z.T. über viele Jahre hin ohne Alterungserscheinungen das Bild prägen“[91].

Abb. 6.9: Fredrik Vahle: „Liederspatz. Ein Lieder-Lese-Bilderbuch“ (1980), S. 28

Kliewer negiert also die Existenz der historischen Zäsur, die Ewers mit seiner Formulierung vom Ende der „Ära des Kindergedichts“ so vehement hervorhebt. Zur Erinnerung: Ewers meint mit *Kindergedicht* ein gegenüber der adressatenunspezifischen Lyrik abgegrenztes, eigenständiges *Symbolsystem*, das sich seit dem späten 18. Jahrhundert entwickelt hat und dem der Epocheneinschnitt der 1970er Jahre schließlich die Existenzgrundlage entzog. Dieser Einschnitt manifestiert sich in einigen wenigen für signifikant erachteten literarischen Texten und in der Ausrichtung der erwähnten Anthologien.

Ein gänzlich anderes Bild der Textsorte erhält, wer, wie Kliewer, beispielsweise nach der Rezeption von Kindergedichten in Lesebüchern fragt, im Werk so bedeutender Autoren wie Josef Guggenmos über vier Jahrzehnte hinweg mehr Kontinuität findet als Wandel und sich bei der Beurteilung literarischer Entwicklungen auch von leserbezogenen Erwägungen leiten lässt.

Zusammengenommen ergeben die Sichtweisen von Ewers und Kliewer das Bild einer kinderliterarischen Textsorte, die sich einerseits grundlegend gewandelt und von tradierten Normen des *Kindgemäßen* befreit, andererseits jedoch Eigenart und traditionelle Gebundenheit in großem Umfang bewahrt hat.

didaktische Überlegungen

In didaktischer Perspektive scheint gerade die Vielfalt der Formen und Funktionen des Kindergedichtes interessant. Das Nebeneinander von hochgradig komplexen, keineswegs leicht zugänglichen Texten und solchen, die zunächst einmal elementare klangliche und rhythmische Erlebnisse vermitteln, erfordert eine entsprechend große Bandbreite didaktischer Arrangements. Bei der Analyse des didaktischen Potenzials unterschiedlicher Formen des Kindergedichts ist das begriffliche Instrumentarium der aktuellen Gattungstheorie durchaus von Nutzen – die Qualifizierung eines Textes als *lyrisches Gedicht* sagt schließlich auch etwas über die inhärenten Möglichkeiten literarischen Lernens aus.

Zusammenfassung eines Kapitels

Dieses Kapitel setzt sich mit verschiedenen Ansätzen der Definition von Kinderlyrik und Kindergedicht auseinander und begründet die Notwendigkeit einer den aktuellen Forschungsstand der Literaturwissenschaft berücksichtigenden Unterscheidung der beiden Begriffe. Der Sinn dieser Unterscheidung ergibt sich aus der Spezifik des Ge-

genstandes, der sowohl Texte umfasst, die im engen gattungstheoretisch fundierten Sinn als lyrische Kindergedichte bezeichnet werden können, als auch eine große Zahl von nicht-lyrischen Verstexten. Dass diese unterschiedlichen Gattungsvarietäten weder in konkurrierendem Verhältnis zueinander stehen noch in einem zeitlichen Nacheinander, sondern in einem vielgestaltigen Nebeneinander, verdeutlicht die exemplarische Analyse eines Kindergedichtes von Elisabeth Borchers, das der Verleger Hans-Joachim Gelberg aus einem von der bekannten Lyrikerin verfassten Bilderbuchtext als Motto in eine seiner Kinderlyrik-Anthologien übernommen hat. Den verschiedenen traditionellen und modernen Ausprägungen des Kindergedichtes entsprechen unterschiedliche ästhetische Erfahrungspotenziale und verschiedene Grade literarischer Komplexität. Daraus ergibt sich eine entsprechende Palette literaturdidaktischer Möglichkeiten und Notwendigkeiten, die sich bei der Unterrichtsplanung nicht zuletzt mithilfe der beiden Kategorien Lyrik und Gedicht ausloten lassen.

Testfragen

1. Erklären Sie den Begriff *Kinderlyrik* nach Doderer, Franz und Ewers!
2. Erklären Sie den Begriff *lyrisches Kindergedicht* auf der Grundlage der Definition von Lamping!
3. Nennen Sie Beispiele für kinderliterarische Verstexte (auch außerhalb der Gattung Lyrik) und ihre Bedeutung in der literarischen Sozialisation!
4. Nennen Sie Beispiele für epische und dramatische Aspekte kinderliterarischer Verstexte!
5. Was meint Ewers mit „Ära des Kindergedichtes“?

Anregungen zur Textarbeit

1. Vergleichen Sie Kinderlyrik-Anthologien unter den Gesichtspunkten Textauswahl, Gliederung, Illustration, paratextuelle Kommentierung (Vor- und Nachworte, Klappentext)! Zum Vergleich eignen sich besonders die im Literaturverzeichnis angegebenen Anthologien von Hans-Joachim Gelberg, Rita Harenski, Heinz-Jürgen Kliewer und James Krüss.

2. Wählen Sie Gedichte aus und vergleichen Sie sie: Nehmen Sie sich eine Anthologie vor und wählen Sie ein Gedicht aus, das Sie besonders anspricht! Schreiben Sie die Gründe für Ihre Wahl auf! Überlegen Sie anschließend, ob Ihr Gedicht ein lyrischer Text im Sinne von Lamping ist, ob Sie es eher als modern oder eher als traditionell bezeichnen würden, ob Sie sich das Gedicht auch in einem adressatenunspezifischen Publikationsmedium vorstellen könnten, welche literarischen Erfahrungen es Ihrer Ansicht Kindern vermitteln könnte! Suchen Sie nun noch ein anderes Gedicht aus der Anthologie, das Ihrem zuerst ausgewählten in den genannten Punkten möglichst unähnlich ist!

Literaturtipps

Sekundärliteratur

Burdorf, Dieter: *Einführung in die Gedichtanalyse*. 2. überarb. und aktualisierte Aufl. Stuttgart; Weimar: Metzler 1997 [EA 1995].

Ewers, Hans-Heino: *Kinderlyrik im bürgerlichen Zeitalter. Ein Rückblick auf die Ära des Kindergedichts*. In: JuLit. Informationen Arbeitskreis für Jugendliteratur, 19. Jg. / 1993, H. 2, S. 32-46.

Franz, Kurt: *Kinderlyrik*. In: Lange, Günter (Hg.): Taschenbuch der Kinder- und Jugendliteratur. Baltmannsweiler: Schneider-Verlag Hohengehren 2000, S. 201-228.

Franz, Kurt; Gärtner, Hans (Hg.): *Kinderlyrik zwischen Tradition und Moderne*. Baltmannsweiler: Schneider-Verlag Hohengehren 1996.

Kliewer, Heinz-Jürgen: *Was denkt die Maus? Gesammelte Aufsätze zur Kinderlyrik*. Frankfurt am Main [u.a.]: Peter Lang 1999 (Kinder- und Jugendkultur, -literatur und -medien; 5).

Lamping, Dieter: *Das lyrische Gedicht. Definitionen zu Theorie und Geschichte der Gattung*. 3. Aufl. Göttingen: Vandenhoek & Ruprecht 2000 [EA 1989].

Link, Jürgen: *Elemente der Lyrik*. In: Brackert, Helmut; Stückrath, Jörn (Hg.): Literaturwissenschaft. Reinbek: Rowohlt 1992, S. 86-101.

Motté, Magda: *Moderne Kinderlyrik. Begriff, Geschichte, literarische Kommunikation, Bestandsaufnahme*. Frankfurt am Main [u.a.]: Peter Lang 1983.

Vahle, Fredrik: *Kinderlied. Erkundungen zu einer frühen Form der Poesie im Menschenleben*. Weinheim: Beltz 1992.

Vogdt, Ines-Bianca: *Wunderhorn und Sprachgitter. Geschichte der intentionalen Kinderlyrik seit dem 18. Jahrhundert*. München: Fink 1998.

Anthologien

Enzensberger, Hans Magnus (Hg.): *Allerleirauh. Viele schöne Kinderreime*. Frankfurt am Main: Insel 2006 [EA 1961].

Gelberg, Hans-Joachim (Hg.): *Die Stadt der Kinder. Gedichte für Kinder in 13 Bezirken mit vielen Bildern von Janosch*. Weinheim: Beltz und Gelberg 1999 [EA 1969].

Gelberg, Hans-Joachim (Hg.): *Überall und neben dir. Gedichte für Kinder in 7 Abteilungen*. Mit Bildern von Künstlern. Weinheim: Beltz und Gelberg 2001 [EA 1986].

Gelberg, Hans-Joachim (Hg.): *Großer Ozean. Gedichte für alle*. Weinheim: Beltz und Gelberg 2006 [EA 2000].

Harenski, Rita (Hg.): *Zauberwort. Die schönsten Gedichte für Kinder aus vier Jahrhunderten*. Würzburg: Arena 2004.

Kliewer, Heinz-Jürgen (Hg.): *Die Wundertüte. Alte und neue Gedichte für Kinder*. Stuttgart: Reclam 2005 [EA 1989].

Krüss, James (Hrsg.): *So viele Tage wie das Jahr hat. 365 Gedichte für Kinder und Kenner*. München: Bertelsmann 2001 [EA 1959].

Pleticha, Heinrich (Hg.): *Schöne alte Kindergedichte. Von Martin Luther bis Christian Morgenstern. Das große illustrierte Hausbuch*. Würzburg: Flechsig 2000.

Das Bilderbuch | 7

Inhaltsübersicht

7.1. Was ist ein Bilderbuch?

Selbst wenn er weder der Landessprache noch der lateinischen Schrift mächtig sein sollte, wird ein japanischer Tourist in den Buchhandlungen jedes beliebigen europäischen Landes ohne Schwierigkeiten die Kinderbuchabteilung ausmachen können: Dieser Teil des Sortiments ist stets am reichsten, am farbigsten und üblicherweise auch am gegenständlichsten illustriert. Innerhalb des ohnehin schon bilderreichen Kinderbuchsortimentes braucht unser Tourist nur noch nach auffälligen, besonders großen oder besonders kleinen Formaten bei geringem Umfang zu suchen und schon befindet er sich in der Bilderbuchecke. Doch obgleich die Beachtung dieser beiden Merkmale in der geschilderten Situation unfehlbar zum Erfolg führen wird, ist die oben stehende Frage „Was ist ein Bilderbuch?" damit noch nicht beantwortet. Stattdessen erweist sich auf der Suche nach einer geeigneten Definition ein Blick auf die Geschichte der Illustrationskunst im Kinder- und Jugendbuch als sinnvoll.

Der Beginn der intensiven Bebilderung von Büchern für junge Leserinnen und Leser fällt im deutschen Sprachraum mit der Etablierung der spezifischen Kinder- und Jugendliteratur zusammen. Als „Urahn" des Bilderbuches wird in der Sekundärliteratur gelegentlich das berühmte Anschauungswerk „Orbis sensualium pictus" von Johannes Amos Comenius (1658; vgl. Kapitel 1) bezeichnet. Diese Zuordnung ist berechtigt, wenn man unter *Bilderbuch* eine durch den hohen Anteil von Illustrationen geprägte Buchgattung versteht.

Die *Urahnen* des Bilderbuchs

Der Begriff Buchgattung zielt auf die mediale Form. Eine Buchgattung ist ein Medium, der Begriff ist nicht zu verwechseln mit dem der Literaturgattung.

Ein solches Verständnis vorausgesetzt, lässt sich die Frühgeschichte des Bilderbuches fortschreiben bis hin zu Friedrich Justin Bertuchs ausdrücklich so benanntem „Bilderbuch für Kinder" (Bd. 1, 1790 – Bd. 12, 1830), das ebenso wie der „Orbis Pictus" zur sachlich belehrenden Kinderliteratur zählt. Allerdings haben sich in den zwölf opulent ausgestatteten Bänden des Bertuchschen „Bilderbuches" die bildästhetischen Mittel von ihren lehrhaften Zwecken weithin verselbständigt. Sie bezeugen den Wandel vom Konzept eines systematischen Anschauungsunterrichts zur Orientierung an den Bedürfnissen der Adressaten nach Unterhaltung und Zerstreuung sowie die Tendenz zur Verjüngung des Adressatenalters von Bilderbüchern. Im Vorwort zum ersten Band wird die Buchgattung bereits mit großer Selbstverständlichkeit zur kulturellen Ausstattung der frühen Kindheit gerechnet:

„Ein Bilderbuch ist für eine Kinderstube ein eben so wesentliches und noch unentbehrlicheres Meuble als die Wiege, die Puppe, oder das Steckenpferd."[92]

Das Bilderbuch als Unterhaltungsmedium der frühen Kindheit

Die Entwicklung des Bilderbuches vom Unterrichtsmedium zum Spiel- und Unterhaltungsgegenstand drückt sich in einem signifikant veränderten Konzept aus. Das Bilderbuch, wie Bertuch es versteht, „muss sehr wenig und nicht gelehrten Text haben; denn das Kind liest und studiert ja sein Bilderbuch nicht, sondern will sich nur damit amüsiren"[93]. Die Gegenstände der Darstellung sollen die kindliche Neugierde wecken, die Lust am Merkwürdigen, am Sonderbaren oder am Schönen, sie sollen also möglichst fremdartig und weit entfernt von der alltäglichen Lebenswelt der Adressaten sein und unter Vermeidung sachlogischer Gesichtspunkte in möglichst abwechslungsreichen Bildfolgen arrangiert werden.

Unter den Kinderliteraten der Aufklärung ist Friedrich Justin Bertuch zweifellos der kompromissloseste Verfechter des Prinzips der adressatenspezifischen Akkommodation. Seine Sicht-

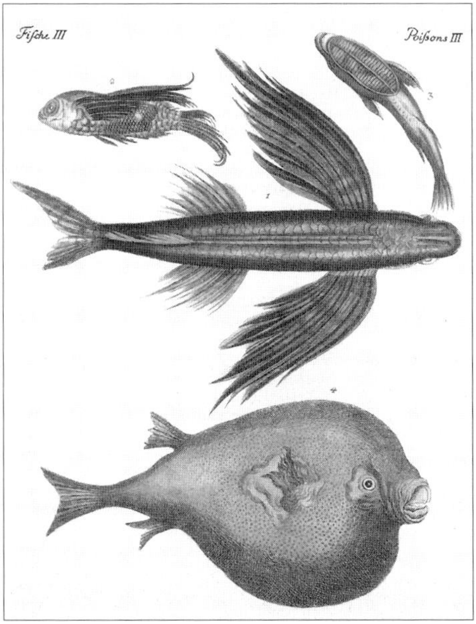

Abb. 7.1: Bertuch „Bilderbuch für Kinder“. Bd. 1 (1790), Nr. 13

weise der Unterhaltungsbedürfnisse kindlicher Bilderbuchbetrachter und die Radikalität, mit der er diesen Bedürfnissen entgegenzukommen bereit ist, weist jedoch über das 18. Jahrhundert hinaus. Das „Bilderbuch für Kinder“ setzte Qualitätsmaßstäbe in grafischer und drucktechnischer Hinsicht, es verfestigte den Platz des Bilderbuches als Requisit der bürgerlichen Kinderstube und es trug zu seinem Funktionswandel vom Lehrmedium zum Unterhaltungsmedium bei.

Obgleich im heutigen Sprachgebrauch mit *Bilderbuch* in der Regel das fiktional erzählende Bilderbuch gemeint ist und man üblicherweise präzisierend vom *Sachbilderbuch* spricht, wenn man den Non-Fiction-Bereich meint, sagt die Bezeichnung an und für sich noch nichts über den Inhalt aus.

Die Buchgattung bzw. das Medium Bilderbuch ist bestimmt durch die qualitative und quantitative Bedeutung der Illustrationen in Relation zum Verbaltext. Im Bilderbuch sind die Illustrationen selbstständige Bedeutungsträger, ihre Funktion geht über eine bloße Veranschaulichung oder Kommentierung des Verbaltextes hinaus.

Innerhalb der erzählenden Kinderliteratur des 18. und frühen 19. Jahrhunderts wurde die Illustrationskunst deutlich weniger kultiviert als innerhalb der sachlich belehrenden Kinderliteratur, die Zeit des erzählenden Bilderbuches im Sinne unserer Definition beginnt im deutschen Sprachraum erst in der zweiten Hälfte des 19. Jahrhunderts.

7.2. Erzählen in Bild und Text

verbale und piktorale Zeichen

Der Text eines Bilderbuches besitzt eine verbale und eine piktorale Zeichenebene; mit einem erzählenden Bilderbuch haben wir es dann zu tun, wenn die Handlung tatsächlich *bi-codal*, also auf beiden Ebenen dargestellt wird. Ein der Bedeutung von Comenius' „Orbis pictus" für das Sachbilderbuch entsprechender Prototyp des erzählenden Bilderbuches ist „Der Struwwelpeter" von Heinrich Hoffmann (1845). Das Buch ist nicht nur einer der bis heute erfolgreichsten Exportartikel der deutschsprachigen Kinderliteratur, dessen große Popularität sich auch daran ablesen lässt, dass es unzählige Male adaptiert und parodiert worden ist, sondern auch eines der frühesten erzählenden Bilderbücher überhaupt. Mit dem „Struwwelpeter" hat der Frankfurter Psychiater Heinrich Hoffmann eine Pionierleistung auf dem Gebiet des kinderliterarischen Erzählens in Bild und Text vollbracht und einen Klassiker des Genres geschaffen, der auch aus heutiger Sicht ein verblüffend breites Spektrum an Beispielen für dessen formale Möglichkeiten bietet.

Abb. 7.2: „Struwwelpeter". Aus: Heinrich Hoffmann: „Der Struwwelpeter". 400. Aufl. Frankfurt am Main: Literarische Anstalt Rütten & Loening 1917

„Der Struwwelpeter" besitzt keine durchgehende Handlung, vielmehr enthält das Buch[94] zehn in sich abgeschlossene kurze Erzählungen, die überwiegend dem in der zeitgenössischen Kinderliteratur verbreiteten Muster der Warn- und Abschreckgeschichte entsprechen. Die kindlichen Protagonisten übertreten ein Verbot oder ignorieren eine moralische Norm und erleiden infolgedessen ein grausames Schicksal. Der „Struwwelpeter" selbst tritt nicht als handelnde Figur einer der Geschichten auf, ihm kommt eine übergeordnete Rolle zu. In seiner ungebärdigen Wildheit, in der trotzigen Weigerung, sich Haare und Nägel zurechtstutzen zu lassen, kulminiert das allen übrigen Kinderfiguren zugeschriebene Widerstandspotenzial. Wie ein Ausstellungsstück thront die Figur auf einem Sockel, der mit bildlichen

Darstellungen von Kamm und Schere geschmückt und mit dem berühmten, dem „Struwwelpeter" gewidmeten Achtzeiler beschriftet ist. Die Seite ist in Bildsprache und Typographie typisch für das Buch. Im krassen Gegensatz zu den bis dato bestimmenden Konventionen der Bilderbuchgestaltung ist sie bestimmt durch unnaturalistische, grotesk verzerrte Proportionen und das Mittel der karikaturistischen Überzeichnung. Typisch sind auch die kräftigen, kontraststarken Farben, die Neigung, die Figuren unter Verzicht auf naturalistische Kulissen vor einen leeren weißen Hintergrund zu setzen, die den zeichnerischen Charakter der Illustrationen betonende schwarze Konturenlinie und die Integration der Schrift ins Bild. Der (verbalsprachliche) Text ist hier, wie im ganzen Buch in der Art von Knittelversen paarig gereimt und in einem alternierenden Metrum (teils Jambus, teils Trochäus) mit überwiegend stumpfer Kadenz gehalten. Die dergestalt versifizierten Erzähltexte sind in Abschnitte unterteilt, die in einigen der Texte Strophencharakter haben, in anderen lediglich der Struktur der Handlung geschuldet sind.

Bildsprache und Typographie

Knittelverse

Abb. 7.3: „Die Geschichte vom bösen Friederich" (vgl. Abb.7.2), Tafel 2

Abb. 7.4: „Die Geschichte vom Zappel-Philipp" (vgl. Abb.7.2), Tafel 2

In den einzelnen Geschichten des „Struwwelpeter" finden wir auf der Basis dieser Gemeinsamkeit eine Reihe von unterschiedlichen Varianten der Seitenaufteilung und des piktoralen Erzählens. „Die Geschichte vom bösen Friederich" etwa umfasst drei Seiten, von denen jede eine einheitliche Kulisse zeigt, in der die Figuren jedoch mehrfach agieren, wobei die im Bild dargestellten Aktionen auf der ersten Seite keiner zeitlichen Ordnung folgen, auf der zweiten Seite gibt es ein zeitliches Nacheinander, auf der dritten Seite eine Gleichzeitigkeit.

Varianten der Seitenaufteilung und des piktoralen Erzählens

Ähnliche Gestaltungsexperimente lassen sich bei der „Geschichte vom wilden Jäger" und der „Geschichte vom Hanns Guck-in-die-Luft" beobachten, während „Die Geschichte vom Zappel-Philipp" visuell in drei aufeinander folgenden monoszenischen Einzelbildern erzählt wird, die jeweils auf der oberen Seitenhälfte angeordnet sind. Der Schriftblock befindet sich darunter, abgetrennt durch ein graphisches Schmuckelement, eine Vignette. Solche Schmuckelemente und Trennlinien finden im „Struwwelpeter" vielfach und in unterschiedlichen Funktionen Verwendung: als Markierungszeichen, als Ornament, als auf den Inhalt der Geschichte bezogenes Symbol oder als Teil der Kulisse. In diesem Fall handelt es sich um eine waagerechte Linie, die links und rechts in einem symmetrisch angelegten Blatt- und Blütendekor ausläuft und wie eine Stange mit allerlei Speisen und Tafelgeschirr behängt ist. Auf Bild drei sind die Blüten verblüht und der nahrhafte Behang wurde sinnfällig durch zwei gekreuzte Ruten ersetzt. Jedes der drei Bilder zeigt vor einem leeren Hintergrund dieselbe – von Bild zu Bild allerdings dramatisch veränderte – Szenerie, das wenige Minuten umfassende Handlungskontinuum ergibt sich aus der Abfolge, nicht aus dem Inhalt der Einzelbilder. Vergleichbare Formen der Seitengestaltung waren im 19. Jahrhundert vor allem bei den Bildgeschichten verbreitet, die auf großformatigen Bilderbogen gedruckt und von fliegenden Händlern vertrieben wurden; heute sind uns derartige Arrangements von Bildfolgen auf einer Druckseite aus dem Medium Comic vertraut.

monoszenische Bildfolgen

Funktionen von Trennlinien und Vignetten

Ähnlichkeiten mit Bildgeschichte und Comic

Während das Buch auf der piktoralen Ebene und auf der Ebene der Seitengestaltung überaus variantenreich ist, ist die Erzählweise im Verbaltext relativ einheitlich. Wir haben es durchgängig mit einer am Erzählgeschehen unbeteiligten auktorialen Erzählinstanz zu tun, die sich mehrfach, eine mündliche Erzählsitua-

Abb. 7.5: „Die Geschichte vom Suppen-Kaspar“ (vgl. Abb.7.2)

tion simulierend, direkt an den fiktiven Zuhörer wendet. Die Leseranreden scheinen lediglich darauf ausgerichtet zu sein, die Aufmerksamkeit auf das geschilderte und abgebildete Geschehen zu lenken: „Sieh einmal, hier steht er“, „Und höre nur, wie bös er war“, „Grad wie ihr's auf dem Bilde schaut“.

Überhaupt ist die Erzählerrede von einem deiktischen (zeigenden) Gestus getragen und, der Flächenhaftigkeit der Figurenkonzeption entsprechend, auf die Außensicht beschränkt. Die Handlung beginnt teilweise situativ, mit einem in-medias-res-Einstieg, teilweise mit einer kleinen Exposition, in der das jeweilige Laster der Figur charakterisiert und ihr Sündenkonto präsentiert wird. Soweit dies der Fall ist – wie in den Geschichten vom bösen Friederich und vom Hanns Guck-in-die-Luft – wird der Inhalt der Exposition auch im Bild dargestellt. Der Inhalt der Erzählerrede des Verbaltextes geht also kaum über die Wiedergabe der (meist auch im Bild sichtbaren) äußeren Handlung hinaus. Wertungen werden mittels entsprechender Adjektive vorgenommen („der bitterböse Friederich“, „die armen Eltern“, „Die Suppe aß er hübsch bei Tisch“, etc.) und nicht in Form moralisierender Kommentare. Zudem kommt im Verbaltext relativ viel wörtliche Rede vor, d.h. die Erzählung des Verbaltextes findet weithin in einem dramatischen Modus statt. Dieser strukturellen Ähnlichkeit zwischen der piktoralen und der verbalen Ebene der Erzählung entspricht eine weitgehende inhaltliche Redundanz: Die Inhalte scheinen sich wechselseitig zu verdoppeln.

Erzählen im dramatischen Modus

Verdoppelung als Ironiesignal

Diese Verdoppelung bewirkt aber keineswegs eine Bekräftigung der manifesten Botschaft der Warn- und Abschreckgeschichten sondern sie fungiert als Ironiesignal. Die Knittelverse mit ihren Tonbeugungen und holprigen Inversionen in Verbindung mit dem deiktischen Redegestus, dem verbalen Ausmalen der Bildinhalte entsprechen dem Stil des Bänkelsangs, dessen zwischen Grauen und Komik changierende Atmosphäre auch die Bilder vermitteln.

Mit einem Blick lässt sich der unerbittliche Verlauf der „Geschichte vom Suppen-Kaspar" übersehen, vom wütenden Aufbegehren des feisten Knaben über die verschiedenen Stadien seiner Auszehrung, die die widerspenstige Pose immer kläglicher erscheinen lassen, bis zu der in Profilansicht sichtbar werdenden völligen Hinfälligkeit an der Schwelle des Hungertodes, der im letzten Bild bereits eingetreten ist. Die absonderliche Starrheit der Figur und die scheinbare Unbeholfenheit ihrer zeichnerischen Ausführung wirken moritatenhaft, ebenso wie die Stereotypie der Bildfolge, die mit Efeuranken verzierten Trennlinien und die bizarre Urne in Suppenterrinenform. Die Verdoppelung der Inhalte von Text und Bild ist also nur ein weiterer Akt der parodistischen Überzeichnung in diesem von groteskem Humor förmlich überbordenden Bilderbuch.

Modernität des „Struwwelpeter"

Vor dem Hintergrund des heute vorhandenen Formenspektrums des Erzählens im Bilderbuch verdient jedoch die piktorale Ebene im „Struwwelpeter" die größte Beachtung. Insbesondere die in dem Buch vorfindbaren verschiedenen Formen der Seitengestaltung, der Zuordnung von Schrift und Bild, des Erzählens in Bildfolgen und auf der Ebene des Einzelbildes, der Perspektivierung auf der Bildebene und der Verwendung von piktoralen Markierungszeichen und grafischen Schmuckelementen in unterschiedlichen Funktionen erscheinen erstaunlich modern.

neue Erzählformen

Das Verhältnis des verbalen zum piktoralen Erzähltext stellt sich in heutigen Bilderbüchern allerdings vielfach komplexer dar als beim „Struwwelpeter". Oft erzählen Bild und Verbaltext unterschiedliche oder sogar widerstreitende Versionen einer Geschichte, auf der Bildebene erscheinen Handlungsstränge, die der Verbaltext gar nicht vorsieht, Teile der Geschichte werden vielleicht nur auf einer der beiden Ebenen erzählt, oder es gibt Brüche oder Unterschiede hinsichtlich der Zeitstruktur.

Diese neuen Erzählformen im Bilderbuch werden im vierten Abschnitt dieses Kapitels behandelt.

7.3. Das Bilderbuch zwischen Kinderkultur und allgemeiner Kultur

Das Bilderbuch ist seit seinen Anfängen ein kinderliteraturspezifisches Publikationsmedium. Parallel zu der Entwicklung des

Die kommunikative Funktion des Bilderbuches

Bilderbuches vom Lehrmedium zum Unterhaltungsmedium verjüngt sich das Alter der Adressaten. Die unmittelbaren Adressaten von Bilderbüchern sind von der Mitte des 19. Jahrhunderts bis heute vorzugsweise Kinder, die die formale Lesekompetenz noch nicht erworben haben. Bilderbücher sind einerseits zur gemeinsamen Rezeption von Kindern und Erwachsenen bestimmt – insbesondere erzählende Bilderbücher liest man Kindern üblicherweise vor –, andererseits können Kinder die Bücher auch ohne die Hilfe von Erwachsenen betrachten und anhand der Bilder die Geschichte erschließen oder reproduzieren. In weitaus größerem Maße als längere Erzählungen und Romane in der Kinder- und Jugendliteratur und ähnlich wie Kinderlieder und -reime sind Bilderbücher überdies zur wiederholten Rezeption bestimmt.

Erfolgreiche Bilderbücher besitzen ein reiches synästhetisches Erfahrungspotenzial, das sich auch beim mehrmaligen Betrachten nicht abnutzt. Die besondere kommunikative Funktion von Bilderbüchern eröffnet besondere Spielräume für komplexe, mehrschichtige und unterschiedliche Lektüren zulassende Textstrukturen.

Asymmetrische Kommunikation und Doppelsinigkeit

Kinder sind im Regelfall keine selbständigen Teilnehmer am literarischen Kommunikationsprozess. Zwischen dem Autor eines Kinderbuches und seinen jungen Lesern stehen die (professionellen und privaten) erwachsenen Vermittler. Insofern ist die Kommunikationssituation innerhalb der Kinder- und Jugendliteratur asymmetrisch. Jedes intentionale Kinder- oder Jugendbuch besitzt neben seinem primären Adressaten noch einen sekundären, erwachsenen Adressaten. So sollte das Kinderbuch „Robinson der Jüngere“ von Joachim Heinrich Campe seinen sekundären Lesern als eine Art Ratgeber bei der Umsetzung aufklärerischer Erziehungsnormen dienen (vgl. Kapitel 1).

Seit der Kinderliteratur der Romantik kommt es auch vor, dass die erwachsenen Mitleser nicht (oder: nicht ausschließlich) in ihrer Eigenschaft als Pädagogen, sondern (auch) als literarisch versierte Leser mit eigenen, nicht nur aus ihrer Vermittlerrolle hervorgehenden Lektüreinteressen angesprochen werden. Solche Kinderbücher, die eine dem kindlich naiven Leser verborgene Sinnschicht besitzen, nennt man *doppelsinnig*.

Vermutlich sind im Bereich des Bilderbuches Phänomene kinderliterarischen Doppelsinns deshalb besonders verbreitet, weil die erwachsenen Vermittler hier besonders stark involviert sind, nicht nur durch die Auswahl der Bücher, sondern auch durch ihre unmittelbare Beteiligung am Rezeptionsakt. Eine besonders üppig sprudelnde Quelle zeitkritisch-satirischen „Doppelsinns" ist der hier schon eingehend behandelte „Struwwelpeter". Während der heutige Leser eingestandenermaßen eines profunden historischen Wissens bedarf, um diesen Aspekt des bekannten Bilderbuches überhaupt wahrzunehmen, blieben die politischen Anspielungen, mit denen der engagierte Vorkämpfer der 1848er Revolution seine „lustige(n) Geschichten und drollige(n) Bilder für Kinder von 3 bis 6 Jahren" versetzt hat, den Zeitgenossen Heinrich Hoffmanns kaum verborgen. Diese konnten beispielsweise im „Zappel-Philipp" den Bürgerkönig Louis Philippe auf seinem wackelnden Thron, im „bösen Friederich" Friedrich Wilhelm von Preußen und im „großen Nikolas" den russischen Zaren, der die Einmischungsversuche Preußens, Frankreichs und Siziliens in die orientalische Frage abwehrt, erkennen und in der Titelfigur eine satirische Verkörperung des 1848er Revolutionärs Gustav von Struve.

Doppelsinn im „Struwwelpeter"

In fast allen Perioden seiner Entwicklung bezog das Bilderbuch wichtige Impulse aus der zeitgenössischen (altersunspezifischen) Kultur. Im 19. Jahrhundert erwuchsen ihm derartige Impulse aus der populären Druckgrafik, aus Bildgeschichte, Bilderbogen und Karikatur. Im frühen 20. Jahrhundert wirkten insbesondere diejenigen Strömungen der künstlerischen Moderne auf die Formensprache des Bilderbuches ein, deren Vertreter sich eine Veränderung des gesellschaftlichen Alltags auf die Fahnen geschrieben hatten. Besonders nachhaltig war der Einfluss des Jugendstils, aber auch Dadaismus, Kubismus, Konstruktivismus, Expressionismus und Neue Sachlichkeit sowie nach 1945

Einflüsse aus der allgemeinen Kultur

Bildende Kunst

zum Beispiel die abstrakte Kunst (Abb. 7.6) und die Pop-Art hinterließen ihre Spuren.

gesellschaftlich relevante Themen

Das Bilderbuch erwies sich im Laufe seiner Geschichte wiederholt als offen für thematische Innovationen. So gelangte um die Wende von 19. zum 20. Jahrhundert die Großstadt als Lebenswelt von Kindern im Bilderbuch zur Darstellung und Bilderbücher thematisierten die soziale Ungleichheit und die traumatische Erfahrung des Ersten Weltkrieges. Das Bilderbuch der Gegenwart spart ernste und schwierige Themen wie Gewalt im kindlichen Erfahrungshorizont, Nationalsozialismus und Holocaust oder den Tod ebenso wenig aus wie die Darstellung existenzieller Angst, Trauer oder Einsamkeit.

allgemeine Literatur

Vielfach gelangten im Medium des Bilderbuches anspruchsvolle Texte aus der allgemeinen Literatur in die Kinderliteratur. Bilderbuchadaptionen, insbesondere von Gedichten und Kurzprosa, legen verborgene Sinnschichten dieser Texte frei und tragen möglicherweise langfristig zu einer Veränderung des kinderliterarischen Formenrepertoires und zur Durchlässigkeit der Grenzen von Kinderliteratur und allgemeiner Literatur bei.

Schließlich dokumentiert das Bilderbuch der letzten 10-20 Jahre wie kaum ein anderer Bereich der Kinderliteratur die Veränderungen der visuellen, literarischen und medialen Wahrnehmungsformen in diesem Zeitraum. In zunehmendem Umfang finden narrative Verfahren aus den audiovisuellen Medien, aber auch andere Versatzstücke aus der medial produzierten Welt, Eingang in das Bilderbuch. Illustratoren experimentieren mit den Möglichkeiten des digitalen Bildentwurfs oder mit Collagetechniken verschiedener Art. Es entstehen immer komplexere und widerspruchsvollere Varianten des Verhältnisses von verbaler und piktoraler Zeichenebene und es kommt zu einer nahezu explosionsartigen Entfaltung der Praxis des intertextuellen Spiels. Die dargestellte Welt in solchen Bilderbüchern verweist nicht auf eine außerhalb des Textes be- und feststehende Wirklichkeit, sondern auf einen unendlichen Kosmos kultureller Zeichen.

Abb. 7.6: Leo Lionni: „Das kleine Blau und das kleine Gelb" (1962)

Konservatismus und Kindertümelei

Von den Anfängen der Geschichte des Bilderbuchs bis zur Gegenwart lassen sich also zahlreiche und gewichtige Beispiele finden, die die Offenheit des Mediums für jeweils aktuelle ästhetische, kulturelle und gesellschaftliche Tendenzen belegen. Dennoch haftet dem Bilderbuch auch ein enormer Konservatismus an und ein Bestreben zur Bewahrung einer nach außen hin hermetisch abgeschotteten kinderkulturellen Eigenwelt. So war zum Beispiel das frühe 20. Jahrhundert nicht nur eine Periode intensiver Berührungen zwischen Bilderbuch und künstlerischer Moderne, in dieser Zeit entstanden auch die idyllischen, von anthropomorphisierten (vermenschlichten) Pflanzen und Tieren bevölkerten Bilderwelten Else Wenz-Viëtors und Fritz Baumgartens Wichtel-Universen (Abb. 7.7). Die Bilderbücher von Else Wenz-Viëtor und Fritz Baumgarten erreichten ein Millionenpublikum, einige davon sind bis heute lieferbar, ebenso wie die „Häschen-Schule" von Fritz Koch-Gotha und Albert Sixtus (1924), „Hänschen im Blaubeerwald" von Elsa Beskow (EA 1920, schwed. 1901) oder „Etwas von den Wurzelkindern" von Sybille von Olfers (1906). All diese Bilderbücher sind hinsichtlich ihrer Erzählweise sehr einfach. Es überwiegt das Modell der monoszenischen Bildfolge, die piktorale Erzählebene verhält sich zu dem meist gereimten und auktorial erzählten Verbaltext redundant, wir haben es mit durch und durch harmonisch-freundlichen Handlungskosmen zu tun und mit Figuren, denen jegliches subversive Potenzial abgeht.

Abb. 7.7: Fritz Baumgarten: „Sommerfest im Märchenwald" (1955; Vorläufer: „Sommerfest im Walde" 1925)

Verklärung des Erfahrungshorizontes von Kindheit und Familie

Diese Bilderbücher sind „kindertümlich", sie entsprechen einer sehr schlichten und konservativen Vorstellung von Kindgemäßheit und dem Bedürfnis nach einer gefälligen Stilisierung und Verklärung des Erfahrungshorizontes von Kindheit und Familie. Paradoxerweise öffnet die besondere kommunikative Funktion des Bilderbuches nicht nur Spielräume für kinderliterarischen Doppelsinn und sorgt für Durchlässigkeit zur allgemeinen Kultur, sondern sie bildet zugleich eine Bedingung für diese regressiven Funktionen. Schließlich möchten die erwachsenen Vermittler und sekundären Adressaten beim Vorlesen und gemeinsamen Betrachten von Bilderbüchern nicht nur intelligent unterhalten werden; dieser Vorgang bildet überdies ein Ritual familiärer Innerlichkeit, das von nostalgischen Reminiszenzen an die eigene Kindheit begleitet und von dem Wunsch getragen ist, deren Substrate an die nachfolgenden Generationen weiterzugeben.

Diese Bedürfnislage erklärt den Erfolg der o.g. Illustratoren und Titel, ihre anhaltende Präsenz im literarischen Angebot und auch ihre nachhaltige Wirkung auf Inhalte, Struktur und Bildsprache. Auch das putzig anthropomorphe Bestiarium von Janosch (d.i. Horst Eckert) fügt sich in diese Tradition. Der kleine Tiger und der kleine Bär leben in einer ebenso idyllischen Welt wie die sattsam bekannten Waldwichtel und Wurzelkinder, mit dem Unterschied, dass diese Welt weniger von emsiger Betriebsamkeit beherrscht wird als von phlegmatischer Behaglichkeit und dass das Idyll verschiedentlich ironisch-doppelsinnige Brechungen aufweist.

Abb. 7.8: Janosch: „Komm, wir finden einen Schatz". Weinheim: Beltz 1979, S. 45

7.4. Neue Erzählformen und Öffnung von Adressatenkonzepten

Formen- und Funktionswandel

Hinsichtlich der Entwicklung der epischen Großformen der deutschsprachigen Kinder- und Jugendliteratur markieren die Jahre um 1970 eine bedeutende Zäsur. Korrespondierend mit dem in dieser Zeit einsetzenden Wandel der Vorstellungen und auch der gesellschaftlich praktizierten Modelle von Kindheit und Jugend verändern sich die Inhalte und Formen des Kinder- und des Jugendromans. Es kommt einerseits zu einer Enttabuisierung bisher ausgesparter Themenbereiche und zur Entstehung des Textverwendungstyps „problemorientierte Kinder- und Jugendliteratur" und andererseits zur Abkehr von idealtypischen Figurenkonzepten und Handlungsmustern. Die Protagonisten gewinnen an psychologischer Tiefe und Differenziertheit und infolge der Adaption der Erzählformen des modernen Romans verringert sich die Distanz zur allgemeinen Literatur.

Für diese Entwicklungen lassen sich im Bereich des Bilderbuches durchaus Parallelen finden: Es gibt eine große Zahl problemorientierter Bilderbücher und auch eine Reihe von Beispielen für die Exploration psychischer Innenwelten. Dennoch ähnelt die Geschichte des Bilderbuches in ihrem Verlauf eher derjenigen der Kinderlyrik bzw. des Kindergedichtes als derjenigen des Kinder- bzw. Jugendromans: Einerseits sind die entscheidenden Innovationsschübe bereits lange vor 1970 zu verzeichnen, andererseits bleiben Bilderbuch und Kindergedicht unbenommen von diesen Innovationsschüben in ihrer Ausrichtung weithin traditionell, so dass sich – anders als beim Kinder- und Jugendroman – weniger von Traditionsbrüchen sprechen lässt, als von einem Nebeneinander traditioneller und moderner Formen, Inhalte und Funktionen (vgl. Kapitel 6).

Postmoderne

Doch auch in der Geschichte des Bilderbuches seit 1945 gibt es eine deutlich wahrnehmbare Zäsur. Diese wird jedoch erst um die Mitte der 80er Jahre sichtbar und lässt sich weniger mit dem Begriff der Moderne in Verbindung bringen als mit demjenigen der Postmoderne.

Der Begriff „Postmoderne" wird hier in rein deskriptiver Absicht zur Kennzeichnung einer Reihe gesellschaftlich-kultureller Phänomene, philosophischer und kulturwissenschaftlicher Theorien und ästhetischer Verfahren bezeichnet, die dem Konzept der Moderne entgegenstehen. Dazu zählen der Verfall gesellschaftlicher Utopien und der Verlust verbindlicher Orientierungs- und Wertsysteme, die Vorstellung von der Wirklichkeit als einem kulturellen Konstrukt, die Diversifizierung der Lebensstile und Lebensläufe, die Nivellierung der Kluft zwischen populärer Kultur und Hochkultur, die Verabschiedung der Normen Geschichtsfortschritt und künstlerische Innovation, die Auflösung der Kategorien Autor und Werk, der spielerische Rekurs auf die Vergangenheit und eine exzessive Praxis des Zitierens.

In seinem 2000 erschienenen Grundlagenwerk „Das Bilderbuch. Ästhetik. Theorie. Analyse. Didaktik. Rezeption" verwendet der Kunst- und Medienwissenschaftler Jens Thiele zur Charakterisierung der hier in Rede stehenden Prozesse den Begriff der „Entgrenzung“ (S. 203): Mit der Entstehung neuartiger Hybridgebilde zwischen Sachbilderbuch und fiktionalem Bilderbuch und zwischen Bilderbuch und illustriertem Buch manifestiert sich eine Auflösung von Genregrenzen und von Gepflogenheiten der Buchgestaltung. Auch die in didaktischer Perspektive besonders interessante Auflösung überkommener Adressatenkonzepte ist nach Thiele ein Phänomen der Ent-Grenzung. Als primäre Adressaten von Bilderbüchern werden nun in zunehmendem Umfang auch Angehörige von Altersgruppen jenseits des Vorschulbereiches und in einigen Fällen auch Erwachsene in Betracht gezogen.

Schließlich verändern sich auch die Wahrnehmungskontexte und Rezeptionskompetenzen der Rezipienten im klassischen Bilderbuchalter. Der Illustrator Wolf Erlbruch charakterisierte die den Veränderungen der sichtbaren Welt entsprechende kindliche Wahrnehmungsstrategie mit dem Begriff des „vernetzten Denkens“[95]. Mit dem Wandel der Vorstellungen von der mentalen Disposition kindlicher Bilderbuchrezipienten verändern sich die Praktiken der adressatenspezifischen Akkommodation und die textimmanenten Adressatenentwürfe einiger Bilderbücher für Kinder in einer Weise, die mit dem Begriff des „doppelsinnigen Kinderbuches“ nur unzureichend charakterisiert werden kann. Dieser Begriff suggeriert nämlich das Vorhandensein von zwei Sinnschichten, die zwei distinkte Lesarten ermöglichen: eine kindlich-naive und eine literarisch versierte. Das Sinnangebot eines postmodern „ent-grenzten“ Bilderbuches ist hingegen prinzipiell offen und bietet seinen Betrachtern eine Vielzahl von Lektüreoptionen, deren Realisierungsmöglichkeiten nicht in erster Linie von altersspezifischen Kompetenzen bestimmt sind, sondern zunächst einmal die Fähigkeit und Bereitschaft voraussetzen, sich auf das vom Text offerierte Spiel der Assoziationen einzulassen.

Offenheit der Adressatenentwürfe und der Sinnangebote

Es gibt eine ganze Reihe hochinteressanter (verbal-)textloser postmoderner Bilderbücher, zum Beispiel „Zoom“ (1995) und „Re-Zoom“ (1996, OA 1995) von Istvan Banyai oder „Unsichtbar“ (2002) von Katja Kamm sowie Bilderbücher mit Verbaltext, die jedoch keinen narrativen Inhalt haben (zum Beispiel „Wo ist denn Julius?“ (1987, OA 1986) von John Burningham).

Beim folgenden Beispiel ist beides vorhanden: der Verbaltext und der narrative Inhalt. Die Erzählung „Nachts" von Wolf Erlbruch ist jedoch genau genommen nicht nur auf zwei, sondern auf drei Ebenen angesiedelt. Der Verbaltext setzt ein mit einer weiß auf schwarz in die Mitte der ersten (linken) Bildseite hineingesetzten Er-Erzählung:

„Fons ist hellwach.
‚Ich will in die Nacht', denkt er.
Aber allein traut er sich nicht.
Papa muss mit.
Aber Papa ist sehr verschlafen."

Nach dieser noch ziemlich konventionell erscheinenden Exposition endet die Er-Erzählung und der Vater erhält das Wort. Die Figurenrede des Vaters zieht sich schwarz auf weiß in einzeiligen, jeweils am unteren Seitenrand stehenden Schriftblöcken über sämtliche zwölf Doppelseiten des kleinformatigen (17,5 x 15 cm) Bilderbuches:

„Was willst du / in der Nacht? Nachts wird geschlafen! // Die Hasen schlafen, der Gemüsemann schläft, / die Frösche schlafen, der Storch schläft // zum Glück auch. Alle deine Freunde schlafen, / und ich würde auch lieber weiterschlafen. // Oma und Opa schlafen bestimmt schon lange. / Es ist dunkel, man sieht die Hand vor Augen nicht. //Selbst die Apotheke ist geschlossen, soviel ich / weiß. Es ist überhaupt nichts los in der Nacht. // Sogar die Fliegen schlafen lieber, / weil sie sich im Dunkeln so leicht verfliegen. // Die Indianer schlafen. Die Cowboys also auch. // Die Bären schlafen sogar Tag und Nacht. // Zumindest im Winter. / Ja, natürlich, die Fledermäuse sind unterwegs. // Aber hier bei uns gibt es gar keine, glaube ich. / Onkel Willi schläft, und Tante Ria. // Und der Müllmann. Und Frau von Asten. Na ja, / die nicht – die strickt bestimmt wieder Socken. // Aber alle anderen schlafen. // Es ist einfach nur dunkel. // Sonst nichts."

Verbaltext ohne narrativen Inhalt

Den Inhalt dieses langen Monologes kann man eigentlich nicht als narrativ bezeichnen. Weder werden durchgehende Figuren benannt, noch gibt es eine Handlung. Schließlich verfolgt der Vater mit seiner Litanei einen ziemlich durchsichtigen Zweck: Er möchte glauben machen, dass in der Nacht absolut nichts oder zumindest nichts Wesentliches geschieht, dass alles in tiefen Schlaf versunken und der Wunsch des Sohnes vollkommen absurd ist. Die Monotonie der Aufzählung drückt des Vaters Schläfrigkeit aus und sein Bestreben, auch den nachtaktiven Sohn zur Ruhe zu bringen. Durch die Unterbrechungen in der Mitte der Doppelseite (/) und beim Umblättern (//) entsteht eine Art Versstruktur; man könnte sich auch vorstellen, dass der Vater immer wieder von seiner Müdigkeit übermannt wird und sich dann schließlich doch zur Fortsetzung des einschläfernden Sermons aufrafft.

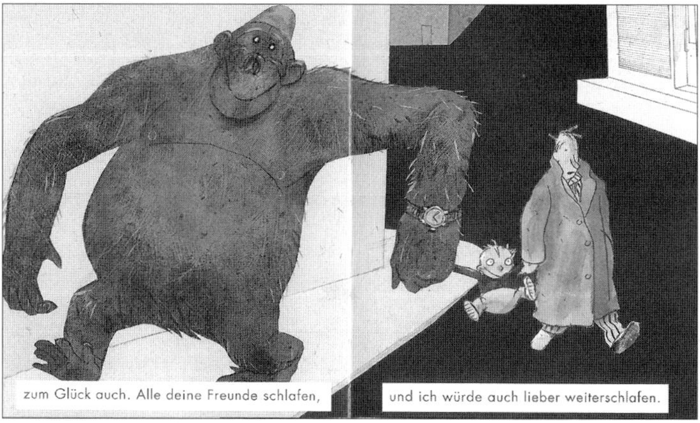

Abb. 7.9: Wolf Erlbruch: „Nachts". Wuppertal: Peter Hammer 1999, Bl. 5f.

Im piktoralen Text wird uns eine ganz andere Geschichte erzählt. Wir sehen den hellwachen Sohn mit stets weit aufgerissenen kreisrunden Augen an der Hand seines Vaters durch eine von allerlei phantastischen Gestalten bevölkerte nächtliche Stadt spazieren: Eine rote geflügelte Micky Maus gleitet über das Häusermeer dahin, ein auf seinen Schwanzflossen balancierender Fisch schiebt ein Wägelchen mit einer einzigen überdimensional großen Erdbeere vor sich her, ein riesenhafter Dackel hat sich über einen Abgrund gelegt, so dass das ungleiche Paar seinen Rücken als Brücke benutzen kann, der Junge reitet auf einem Eisbären oder er überlässt seine zweite Hand einem freundlichen Gorilla, während der Vater völlig unbeeindruckt und gesenkten Blickes neben ihm hertrottet. Offensichtlich haben wir es hier mit der auf der visuellen Ebene wiedergegebenen subjektiven Sicht des Sohnes zu tun. Und dessen Träume sind erkennbar nicht aus einem einzigen Stoff gefertigt, sondern aus vielen. Der Gorilla erinnert gleichermaßen an King Kong, an manche Selbstporträts Wolf Erlbruchs und an einen britischen Illustrator, dessen Werk die Postmoderne des deutschsprachigen Bilderbuches sehr stark beeinflusst hat (Anthony Browne). Neben Gorilla und Micky Maus begegnen wir Alice im Wunderland, die durch einen vom weißen Kaninchen gehaltenen Reifen schwebt, sowie vielen stilistischen Anklängen an die surrealistische Malerei.

Bilderzählung in Figurenperspektive

Intertextualität

Abb. 7.10: „Nachts", Bl. 19f.

Auf der bildnerischen Ebene setzt sich dieses Prinzip der scheinbar willkürlichen Kombination aus ihrem Zusammenhang gerissener Elemente in der Collage-Technik fort, die Erlbruch hier, wie in den meisten seiner Bilderbücher, verwendet. Figuren und Gegenstände werden aus verschiedenen Papiermaterialien ausgeschnitten und auf einen teilweise gezeichneten Bildhintergrund aufgebracht. Dafür benutzt Erlbruch zum Teil mit Logarithmenformeln beschriebenes oder mit kartographischen Zeichnungen bedecktes Papier. Zum Teil werden die Figuren vor dem Ausschneiden in verschiedenen zeichnerischen oder malerischen Techniken ausgeführt. Die Hintergründe der jeweils eine Doppelseite einnehmenden Einzelbilder sind äußerst sparsam, es dominiert die Farbe Schwarz ge-

Collagetechnik

Farbgebung

paart mit verschiedenen Grau-, Blau- und Gelbtönen. Auch die Figuren des Vaters und des Sohnes fügen sich farblich in diese Kulisse ein. Infolge der zeichnerischen Ausführung, der Collagetechnik und der zurückhaltenden Farbgebung besitzen diese Figuren kaum eine räumliche Wirkung. Im Gegensatz dazu sind die phantastischen Figuren nicht nur überdimensional groß und vielfach in kräftigen, leuchtenden Farben gehalten, sie haben auch eine viel stärkere räumliche Wirkung als die Figuren von Vater und Sohn. Bei einigen der gemalten Objekte erwecken der pastose Farbauftrag und die glänzende Oberfläche den Eindruck als wüchsen sie über die zweidimensionale Welt des Bilderbuches hinaus.

zwei Ebenen

Die im Widerspruch zum Inhalt der Figurenrede des Vaters stehende Bilderzählung ist also zudem noch in sich gebrochen in eine eher flächenhaft und blass wirkende Ebene, die der Wirklichkeitsauffassung des Vaters nahe kommt und eine zweite phantastische Ebene, die dem Vater nicht zugänglich ist. Das letzte Bild zeigt wieder das väterliche Schlafgemach. Der Vater ist am Ende seines Monologes angekommen und im Begriff, seine unterbrochene Nachtruhe fortzusetzen. Das zwischen der ersten und der letzen Doppelseite liegende visuelle Geschehen hat er offensichtlich nicht miterlebt, aus seiner Sicht hat es sich nur in der Phantasie des Sohnes abgespielt. Der scheint mit dem nächtlichen Ausflug zufrieden, hält er doch als Beweis für die Realität des Erlebten noch immer den kleinen rot-weiß gemusterten Ball in den Händen, den die schwebende Alice ihm unterwegs zugeworfen hat.

Abb. 7.11: „Nachts" (1999), Bl. 23f.

Der Referenztext, dessen Originalillustrationen Erlbruch in seinem Bilderbuch zitiert hat („Alice im Wunderland"), ist ein Klassiker der phantastischen Kinderliteratur und der Titel „Nachts" lässt an die Rede von den „Nachtseiten" der Naturwissenschaft, der menschlichen Existenz oder der Rationalität denken, die sich seit E.T.A. Hoffmann mit dem Diskurs über die phantastische Erzählung verbindet. Die Zweidimensionalität der erzählten Welt und die Unschlüssigkeit über den Charakter der im Text thematisierten übernatürlichen Ereignisse sprechen dafür, dieses Bilderbuch überhaupt als eine phantastische Erzählung zu interpretieren. Das Motiv der phantastischen Traumreise mit dem Erscheinen eines Gegenstandes aus der Traumwelt in der alltäglichen Welt ist in der Kinderliteratur weit verbreitet.

phantastische Erzählung (vgl. Kapitel 4)

In „Nachts" wird jedoch nur scheinbar eine Traumreise erzählt, schließlich ist der kindliche Protagonist, dessen Sicht die Erzählung auf der piktoralen Ebene wiedergibt, in allen Phasen der Handlung „hellwach", während der Vater schlafwandlerisch und sinnlos schwätzend durch eine von Bild zu Bild plastischer und dynamischer wirkende magische Welt stapft, deren Wirklichkeit er in seiner rationalistischen Verblendung nicht wahrnehmen kann. Die Zweidimensionalität der erzählten Welt drückt sich hier nicht in der Struktur der Handlung und des Raumes aus, die magische Welt liegt nicht in einem Wunderland hinter den Spiegeln. Vielmehr bildet die Magie einen Aspekt der erzählten Welt, den man entsprechend der postmodernen Auffassung der Wirklichkeit als Konstrukt entweder, wie der Sohn, wahrnehmen oder, wie der Vater, ignorieren kann. Somit liegt die Zweidimensionalität auf der Ebene der Darstellung, denn sie findet allein in der erzählerischen Vermittlung dieser beiden konträren Sichtweisen ihren Ausdruck.

Wirklichkeit als Konstrukt

Zweidimensionalität auf der Ebene der Darstellung (nicht der Handlung

Die Besonderheit des Bilderbuchs „Nachts" besteht darin, dass seine Handlung fast ausschließlich auf der piktoralen Ebene wiedergegeben wird und zwar aus der subjektiven Erlebnisperspektive einer von der Möglichkeit des Wunderbaren überzeugten Kinderfigur.

telling und *showing*

Die Erzähltheorie unterscheidet zwischen einem *narrativen* (berichtenden, diegetischen) Darstellungsmodus, dem *telling* und einem *dramatischen* (szenischen, dialogischen, mimetischen) Darstellungsmodus, dem *showing*. Mit Blick auf das Bilderbuch liegt es nahe, die piktorale Ebene dem *showing* und die verbale Ebene dem *telling* zuzuordnen. Das ist eine Grundannahme in einem der derzeit bedeutendsten Werke der internationalen Bilderbuchforschung („How picturebooks work“ von Maria Nikolajeva und Carole Scott):

„The picture, the visual text is mimetic; it communicates by showing. The verbal text is diegetic; it communicates by telling.“[96]

In „Nachts“ geben die Bilder nicht einfach *unvermittelt* die sichtbare Handlung wieder, sondern sie zeigen die Handlung aus der Sicht einer daran beteiligten Figur. Mithin findet die piktorale Erzählung auch im Modus des *telling* und nicht nur im Modus des *showing* statt. Dagegen entspricht der Verbaltext lediglich zu Beginn dem Modus des *telling*, nämlich in der kurzen Exposition in Form einer Er-Erzählung. Im überwiegenden Teil des Buches entspricht der Verbaltext dem „dramatischen“ Modus, beschränkt er sich doch auf die Figurenrede des Vaters.

Entgrenzungen

Entsprechend der bekannten postmodernen Formel „anything goes“ wird hier die Zeichensprache des erzählenden Bilderbuches spielerisch-experimentell dekonstruiert. Dabei kommt es wiederholt zu „Entgrenzungen“: Die Collage-Technik öffnet die Grenze vom künstlerischen Produkt zum Prozess seiner Erzeugung, die Intertextualität öffnet die Grenze des Werkes, die Perspektivierung öffnet die Grenze des Wirklichkeitsbegriffes und alles zusammen öffnet Grenzen des Erzählens in Bildern.

7.5. Bilderbuch und literarische Sozialisation

Als Standardrequisiten moderner bürgerlicher Kindheit erfüllen Bilderbücher eine ganze Reihe bedeutender Bildungsaufgaben: Bilderbücher dienten zu allen Zeiten der moralischen Erziehung. In den explizit formulierten didaktischen Konzepten, die dazu beitrugen, dass sich diese Buchgattung innerhalb der Kinderliteratur überhaupt etablierte, stand, wie wir gesehen haben, zunächst die Vermittlung von Sachwissen im Vordergrund. Darüber hinaus wurden bereits zu einem sehr frühen Zeitpunkt genuin kunsterzieherische Ziele mit dem Bilderbuch verknüpft (von Friedrich Justin Bertuch).

Im Laufe der historischen Entwicklung geraten die teilweise programmatisch festgeschrieben, teilweise manifest in den Texten zu Tage tretenden sachlichen und moralischen Bildungsziele zunehmend in den Hintergrund gegenüber Sozialisationsfunktionen, die den pädagogischen Sachwaltern des Bilderbuches zunächst gar nicht der Erwähnung wert schienen.

Bildungsziele und Sozialisationsfunktionen

Bilderbücher vermitteln Kindern bereits Jahre vor dem Schriftspracherwerb Erfahrungen mit dem Medium Buch. In der Vorlesesituation und beim gemeinsamen Betrachten der Bilderbücher mit Eltern und anderen „Bezugspersonen" entwickeln Kinder ihre mündliche Sprachkompetenz und ein Bewusstsein für die Schrift als Bedeutungsträger. Schließlich vermitteln Bilderbücher elementare Erfahrungen sowohl im Umgang mit ikonischen Zeichen als auch im Umgang mit Literatur. Seit dem frühen 20. Jahrhundert gibt es Bilderbücher für das frühe Kleinkindalter. Die Ausweitung dieses Angebots, die Ausdifferenzierung entsprechender Gestaltungskonzepte und die Verwendung immer neuer und zunehmend unverwüstlicher Materialien bis hin zur Produktion von Erzeugnissen, die nur noch entfernt an Bücher erinnern, belegen die zunehmende Pädagogisierung der frühen Kindheit und die zunehmende Hochschätzung des Mediums Buch gleichermaßen. Zum Erfahrungspotenzial dieser Kleinkind-Bilderbücher – gleichgültig ob sie aus unzerreißbarer Pappe, beißresistentem Kunststoff, aus Stoff oder aus Holz gefertigt sind – gehört aber nicht nur ihre zumindest Buch-ähnliche mediale Form, sondern auch ihr Inhalt: Bilder, die vielfach pro Seite nur einen Gegenstand oder eine leicht überschaubare Situation zeigen. Diese müssen als Abbilder, als ikonische Zeichen zunächst einmal erkannt und ihren Signifikaten aus der materiellen Erfahrungswelt der Kinder oder vergleichbaren Signifikanten aus der Medienumwelt zugeordnet werden, dann werden sie zumeist benannt und vielfach auch lautmalerisch entsprechend inszeniert.

kulturelle Elementarbildung

Unabhängig davon, ob sie bereits als Ein- bis Zweijährige mit ihnen in Berührung kommen oder erst im klassischen „Bilderbuchalter" von 3-6 Jahren, bietet der Umgang mit Bilderbüchern Kindern die Möglichkeit der Habitualisierung und zunehmenden Kultivierung der Buch-Rezeption. Das „Lesen" der Bilder trägt zudem zur Sensibilisierung des visuellen Wahrnehmungsvermö-

Bilder-Lesen und Habitualisierung der Buch-Rezeption

gens bei und es vermittelt Erfahrungen, die der Sinnentnahme beim eigentlichen Leseprozess sehr nahe kommen. Schließlich besitzt das gemeinsame Betrachten und Vorlesen von Bilderbüchern in der Familie eine kaum zu überschätzende emotionale Dimension und es wirkt sich günstig auf die Konzentrationsfähigkeit und auf die Sprachentwicklung aus. Indem sie wichtige kognitive und emotionale Kompetenzen fördert und bedeutsame kulturelle Prägungen vermittelt, setzt die Rezeption von Bilderbüchern elementare kindliche Bildungsprozesse in Gang, deren Ausbleiben, wie man weiß, zur Chancenungleichheit beiträgt.

kognitive Kompetenzen und kulturelle Prägungen

elementares literarisches Erfahrungspotential

Auch das genuin literarische Erfahrungspotenzial von Bilderbüchern liegt zum Teil auf dieser elementaren Ebene. In Bilderbüchern lernen Kinder einfache narrative Muster kennen, die aufgrund von Redundanzen zwischen verbaler und piktoraler Erzähltextebene mit Hilfe der Bilder reproduziert werden können. Indem sie beispielsweise Höhepunkte der Handlung darstellen, verdeutlichen die Bilder die Struktur einer Erzählung oder sie heben bestimmte Gegenstände hervor, die eine symbolische Bedeutungsebene besitzen. Viele Bilderbuchtexte sind gereimt und metrisch gebunden und vermitteln rhythmisch-klangliche Unterschiedserfahrungen zur Prosasprache, die sich möglicherweise in entsprechend rhythmisch angeordneten Bildfolgen wiederholen. Generell realisiert sich das elementare literarische Erfahrungspotenzial von Bilderbüchern in der Einfachheit und Regelhaftigkeit der Strukturen auf der Ebene von Text und Bild sowie in der wechselseitigen Entsprechung der beiden Ebenen. Dabei schließen sich Einfachheit und Doppelsinnigkeit keineswegs aus, das augenzwinkernde Spiel mit dem literarisch gebildeten sekundären Adressaten entfaltet sich vielmehr auf der Grundlage einer scheinbar voraussetzungslosen Kommunikation mit dem literarisch ungeübten primären Adressaten.

jenseits der Anfängerliteratur

Die Bilderbücher der Postmoderne sind hingegen nicht mehr umstandslos zur Anfängerliteratur zu zählen. So scheint Wolf Erlbruchs „Nachts“ – oberflächlich betrachtet – auf Adressaten im klassischen Bilderbuchalter hinzuzielen, die sich mit dem kindlichen Protagonisten identifizieren können. Um das in dem Buch getriebene Spiel mit literarischen Konventionen, widerspruchsvollen Text-Bild-Interferenzen und intertextuellen Verweisen auch nur ansatzweise verstehen und vor allem genießen zu können, bedarf es jedoch einer über das nötige Vorwissen zum

Verständnis traditioneller Bilderbücher weit hinausreichenden Erfahrungsgrundlage im Umgang mit Literatur. Etwas weniger oberflächlich betrachtet, reichen die von dem kindlichen Protagonisten ausgehenden Identifikationsangebote über dessen Altergenossen weit hinaus. Der offene Adressatenentwurf des Bilderbuches schließt jedoch kindliche Betrachter im Vorschulalter ein, denen aufgrund einer veränderten Medienumwelt generell komplexere Rezeptionskompetenzen zugetraut werden.

postmoderne Bilderbücher

Andere postmoderne Bilderbücher sind für Rezipienten im Vorschulalter kaum noch zugänglich und auch nicht für sie bestimmt. Zum Beispiel „Aufstand der Tiere oder Die neuen Stadtmusikanten“ (1989) von Jörg Müller (Ill.) und Jörg Steiner (Text), „Das Buch im Buch im Buch im Buch im Buch“ (2001) von Jörg Müller, „Die drei Schweine“ (2002, <The three pigs, 2001>) von David Wiesner (Übers.: Sophie Birkenstädt); „Das Hotel zur Sehnsucht. Von Gästen, Träumern und Schatzsuchern“ (2002, <The last resort, 2002>) von Roberto Innocenti (Ill.) und J. Patrick Lewis (Text; Übers.: Hans ten Doornkaat) und „Die Wölfe in den Wänden“ (2005, <The wolves in the walls, 2003>) von Dave McKean (Ill.) und Neil Gaiman (Text; Übers.: Zoran Drvenkar).

In diesen Büchern finden wir zunächst ein noch größeres Spektrum intertextueller Phänomene als in dem hier behandelten Buch „Nachts“ von Wolf Erlbruch. „Das Hotel zur Sehnsucht“ beispielsweise ist nur auf der Grundlage einer profunden literarischen Bildung zu verstehen und obgleich es in einem Kinderbuchverlag erschienen ist, eher als ein Bilderbuch für Erwachsene anzusehen. „Aufstand der Tiere oder Die neuen Stadtmusikanten“ und „Die drei Schweine“ sind Adaptionen kinderliterarischer Texte, die auf eine Vielzahl weiterer Prätexte vorzugsweise aus der Kinderliteratur und der populären Medienkultur Bezug nehmen. Hier sind die Herkunftskosmen der intertextuellen Verweise zwar relativ leicht zugänglich, aber ihre textuelle Funktion ist überaus komplex. In diesen Bilderbüchern hat die Intertextualität eine metafiktionale Dimension: Die intertextuellen Referenzen verweisen nicht nur auf die jeweiligen Prätexte, sondern darüber hinaus auf die Künstlichkeit der textinternen fiktionalen Welt.

komplexe Formen von Intertextualität

Fiktionsbrüche

Rezeptionskompetenzen

Voraussetzung des Verstehens der Metafiktionalität ist ein Bewusstsein der Fiktionalität in literarischen Texten. Nur wer mit den Erzählformen epischer Texte wenigstens ansatzweise vertraut ist, wird auf dieser Ebene liegende Merkwürdigkeiten in den

Bilderbüchern überhaupt registrieren. Um die Paradoxien und die Brüche in der Erzähllogik der Bilderbücher zu verstehen, bedarf es allgemeiner kognitiver Kompetenzen; das Verstehen avancierter Formen der Perspektivierung erfordert die Fähigkeit zur Empathie und das Verstehen von Ironie, die in den postmodernen Bilderbüchern reichlich vorkommt, setzt eine distanzierte Lesehaltung voraus. Denkbar ist überdies, dass eine gewisse Vertrautheit mit in sich gebrochenen fiktionalen Konstrukten, wie sie beispielsweise in der Phantastik begegnen, Rezipienten jeden Alters einen besseren Zugang zu den verschiedenen Spielarten der Metafiktionalität in den Bilderbüchern ermöglicht.

Als Begründung für die aus seiner Sicht notwendige Berücksichtigung des Bilderbuches im Deutschunterricht der Grundschule formulierte Kaspar H. Spinner in einem 1992 erschienenen Aufsatz: „Bilderbücher sind die ersten Bücher, zu denen Kinder eine intensive Beziehung entwickeln und durch die sie zur Literatur hingeführt werden.“[97]

Dieser Satz erscheint in zwei Punkten korrekturbedürftig: Zum einen haben wir es beim Bilderbuch nicht per se mit einer Art von Prä- oder Protoliteratur zu tun – im Medium Bilderbuch begegnen Kinder der Literatur! Zum anderen sind nicht alle Bilderbücher „erste Bücher“. Die signifikante Veränderung des Bilderbuchangebotes seit Mitte der 1980er Jahre deutet vielmehr auf eine Erweiterung der Sozialisationsfunktion des Mediums hin. Immer noch vermitteln Bilderbücher elementare Erfahrungen sowohl mit dem Medium Buch als auch mit der Literatur. Sie vermitteln aber auch wesentlich komplexere literarische und ästhetische Erfahrungen für Rezipienten, die keine Lese- und Literaturanfänger mehr sind.

Erweiterung der Sozialisationsfunktionen

Bilderbücher gehören zunächst einmal zur Privatlektüre. Die wichtigste Vermittlungsinstanz ist die Familie, gefolgt von Kindergarten und öffentlichem Bibliothekswesen. Im Zuge der Durchsetzung schülerorientierter didaktischer Konzepte fand das Bilderbuch in den 1970er Jahren auch Eingang die Grundschule. Obgleich bereits zu einem sehr frühen Zeitpunkt auch spezifisch kunstdidaktische Konzepte entwickelt und diskutiert worden sind, werden Bilderbücher bis heute vorrangig als Medien der Leseförderung im Anfangsunterricht geschätzt und eingesetzt. Ein zweiter Schwerpunkt der schulischen Rezeption des Bilderbuches etabliert sich mit der Einführung des frühen Fremd-

Bilderbuch und Schule

sprachenunterrichts. Darüber hinaus werden inhaltlich dafür geeignete Bilderbücher in wachsendem Umfang in den Fächern Religion und Ethik eingesetzt und vielfach nutzen Lehrerinnen und Lehrer problemorientierte Bilderbücher als Veranschaulichungsmedien für die jeweiligen Themen. Im Kunstunterricht der Grundschule fungieren Bilderbücher überwiegend als Impulslieferanten für kreative Arbeiten der Schüler, im Kunstunterricht der weiterführenden Schulen werden Bilderbücher hingegen kaum berücksichtigt.

Insgesamt ist das schulische Interesse am Bilderbuch seit den siebziger Jahren nicht nur gewachsen, es hat sich – innerhalb der Grundschule – auch deutlich ausdifferenziert und teilweise auf neue Bereiche verlagert. Die Entdeckung des Bilderbuches der Postmoderne steht allerdings noch aus.

Zusammenfassung

Das Bilderbuch ist eine durch qualitative und quantitative Äquivalenz oder Dominanz der Bilder gegenüber dem Text bestimmte Buchgattung, die sich im frühen 19. Jahrhundert in der Kinderliteratur etabliert hat. Eines der frühesten Bilderbücher erzählenden Inhaltes, „Der Struwwelpeter" (1845) von Heinrich Hoffmann, ist auch in typologischer Hinsicht aussagekräftig. In diesem von der Bildsprache der populären zeitgenössischen Druckgrafik beeinflussten Bilderbuch können verschiedene Varianten des Erzählens im Einzelbild und in Bildfolgen wie auch des Seitenaufbaus studiert werden.

Bilderbücher werden üblicherweise von Kindern und Erwachsenen gemeinsam und wiederholt betrachtet. Daraus ergibt sich ein im Vergleich zu anderen Teilen der Kinder- und Jugendliteratur besonders großer Spielraum für die doppelsinnige Kommunikation mit dem sekundären erwachsenen Adressaten. Einflüsse aus der allgemeinen Kultur – insbesondere natürlich der bildenden Kunst und der Literatur – sind darum in der Geschichte des Bilderbuches nahezu durchgängig nachweisbar. Dass solche Einflüsse dennoch peripher blieben, kann gleichfalls auf die starke Involviertheit der Erwachsenen in die Bilderbuchrezeption zurückgeführt werden.

Dieses für das Bilderbuch charakteristische Nebeneinander von künstlerischer Innovation und Traditionalismus erschwert die Markierung von Entwicklungszäsuren. Der kinder- und jugendliterarische Paradigmenwechsel der 1970er Jahre spielt im Bereich des Bilderbu-

ches eine vergleichsweise geringe Rolle. Viel nachhaltiger macht sich der seit der Mitte der 1980er Jahre wahrnehmbare Einfluss der Postmoderne bemerkbar. Es kommt zu einer Hybridisierung der Formen, Gattungen und Genres, zu einer explosionsartigen Verbreitung der Praxis des interkulturellen Spiels, zur Dekonstruktion traditioneller Erzählweisen und zur Auflösung fester Adressatenentwürfe.

Indem sie Kindern im Vorschulalter grundlegende kulturelle Erfahrungen und Impulse zum Erwerb elementarer literarischer Kompetenzen vermitteln, erfüllen Bilderbücher traditionell eine bedeutsame sozialisatorische Funktion. Das literarische und ästhetische Erfahrungspotenzial der postmodernen Bilderbücher ist jedoch nur noch zum geringen Teil in diesem elementaren Bereich angesiedelt. Solche Bilderbücher für Adressaten jenseits des klassischen „Bilderbuchalters" sind als Gegenstände des Literaturunterrichts auch über die Anfangsklassen der Grundschule hinaus von großem didaktischem Interesse, sie finden dort aber bisher kaum Berücksichtigung.

Testfragen

1. Erklären Sie mit Hilfe des Begriffs der *Bi-Codalität* den Unterschied zwischen einem Bilderbuch und einem illustrierten Buch!
2. Was ist eine *monoszenische Bildfolge*?
3. Inwiefern begünstigt die kommunikative Funktion von Bilderbüchern die Entstehung komplexer Texte?
4. Wodurch unterscheidet sich der Verlauf der Entwicklung des Bilderbuches seit 1945 von demjenigen des Kinder- und des Jugendromans?
5. Beschreiben Sie die Veränderung der Adressatenentwürfe im Bilderbuch der Postmoderne!

Anregungen zur Textarbeit

1. Verbale und piktorale Ebene im erzählenden Bilderbuch, Partnerarbeit: Wählen Sie beide eine kleine Kollektion erzählender Bilderbücher aus, die Sie selbst ansprechend und interessant finden. Reflektieren Sie die Gründe Ihrer Wahl. Bringen Sie nun in Erfahrung, welche Ihrer jeweils ausgewählten Bilderbücher Ihre Partnerin bzw. Ihr Partner

nicht kennt. Nun können Sie unterschiedliche Formen der Text- und Bildbegegnung ausprobieren:

- Begegnung mit einem ausgewählten Bild, Ausfabulieren einer dazu passenden Handlung, Schreiben eines freien Textes dazu.
- Begegnung mit allen Bildern, ohne Verbaltext, Erschließen des Erzählinhaltes.
- Begegnung mit dem Verbaltext, ohne Bilder. Gespräch über das Erfahrungspotenzial des Verbaltextes. Analyse von Sprache und Stil, Struktur des Inhalts, Erzählform. Versuchen Sie auf der Grundlage dieser Erfahrungen das Verhältnis von verbaler und piktoraler Ebene in Ihren Bilderbüchern zu beschreiben!

2. Versuchen Sie selbst, mit Blick auf Intertextualität ergiebige Bilderbücher zu finden. Zum Beispiel Werke von Anthony Browne, Wolf Erlbruch, Jörg Müller / Jörg Steiner, Yvan Pommaux, Maurice Sendak oder David Wiesner. Setzen Sie sich nun mit den folgenden Fragen auseinander:
   - Liegen die intertextuellen Verweise auf der verbalen oder der piktoralen Ebene?
   - Welchen kulturellen bzw. diskursiven Bereichen entstammen die Prätexte, auf die referiert wird (z.B. bildende Kunst, Werbung, Pop-Musik, Kanonliteratur, literarischer Underground, Märchen)?
   - Welche Bedeutung haben die intertextuellen Verweise für die Kohärenz des Textes – Zierrat oder konstitutives Element?
   - Lässt die im Text vorgefundene Form der Intertextualität Rückschlüsse auf das Adressatenkonzept zu?

Literaturtipps

Sekundärliteratur

HALBEY, HANS ADOLF: *Bilderbuch: Literatur. Neun Kapitel über eine unterschätzte Literaturgattung*. Weinheim und Basel: Beltz Athenäum 1997.

LEWIS, DAVID: *Reading contemporary picturebooks*. London; New York: Routledge 2005 [EA 2001].

NIKOLAJEVA, MARIA / SCOTT, CAROLE: *How picturebooks work*. London; New York: Routledge 2006 [EA 2001].

Oetken, Mareile: *Bilderbücher der 1990er Jahre. Kontinuität und Diskontinuität in Produktion und Rezeption*. Diss. Oldenburg 2008. Online verfügbar: http://docserver.bis.uni-oldenburg.de/publikationen/dissertation/2008/oetbil08/oetbil08.html.

Petermann, Hans-Bernhard: *Kann ein Hering ertrinken? Philosophieren mit Bilderbüchern*. Weinheim: Beltz 2004.

Schau genau – Regarde! – Look twice. Zürich: Schweizerisches Institut für Kinder- und Jugendmedien 2002.

„Siehst du das?" Die Wahrnehmung von Bildern in Kinderbüchern – Visual literacy. Beiträge des Kolloquiums vom September 1996. Hg. vom Schweizerischen Jugendbuch-Institut. Zürich: Chronos-Verlag 1997.

Thiele, Jens (Hg.): *Neue Erzählformen im Bilderbuch. Untersuchungen zu einer veränderten Bild-Text-Sprache*. Oldenburg: Isensee 1991.

Thiele, Jens: *Das Bilderbuch. Ästhetik – Theorie – Analyse – Didaktik – Rezeption*. 2., erw. Aufl. Bremen; Oldenburg: Universitätsverlag Aschenbeck und Isensee 2003.

Thiele, Jens / Hohmeister, Elisabeth (Hg.): *Neue Impulse der Bilderbuchforschung*. Baltmannsweiler: Schneider-Verlag Hohengehren 2007.

Weinkauff, Gina: *„Wenn die Kinder artig sind ...". Doppelsinnigkeit und Intertextualität im Bilderbuch*. In: Olsen, Ralph; Petermann, Hans-Bernhard; Rymarczyk, Jutta (Hg.): Intertextualität und Bildung – didaktische und fachliche Perspektiven. Frankfurt am Main: Peter Lang 2006 (Erziehungskonzeptionen und Praxis; 66), S. 103-127.

Bauen Kinderbücher Brücken? Kinder- und Jugendliteratur im Kulturtransfer

8

Inhaltsübersicht

8.1. Kinderliteratur der Völkerverständigung

„Lassen Sie uns bei den Kindern anfangen, um diese gänzlich verwirrte Welt langsam wieder ins Lot zu bringen. Die Kinder werden den Erwachsenen den Weg zeigen.“[98]

Diese Worte der deutschen Jüdin Jella Lepman, die 1945 als „Special Adviser for Women's and Youth Affairs“ in die einstige Heimat zurückgekehrt war, veranlassten einen amerikanischen General zur Unterstützung des Projekts, das Lella Lepman mit großer Energie verfolgte: eine Ausstellung der besten Kinder- und Jugendbücher aus aller Welt, die den Kindern unmittelbar zugute kommen und den Verlegern und Pädagogen Impulse vermitteln sollte. Die Ausstellung wurde im Sommer 1946 in München eröffnet und knapp drei Jahre später gründete Jella Lepmann dort die „Internationale Jugendbibliothek“, die heute eine umfangreiche Sammlung fremdsprachiger Kinder- und Jugendbücher besitzt, viel beachtete wissenschaftliche und kulturelle Veranstaltungen ausrichtet und zudem noch eine öffentliche Kinderbibliothek mit entsprechendem pädagogischem Begleitprogramm betreibt.

Das oben stehende Zitat ist Jella Lepmans Buch „Die Kinderbuchbrücke“ (1964) entnommen, auf dessen Titel die Überschrift dieses Kapitels anspielt. Die Metapher drückt einen sehr nachvollziehbaren Wunsch aus, der die Kinderliteraturszene von der unmittelbaren Nachkriegszeit bis in die frühen sechziger Jahre hinein beherrschte. Durch den internationalen Austausch von Kinderliteratur, so hoffte man, würde sich bei den Lesern ein positives Bild der Herkunftsländer der Übersetzungen einstellen, so dass die Welt mit dem Heranwachsen neuer Generationen allmählich etwas friedlicher und toleranter würde. Entsprechend lautet das Motto zu Jella Lepmans Buch:

„Kinderbücher halten das Gefühl für das eigene Volk lebendig, aber sie halten auch das Gefühl für die ganze Menschheit lebendig. Sie beschreiben das Heimatland mit Liebe, aber sie beschreiben auch die fernen Länder, wo unsere unbekannten Brüder wohnen. Sie bringen das Wesen des eigenen Volkes zum Ausdruck; aber jedes von ihnen ist ein Bote, der Berge und Flüsse, ja sogar Meere überwindet und hingeht ans andere Ende der Welt, um dort Freundschaften zu werben. Jedes Land gibt, und jedes Land empfängt; unzählbar sind die getauschten Werte; und so entsteht in dem Alter, wo wir unsere ersten Eindrücke empfangen, die Weltrepublik der Kinder."

Urheber dieser Zeilen ist der französische Komparatist Paul Hazard, sie entstammen seinem Buch „Les livres, les enfants et les hommes", das im Original bereits 1932 erschienen ist und dessen 1952 unter dem Titel „Kinder, Bücher und große Leute" publizierte deutsche Übersetzung geradezu als Programmschrift der durch Jella Lepman repräsentierten Autoren-, Wissenschaftler- und Multiplikatorengeneration fungierte.

Die bilderreiche Rhetorik einer Kinderliteratur der Völkerverständigung prägte nicht nur die zeitgenössischen Diskurse über Kinderliteratur, sondern auch zahlreiche kinderliterarische Texte, von denen Erich Kästners „Die Konferenz der Tiere" (1949) zweifellos der bekannteste ist.

Die Konferenz der Tiere ist zur Rettung des Weltfriedens einberufen worden. Weil die Regierungsoberhäupter der Menschen an dieser für das Überleben der eigenen Gattung unerlässlichen Aufgabe zu scheitern drohen, haben sich die Tiere der Welt entschlossen, in die Bresche zu springen. Das von Kästners bewährtem Illustrator Walter Trier bebilderte und auf einem Einfall von Jella Lepman gründende Buch ist eine offenkundig auch mit Blick auf erwachsene Mit-Leser verfasste satirische Parabel mit Elementen des Märchens und der Tierfabel. Die detailfreudig insze-

Abb. 8.1: „Die Stille war so feierlich, daß das Kaninchen, weil der Floh auf dem Mandrill umherhüpfte, ärgerlich „Pst!" machte. Hoch in der Luft wehte das Spruchband „Es geht um die Kinder!", und darunter saßen, frisch gewaschen und gekämmt, die fünf kleinen Ehrengäste. Auf den Lehnen ihrer Stühle schillerten bunte Schmetterlinge und Kolibris und zu ihren Füßen spielten Micky-Maus, Babar, Ferdinand, Reineke Fuchs und die anderen Bilderbuchtiere." Erich Kästner: „Die Konferenz der Tiere". Ill.: Walter Trier (1949)

nierte Artenvielfalt des Tierreichs entspricht einem Idealbild des friedlichen Miteinanders, das sich auf der Ebene der Kinderfiguren wiederholt. Doch nicht nur alle real existierenden Tierarten und alle menschlichen Hautfarben sind auf der Konferenz symbolisch vertreten, sondern auch die Tierfiguren der Kinderliteratur. Sie alle sind einander von Natur aus in Freundschaft zugetan, „Völkerverständigung" ist für sie – anders als für die Politiker – kein Problem.

Weitaus weniger bekannt als „Die Konferenz der Tiere" wurde „Ulle Bams wundersame Reise um die Erde" von Evmari und Georg Willroda, das gleichfalls 1949 erschienen ist. Die (pazifistische) Internationale der Kinderbuchfiguren tritt auch in diesem Buch in Erscheinung, geschart um den magischen Helfer der hungernden und unter den Kriegsfolgen leidenden Kinder, Ulle Bam.

Kindheits-Utopie und Übersetzungs-Utopie

Dass das Buch in der sowjetischen Besatzungszone publiziert wurde (in zwei Auflagen) beweist die große Anziehungskraft des Konzeptes einer „Kinderliteratur der Völkerverständigung" in der unmittelbaren Nachkriegszeit. Dieses Konzept gründet einerseits auf einer aufklärerische und romantische Elemente verbin-

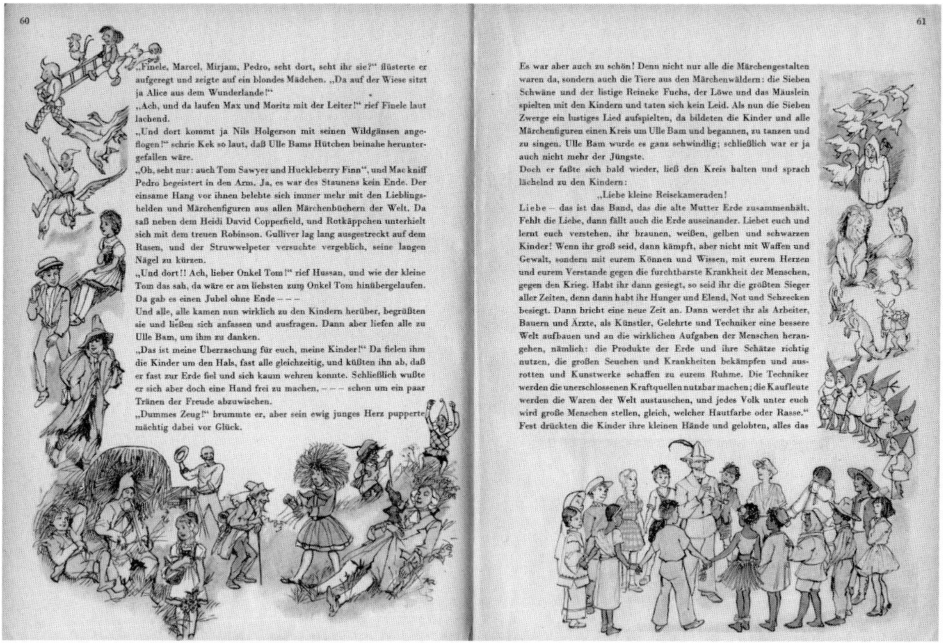

60

„Finele, Marcel, Mirjam, Pedro, seht dort, seht ihr sie?“ flüsterte er aufgeregt und zeigte auf ein blondes Mädchen. „Da auf der Wiese sitzt ja Alice aus dem Wunderlande!“
„Ach, und da laufen Max und Moritz mit der Leiter!“ rief Finele laut lachend.
„Und dort kommt ja Nils Holgerson mit seinen Wildgänsen angeflogen!“ schrie Kek so laut, daß Ulle Bams Hütchen beinahe heruntergefallen wäre.
„Oh, seht nur: auch Tom Sawyer und Huckleberry Finn“, und Mac kniff Pedro begeistert in den Arm. Ja, es war des Staunens kein Ende. Der einsame Hang vor ihnen belebte sich immer mehr mit den Lieblingshelden und Märchenfiguren aus allen Märchenbüchern der Welt. Da saß neben dem Heidi David Copperfield, und Rotkäppchen unterhielt sich mit dem treuen Robinson. Gulliver lag lang ausgestreckt auf dem Rasen, und der Struwwelpeter versuchte vergeblich, seine langen Nägel zu kürzen.
„Und dort!! Ach, lieber Onkel Tom!“ rief Hussan, und wie der kleine Tom das sah, da wäre er am liebsten zum Onkel Tom hinübergelaufen.
Da gab es einen Jubel ohne Ende – – –
Und alle, alle kamen nun wirklich zu den Kindern herüber, begrüßten sie und ließen sich anfassen und ausfragen. Dann aber liefen alle zu Ulle Bam, um ihm zu danken.
„Das ist meine Überraschung für euch, meine Kinder!“ Da fielen ihm die Kinder um den Hals, fast alle gleichzeitig, und küßten ihn ab, daß er fast zur Erde fiel und sich kaum wehren konnte. Schließlich wußte er sich aber doch eine Hand frei zu machen, – – – schon um ein paar Tränen der Freude abzuwischen.
„Dummes Zeug!“ brummte er, aber sein ewig junges Herz pupperte mächtig dabei vor Glück.

61

Es war aber auch zu schön! Denn nicht nur alle die Märchengestalten waren da, sondern auch die Tiere aus den Märchenwäldern: die Sieben Schwäne und der listige Reineke Fuchs, der Löwe und das Mäuslein spielten mit den Kindern und taten sich kein Leid. Als nun die Sieben Zwerge ein lustiges Lied aufspielten, da bildeten die Kinder und alle Märchenfiguren einen Kreis um Ulle Bam und begannen, zu tanzen und zu singen. Ulle Bam wurde es ganz schwindlig; schließlich war er ja auch nicht mehr der Jüngste.
Doch er faßte sich bald wieder, ließ den Kreis halten und sprach lächelnd zu den Kindern:
„Liebe kleine Reisekameraden!
Liebe – das ist das Band, das die alte Mutter Erde zusammenhält. Fehlt die Liebe, dann fällt auch die Erde auseinander. Liebet euch und lernt euch verstehen, ihr braunen, weißen, gelben und schwarzen Kinder! Wenn ihr groß seid, dann kämpft, aber nicht mit Waffen und Gewalt, sondern mit eurem Können und Wissen, mit eurem Herzen und eurem Verstande gegen die furchtbarste Krankheit der Menschen, gegen den Krieg. Habt ihr dann gesiegt, so seid ihr die größten Sieger aller Zeiten, denn dann habt ihr Hunger und Elend, Not und Schrecken besiegt. Dann bricht eine neue Zeit an. Dann werdet ihr als Arbeiter, Bauern und Ärzte, als Künstler, Gelehrte und Techniker eine bessere Welt aufbauen und an die wirklichen Aufgaben der Menschen herangehen, nämlich: die Produkte der Erde und ihre Schätze richtig nutzen, die großen Seuchen und Krankheiten bekämpfen und ausrotten und Kunstwerke schaffen zu eurem Ruhme. Die Techniker werden die unerschlossenen Kraftquellen nutzbar machen; die Kaufleute werden die Waren der Welt austauschen, und jedes Volk unter euch wird große Menschen stellen, gleich, welcher Hautfarbe oder Rasse.“
Fest drückten die Kinder ihre kleinen Hände und gelobten, alles das

Abb. 8.2: Evmari und Georg Willroda: „Ulle Bams wundersame Reise um die Erde“ (1949), S. 60f.

denden Kindheitsutopie und andererseits auf einer Utopie des (kinder-)literarischen Übersetzens. Kinder erscheinen nicht nur als Opfer der von den Erwachsenen verantworteten Verheerungen, sondern aufgrund ihrer Vorurteilslosigkeit und naturwüchsigen Vertrautheit mit dem kulturell Anderen auch als Hoffnungsträger. Diese den Kindern zugeschriebene Fähigkeit trägt Züge der Vernunft und des Kosmopolitismus der Aufklärung und der von den Romantikern verklärten kindlichen Naivität gleichermaßen. Von ins Deutsche übersetzten Kinderbüchern versprach man sich nicht nur eine Bereicherung des Lektüreangebots und Entwicklungsanstöße für die eigene Kinderliteratur, die Bücher sollten zugleich authentische Bilder ihrer jeweiligen Herkunftsländer vermitteln und auf diese Weise zum interkulturellen Verstehen beitragen.

8.2. Die „Importorientierung" der deutschsprachigen Kinder- und Jugendliteratur

Obgleich dem Übersetzen zu keinem früheren Zeitpunkt der Geschichte der deutschen Kinder- und Jugendliteratur eine vergleichbare öffentliche Beachtung und Wertschätzung zuteil wurde, stellt sich diese Literatur vom späten 18. Jahrhundert bis 1933 generell als ausgesprochen importorientiert dar. Der erfolgreichste Text der Kinderliteratur der Aufklärung, Joachim Heinrich Campes „Robinson der Jüngere", geht auf eine aus dem Englischen übersetzte Vorlage zurück – Daniel Defoes „Robinson Crusoe" – und bezog wichtige Impulse aus einer Interpretation dieser Vorlage durch einen frankophonen Schweizer – Jean Jacques Rousseau (vgl. Kapitel 1). Im weiteren Verlauf der Geschichte der deutschsprachigen Kinder- und Jugendliteratur wurden nicht nur diverse ältere Texte aus anderen Sprachen kanonisiert – z.B. „Gullivers Reisen" von Jonathan Swift (OA 1726, dt. EA 1838) und die Märchen von Charles Perrault (OA 1697, dt. EA 1822) – die Übersetzungstätigkeit erstreckte sich auch auf die jeweils zeitgenössische Literatur und einige der übersetzten Bücher wurden zu „Klassikern" der deutschsprachigen Kinder- und Jugendliteratur. Zum Beispiel die Märchen von Hans Christian Andersen (OA 1835ff., dt. EA 1839ff.), „Alice in Wonderland" von Lewis Carroll (OA 1865, dt. EA 1869), „Le avventure di Pinocchio" von Carlo Collodi (OA 1883, dt. EA 1905), „Nils Holgersson" von Selma Lagerlöf (OA 1906/07, dt. EA 1907/08), die phantastischen Romane von Jules Verne (z.B.: „Cinq semaines en ballon", OA 1863, dt. EA 1885) und Hugh Loftings Geschichten um Doctor Dolittle (OA 1920ff., dt. EA 1928ff.). Die erfolgreichsten Exportartikel der deutschen Kinderliteratur sind die Kinder- und Hausmärchen der Brüder Grimm (1812-1815), Heinrich Hoffmanns „Struwwelpeter" (1845) und Erich Kästners „Emil und die Detektive" (1929).

internationale „Klassiker"

Mit „Klassiker" sind Werke gemeint, die über einen langen Zeitraum einen prominenten Platz im Lektüreangebot behaupten. Innerhalb eines literarischen Symbolsystems haben „Klassiker" meist eine starke Vorbildwirkung und werden als Referenztexte für intertextuelle Bezüge favorisiert.

Obgleich dem Übersetzen innerhalb der Kinder- und Jugendliteratur generell eine große Bedeutung zukommt und der deutschsprachige Raum traditionell sogar eine besonders hohe Aufnahmefähigkeit für Einflüsse von außerhalb besitzt, ist Paul Hazards Rede von einer (literarischen) „Weltrepublik der Kinder" nicht ganz zutreffend (im Original heißt es übrigens: „la république universel de l'enfance").

selektive Wahrnehmung

Zum einen beschränkt sich der internationale Kinderliteraturaustausch im Prinzip auf den Norden und den Westen Europas und auf Nordamerika. Die übrigen Teile der Welt – insbesondere Afrika, Asien, Lateinamerika und der Orient – sind vorwiegend als Projektionsfläche mehr oder weniger exotisierender kinderliterarischer Fremdbilder interessant. Zum anderen ist auch die gegenseitige Wahrnehmung der am Austausch beteiligten Literaturen überaus selektiv und ungleichgewichtig. Die englische und die amerikanische Kinderliteratur beispielsweise findet weltweit großes Interesse, umgekehrt wird in England und den USA traditionell eher wenig übersetzt. Demgegenüber ist das internationale Interesse an der italienischen Kinder- und Jugendliteratur mehr oder weniger auf Collodis „Pinocchio" begrenzt. Verglichen mit derjenigen des deutschsprachigen oder des skandinavischen Raumes ist die Kinder- und Jugendliteratur Italiens allerdings auch relativ wenig importorientiert und tradiert eigene (vorzugsweise innerhalb Italiens verbreitete) „Klassiker"-Texte, wie Edmondo de Amicis sozialkritisch-realistischen Roman „Cuore" (1886) oder die Abenteuerromane Salgaris (erschienen zwischen 1885 und 1915). So ist zwar der „Klassiker"-Kanon der deutschsprachigen Kinder- und Jugendliteratur seiner Herkunft nach international zusammengesetzt, das bedeutet aber nicht, dass dieser Kanon auch internationale Verbreitung besäße.

Zumindest ebenso problematisch scheint es, dass der Vorgang des Übersetzens selbst in dem idealisierten Bild einer „Kinderliteratur der Völkerverständigung", das im Deutschland der Nachkriegszeit mit so viel Emphase verbreitet wurde, schlichtweg keinen Platz fand.

Die Binsenweisheit, dass jede Übersetzung eine Veränderung des Originaltextes darstellt, gilt für die Kinderliteratur in besonderem Maße. Denn mehr noch als die Übersetzer der allgemeinen Literatur verstehen sich kinderliterarische Übersetzer als Vermittler, deren Aufgabe darin besteht, einen fremdliterarischen

Übersetzung – „Brücke“ zum Originaltext?

Text dem angenommenen Verstehenshorizont der einheimischen Zielgruppe anzupassen. Dass diesem Bestreben oftmals nicht nur Kulturspezifika zum Opfer fallen, sondern auch kulturunspezifische Elemente literarischer Komplexität, haben zahlreiche übersetzungskritische Studien erwiesen. „Émile et les détectives“ ist sprachlich nicht so originell und der kinderliterarischen Tradition entsprechend mehr von einem allwissenden auktorialen Erzähler bestimmt als Kästners Original, die deutsche „Pippi“ (OA 1945, dt. EA 1949) ist weniger anarchisch und der philosophische Hintersinn in „Winnie-the-Pooh“ (OA 1926, dt. EA 1928) blieb dem deutschen Lesepublikum über viele Jahrzehnte verborgen (nämlich bis zum Erscheinen der Übersetzung Harry Rowohlts im Jahr 1987).

Bei der Rede vom Brückenschlag der übersetzten Kinderbücher zur Kultur des Herkunftslandes wird also geflissentlich übersehen, dass der Leser eines solchen Buches, sich – um im Bilde zu bleiben – bereits auf einer Brücke bewegt, nämlich auf der vom Übersetzer gebauten Brücke zum Originalwerk. Je mehr sich der kinderliterarische Übersetzer als „Brückenbauer“ versteht, je weiter er sich – mit Rücksicht auf die Zielgruppe – vom Originaltext entfernt, um so mehr verstellt er den Blick des Lesers auf die Herkunftskultur.

8.3. Funktionen des Übersetzens in der deutschsprachigen Kinder- und Jugendliteratur seit 1945

Auch wenn das deutschsprachige Lektüreangebot für junge Leserinnen und Leser traditionell durch literarische Importe aus anderen Sprachen bereichert wurde und die deutsche Kinder- und Jugendliteratur in fast allen Phasen ihrer Entwicklung wichtige Einflüsse aus diesen Importen bezog, erreichte die Geschichte des kinder- und jugendliterarischen Übersetzens ins Deutsche in den zurückliegenden sechzig Jahren doch eine bisher unerreichte Dynamik. Mit 20-30 % der Gesamtproduktion bilden die Übersetzungen einen quantitativ beachtlichen Teil der Kinder- und Jugendliteratur dieses Zeitraums – und zwar in BRD und DDR gleichermaßen. Legt man – für die BRD – die Jahresstatistiken des Börsenvereins des Deutschen Buchhandels zugrunde, dann ist der Anteil der Übersetzungen an den Neuerscheinungen innerhalb der Kinder- und Jugendliteratur stets in etwa doppelt so hoch als innerhalb der allgemeinen Literatur. Die große qualitative Bedeutung der Übersetzungen drückt sich in noch beeindruckenderen Zahlen aus: Annähernd 44 % der Kinder- und Jugendbücher, die zwischen 1956 und 2007 auf die Auswahlliste des Deutschen Jugendliteraturpreises aufgenommen wurden, sind Übersetzungen!

quantitative und qualitative Bedeutung des Übersetzens

Schon allein die Tatsache, dass die Gründer dieses einzigen deutschen Staatspreises für Literatur ausdrücklich übersetzte Bücher in die Begutachtung einbezogen haben, zeugt von dem großen Interesse, das dieser Literatur von Anbeginn entgegengebracht wurde. Auch in der DDR genossen kinder- und jugendliterarische Übersetzungen eine hohe Wertschätzung und man erhoffte sich, ebenso wie in der BRD, von ihnen Anstöße für die Entwicklung der eigenen Kinder- und Jugendliteratur. Allerdings wurden in der DDR vorzugsweise ältere Texte übersetzt. Während in der BRD die aktuelle Kinder- und Jugendliteratur des anglophonen und des skandinavischen Sprachraumes im Mittelpunkt des Interesses stand, konzentrierte sich die Aufmerksamkeit der Verlage wie auch der kulturellen und pädagogischen Institutionen in SBZ und DDR stark auf die sowjetische Kinder- und Jugendliteratur der dreißiger Jahre, die man aufgrund ihres revolutionären Pathos besonders schätzte. Dass aus westlichen Ländern vorwiegend „Klassikertexte“ importiert wurden, liegt vor allem daran, dass die DDR aufgrund ihrer Devisenknappheit die für die Übersetzung von Gegenwartsliteratur anfallenden Lizenzgebühren nicht aufbringen konnte.

Funktionen des Übersetzens in BRD und DDR

Die Funktionen und Strategien des Kinder- und Jugendliteraturtransfers wandelten sich in den Jahren seit 1945 grundlegend. Etwa bis zur Mitte der 1960er Jahre wurden kinder- und jugendliterarische Übersetzungen in beiden Teilen Deutschlands als kulturelle Informationsträger inszeniert. Der Literaturimport wurde ideologisch überhöht, als Beitrag zur Völkerverständigung im Westen und zur deutsch-sowjetischen Freundschaft bzw. der internationalen Solidarität im Osten Deutschlands.

Funktionswandel

Diese Übersetzungsideologien traten sukzessive in den Hintergrund. Im Westen verschwanden sie etwas rascher, denn dort entstanden neue sprachübergreifende Öffentlichkeiten innerhalb von strukturell und kulturell ähnlichen Kinder- und Jugendliteraturen. Die Übersetzungstätigkeit konzentrierte sich dort von Anbeginn auf einige wenige Herkunftssprachen (das britische und das amerikanische Englisch, die skandinavischen Sprachen, Niederländisch und Französisch) die das deutschsprachige Kinder- und Jugendliteratur-Angebot in zunehmendem Umfang ergänzten. Diese Ergänzungsfunktion gründet auf einem Bewusstsein der Ähnlichkeit zwischen Ziel- und Herkunftsliteratur. Im Laufe der Zeit wurden auch andere Kinder- und Jugendliteraturen entdeckt und phasenweise mit großem Interesse wahrgenommen, z.B. die tschechische, die kanadische, die irische, die israelische, die japanische und die australische. Auch bei der Rezeption der Übersetzungen aus diesen Herkunftsliteraturen steht das kulturspezifische Kolorit heute, anders als in der Nachkriegszeit, nicht mehr im Mittelpunkt des Interesses.

Lindgren-Rezeption als Beispiel

Ein gutes Beispiel für die unterschiedlichen Funktionen des Übersetzens in der Kinder- und Jugendliteratur der BRD und für ihren Wandel liefert die Rezeption Astrid Lindgrens. Besonders das Frühwerk der berühmten Autorin prägte das in der deutschen Kinder- und Jugendliteratur vermittelte Bild Schwedens und sorgte für eine Steigerung des ohnehin schon vorhandenen Interesses an weiteren Übersetzungen aus diesem Land.

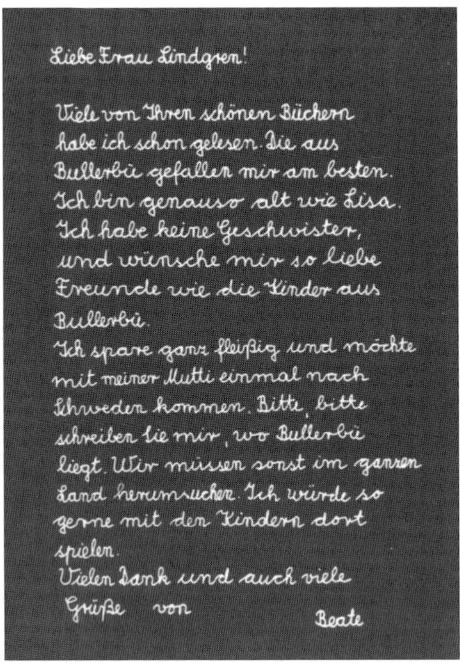
Liebe Frau Lindgren!

Viele von Ihren schönen Büchern habe ich schon gelesen. Die aus Bullerbü gefallen mir am besten. Ich bin genauso alt wie Lisa. Ich habe keine Geschwister, und wünsche mir so liebe Freunde wie die Kinder aus Bullerbü.
Ich spare ganz fleißig und möchte mit meiner Mutti einmal nach Schweden kommen. Bitte, bitte schreiben Sie mir, wo Bullerbü liegt. Wir müssen sonst im ganzen Land herumsuchen. Ich würde so gerne mit den Kindern dort spielen.
Vielen Dank und auch viele Grüße von Beate

Abb. 8.3: Astrid Lindgren: „Wir Kinder aus Bullerbü". Rückseite des Sammelbandes von 1970 (Oetinger).

Als kulturelle Informationsträger fungierten insbesondere die Småländischen Erzählungen, also die realistischen Dorf- und Kleinstadtgeschichten für Kinder, die in Astrid Lindgrens südschwedischer Heimatregion angesiedelt sind (die „Bullerbü"-Bände, „Rasmus und der Landstreicher", „Madita", „Die Kinder aus der Krachmacherstraße", die „Michel"-Bücher, „Kalle Blomquist").

In ihrer „Bullerbü"-Trilogie (schwed.: 1947, 1949, 1952; dt.: 1954, 1955, 1956) verarbeitete Astrid Lindgren (Jg. 1907) Eindrücke ihrer eigenen Kindheit, die sie – mehr mystifizierend als verfremdend – ins

19. Jahrhundert verlegt hat. Auch die drei „Michel“- bzw. (im Orig.) „Emil“-Bände (schwed.: 1963, 1966, 1970; dt.: 1964, 1966, 1970) und „Madita“ (1961; <Madicken, 1960>) zeigen mehr oder minder idyllische ländliche bzw. kleinstädtische Kindheitsparadiese der Großelternzeit, während das ursprünglich nur als Fernsehdrehbuch konzipierte Buch „Ferien auf Saltkrokan“ (1965, <Vi på Saltkrokan, 1964>), die „Kalle Blomquist“-Trilogie (schwed.: 1946, 1951, 1953; dt.: 1950, 1951, 1954) und „Die Kinder aus der Krachmacherstraße“ (1957 <Barnen pa Brakmakargatan, 1957>) in der Gegenwart handeln. Für die deutsche Rezeption spielen die unterschiedlichen Handlungszeiträume jedoch eine ganz untergeordnete Rolle. Völlig unabhängig von ihrer historischen Situierung bedienen die Texte ein identisches Stereotyp: die Lindgren-typische Gemengelage von Dorfkindheit, nostalgisch verklärter Vergangenheit, liberalem Erziehungsstil und Toleranz. So wurde die Astrid Lindgren der Småländischen Erzählungen in der BRD zur literarischen Botschafterin eines vorbildlichen, weil kinderfreundlichen Schweden. Dieser Teil der Rezeptionsgeschichte ihres Werkes steht also durchaus im Einklang mit der Übersetzungs-Utopie der „Kinderliteratur der Völkerverständigung“.

Abb. 8.4: Astrid Lindgren: „Die Kinder aus der Krachmacherstraße“ (1957; die Originalausgabe erschien im selben Jahr in der gleichen Ausstattung)

Provokatives in „Pippi Langstrumpf“

Anders verlief die deutsche Rezeption des komisch-phantastischen Kinderromans „Pippi Langstrumpf“ (1949, <Pippi Långstrump, 1945>), dessen spektakuläres Erscheinen auf dem deutschen Buchmarkt die Erfolgsgeschichte von Astrid Lindgren und (in ihrem Gefolge) der schwedischen Kinderliteratur begründet hatte. Mit diesem Roman verletzte die Autorin diverse kinderliterarische Konventionen, die anarchisch-aufmüpfige kindliche Heldin, die groteske Komik, die Nonsense-Elemente und die zahlreichen ironischen Seitenhiebe gegen traditionelle Kinderbücher und Kindheitsvorstellungen irritierten die zeitgenössischen Sachwalter der Kinderliteratur in Schweden nicht weniger als in

Deutschland. Nachdem das Original bereits eine Debatte ausgelöst hatte, die als „Pippi-Fehde" in die schwedische (Kinder-)Literaturgeschichte einging, wiederholte sich dieser Vorgang beim Erscheinen der deutschen Übersetzung. Obgleich die Übersetzerin Cäcilie Heinig das Ihre getan hatte, um das Provokationspotenzial des originellen Textes abzumildern, erregte „Pippi Langstrumpf" immer noch genügend Anstoß, um das Buch und seine Verfasserin im (westlichen) deutschsprachigen Raum nachhaltig bekannt zu machen. Mit „Pippi Langstrumpf" begann eine Blütezeit der in Deutschland bis dato wenig anerkannten kinderliterarischen Phantastik und das Vorbild der omnipotenten und widerborstigen Heldin trug entscheidend zur Veränderung des Kindheitsbildes der deutschen Kinderliteratur bei.

Astrid Lindgrens Einfluss auf die deutsche Kinder- und Jugendliteratur

Unter den in Deutschland durchweg überaus erfolgreichen Werken Astrid Lindgrens waren es vor allem die drei „Pippi Langstrumpf"-Bände, „Die Brüder Löwenherz" (1973, <Bröderna Lejonhjärta, 1973> und „Ronja Räubertochter" (1982, <Ronja Rövardotter, 1981>), die zum Wandel des Formen- und Themenspektrums der einheimischen Kinder- und Jugendliteratur beitrugen. Der große Einfluss dieser in der Fachöffentlichkeit mit Abstand meistdiskutierten unter den Werken Astrid Lindgrens gründet aber auf dem Bewusstsein einer Ähnlichkeit zwischen Herkunfts- und Zielliteratur. Anders als im Falle der Småländischen Erzählungen spielten etwaige Kulturspezifika bei der Rezeption keines dieser Werke eine herausragende Rolle. Die Übersetzung von „Bröderna Lejonhjärta" und „Ronja Rövardotter" findet bereits unter veränderten Rahmenbedingungen statt: Diese Bücher werden eher als Teile einer länderübergreifenden kinder- und jugendliterarischen Öffentlichkeit wahrgenommen, denn als potentiell zum kulturellen Brückenbau taugliche Hervorbringungen einer fremden Literatur.

Entstehung transnationaler kultureller Räume

In den Bereichen Film, Fernsehen, populäre Musik und Mode haben sich schon seit den 1950er Jahren transnationale kulturelle Räume herausgebildet. Indem die deutsche Kinder- und Jugendliteratur von den literarischen Leistungen und den Modernitätsvorsprüngen anderer Literaturen profitiert, trägt sie zur Ausbreitung solcher Räume nicht unwesentlich bei.

Kinderbücher aus dem „Süden" – Literaturimport in der Nische

Als Lieferanten kulturspezifischer Impressionen fungieren gegenwärtig vorzugsweise die wenigen Importe aus den nach wie vor marginalisierten Herkunftsliteraturen in Afrika, Asien, Lateinamerika und Südeuropa, aus denen in den 50er und 60er Jahren so gut wie gar nicht übersetzt worden ist. Aufgrund der andersartigen Strukturen des Buchmarkts außerhalb von Europa und Nordamerika, der geringen Präsenz der Verlage auf internationalen Messen und der Tatsache, dass die entsprechenden Bücher im Programm der Literaturagenturen unterrepräsentiert sind, ist der Aufwand bei der Auswahl übersetzungsrelevanter Texte entsprechend hoch. Übersetzungsprojekte wie z.B. die seit dem Jahr 1989 durch den gleichnamigen Kinderbuchfonds der „Erklärung von Bern" herausgegebene Buchreihe „Baobab" sind vom Engagement und Sachverstand einzelner und in der Regel auch von Subventionen abhängig. Das Ziel solcher Initiativen besteht darin, den Lesern Blicke „über den Tellerrand" der eigenen Kultur zu gewähren. In der Verlagswerbung, im Paratext und auch in den meisten Rezensionen wird die Fremdartigkeit der Texte in den Vordergrund gerückt und ihr Informationsgehalt hinsichtlich der Verhältnisse im Herkunftsland. Die Verbreitung von Kinder- und Jugendbüchern aus dem sogenannten „Süden" – also aus den wirtschaftlich benachteiligten und kulturell unterrepräsentierten Teilen der Welt – vollzieht sich in einer eigens dafür geschaffenen Enklave des deutschsprachigen Buchmarktes. Innerhalb dieser Enklave überlebt die Übersetzungs-Utopie der „Kinderliteratur der Völkerverständigung" den Funktionswandel des Übersetzens.

Homogenisierung und Differenzierung

In der Geschichte des kinderliterarischen Übersetzens ins Deutsche zeichnet sich in den zurückliegenden sechzig Jahren eine deutliche Tendenz zur kulturellen Homogenisierung und zur Verfestigung überkommener Vormachtstrukturen ab. Diese Homogenisierung bildet jedoch die Voraussetzung für eine durch Übersetzungen aus kulturell ähnlichen Literaturen beförderte formale und inhaltliche Ausdifferenzierung der deutschsprachigen Kinder- und Jugendliteratur.

8.4. Übersetzungswissenschaft und Übersetzungskritik

Angesichts der immensen quantitativen und qualitativen Bedeutung des Übersetzens innerhalb der deutschsprachigen Kinder- und Jugendliteratur ist es erstaunlich, dass die Herausbildung darauf bezogener übersetzungswissenschaftlicher bzw. übersetzungskritischer Diskussionszusammenhänge so lange auf sich warten ließ. Für die Vertreter der Kinderliteratur der Völkerverständigung war die Differenz zwischen Ziel- und Ausgangstext einer kinderliterarischen Übersetzung ebenso wenig ein Thema wie in früheren kinderliteraturtheoretischen und -programmatischen Beiträgen. Innerhalb der akademischen Übersetzungswissenschaft wurde die Kinder- und Jugendliteratur bis in die 1980er Jahre ignoriert oder sogar explizit aus dem Gegenstandsbereich der Disziplin ausgrenzt. Grund dafür ist die lange Zeit bestehende normative Ausrichtung der Übersetzungswissenschaft. Eine zielgruppenorientierte Gebrauchsliteratur, als die man die Kinder- und Jugendliteratur ansah, schien für eine Theorie der Übersetzung uninteressant, weil es sich bei den hier anfallenden Transfervorgängen weniger um literarische Übersetzungen als um Bearbeitungen handeln könne.

Übersetzungswissenschaft und Kinder- und Jugendliteraturforschung

Die wissenschaftliche Auseinandersetzung mit dem Phänomen des Übersetzens entwickelte sich auf internationaler Ebene. Eine in den 1960er Jahren beginnende und hauptsächlich von den Beiträgen Richard Bambergers (Wien), Walter Scherfs (München) und Göte Klingbergs (Stockholm) bestimmte erste Phase der Diskussion konzentrierte sich auf die Übersetzungskritik und auf Versuche der Begründung von Normen kinder- und jugendliterarischen Übersetzens. Dieser an der Übersetzungspraxis orientierte Diskurs wurde innerhalb des Handlungssystems der deutschsprachigen Kinder- und Jugendliteratur mit wachsendem Interesse verfolgt und auf diversen, vorzugsweise durch Beiträge von Übersetzerinnen und Übersetzern bestrittenen Tagungen fortgeführt.

Descriptive Translation Studies

Die in den 1990er Jahren einsetzende zweite Phase der Diskussion bezog ihre entscheidenden Impulse aus dem Paradigmenwechsel der Übersetzungstheorie, durch den in den 1980er Jahren an den Universitäten Leuven, Amsterdam, Tel Aviv und Göttingen begründeten Forschungsansatz der „Descriptive Translation Studies“. Die Vertreter dieses Ansatzes wenden sich von den bis dato dominierenden präskriptiven, vom Ideal einer Äquivalenz zwischen Ausgangstext und Zieltext bestimmten Konzepten der Übersetzungswissenschaft ab. Statt dessen werden die Normen, die den Prozess einer Übersetzung bestimmen, zum Gegenstand einer beschreibenden Analyse. Innerhalb der Kinderliteraturforschung waren es vor allem Zohar Shavit (Tel Aviv), Gideon Toury (Tel Aviv), Turgay Kurultay (Istanbul), Riitta Oittinen (Tampere) und Emer O'Sullivan (Frankfurt / Lüneburg), die mit neuen, den besonderen Bedingungen der kinderliterarischen Kommunikation Rechnung tragenden übersetzungswissenschaftlichen Beiträgen hervorgetreten sind. Emer O'Sullivan hat nicht nur zahlreiche übersetzungskritische Einzelstudien vorgelegt, sondern auch eine in deutscher und englischer Sprache erschienene Habilitationsschrift zur vergleichenden Kinderliteraturwissenschaft. Der übersetzungswissenschaftliche Teil des den interessierten Lesern dieses Kapitels zur weiterführenden Lektüre nachdrücklich empfohlenen Buches enthält einen ausführlichen Forschungsüberblick und eine an ausgewählten Textbeispielen entwickelte Theorie der Übersetzung kinder- und jugendliterarischer Erzähltexte.

Parallel zu der Entwicklung der wissenschaftlichen Diskussion stellt sich innerhalb des Handlungssystems ein (langsam) zunehmendes Bewusstsein für das Phänomen des Übersetzens ein. Noch immer bilden Rezensionen übersetzter Kinder- und Jugendbücher, in denen auch die Leistung des Übersetzers in angemessener Weise gewürdigt wird, eine Ausnahme. Aber in Kleinigkeiten drückt sich der Zuwachs an Sensibilität doch recht deutlich aus: So war es bis in die siebziger Jahre hinein noch durchaus üblich, auf Titeleien übersetzter Kinder- und Jugendbücher die Angabe des Originaltitels zu unterschlagen. Vielfach fehlte sogar die Übersetzerangabe. Beides gehört heute zum Standard. Bei den renommierteren Kinder- und Jugendbuchverlagen hat sich zudem die Praxis differenzierter Angaben zur Herkunftssprache (z.B.: kanadisches Englisch, brasilianisches Portugiesisch etc.) durchgesetzt.

Zuwachs an Sensibilität für Übersetzungsphänomene

Ein weiteres Beispiel ist die allmähliche Ausweitung der bei der Vergabe des Deutschen Jugendliteraturpreises sichtbar werdenden Wertschätzung für übersetzte Bücher auf die Person der Übersetzerin oder des Übersetzers. Innerhalb des für die Ausrichtung des Preises zuständigen Dachverbandes „Arbeitskreis für Jugendliteratur“ (vormals: „Arbeitskreis für Jugendschrifttum“) wurden seit seiner Gründung im Jahr 1956 immer wieder Forderungen nach einer angemessenen Berücksichtigung der Übersetzungsleistung bei der Preisvergabe erhoben. Erst seit 1971 erlauben die Statuten der Jury, die Preise in den einzelnen

Sparten aufzuteilen, um Übersetzer und Illustratoren in angemessener Weise zu berücksichtigen. In den 1980er Jahren wurde es schließlich zur Regel, die Übersetzer in finanzieller und ideeller Hinsicht am Preis zu beteiligen und seit 1994 wurden im Rahmen des Deutschen Jugendliteraturpreis drei Übersetzerinnen und ein Übersetzer für ihr Gesamtwerk ausgezeichnet: Mirjam Pressler (1994), Birgitta Kicherer (1999), Cornelia Krutz-Arnold (2002), Harry Rowohlt (2005) und Gabriele Haefs (2008).

"Klassiker"-(Neu-) Übersetzungen

Dass der Zuwachs an öffentlicher Aufmerksamkeit für das Übersetzen und die Übersetzer von Kinder- und Jugendliteratur sich positiv auf die Qualität des Lektüreangebotes auswirkt, wird besonders anhand der Übersetzungsgeschichte von „Klassiker"-Texten deutlich. Oft fördern Neu-Übersetzungen der populären Kinder- und Jugendbücher Dimensionen des Originaltextes zu Tage, die in den bisher auf dem Markt befindlichen Übersetzungen verschüttet waren. Diese gegenüber den bisherigen Übersetzungen zumeist stärker am Ausgangstext orientierten und literarisch anspruchsvolleren Fassungen zeugen jedoch mitunter auch von der kaum zu bewältigenden Schwierigkeit, die offenen Adressatenentwürfe vielschichtiger fremdsprachiger Texte ins Deutsche zu übertragen. Diese Schwierigkeit charakterisiert Emer O'Sullivan mit Blick auf Übersetzungsgeschichte von „Alice in Wonderland" wie folgt:

„Eine erwachsene Lesart des Originals kann ihm leicht den kinderliterarischen Charakter absprechen, eine kindgerechte läuft Gefahr, die Doppelbödigkeit von Anspielungen zu ignorieren. Carroll hielt mit erstaunlicher Leichtigkeit die Balance zwischen beiden, eine für Übersetzer fast unmögliche Herausforderung".[99]

Allemal bieten die verschiedenen in deutscher Sprache vorliegenden älteren und neueren Übersetzungen und Bearbeitungen von Erzählungen wie „Alice in Wonderland", „Winnie-the-pooh", „Pinocchio", „The Hobbit" oder „Pippi Langstrumpf" eine gute Grundlage zur vergleichenden Betrachtung unterschiedlicher Stile und Strategien des Übersetzens. Solche Vergleiche machen deutlich, dass jede Übersetzung eine Interpretation des Originaltextes einschließt und dass die im übersetzten Text wiedergegebene Lesart des Originals auch vom Adressatenentwurf des Übersetzers beeinflusst wurde. Übersetzungskritische Analysen und Vergleiche unterschiedlicher Versionen eines Textes in der Zielsprache sind nicht nur für Studierende der Komparatistik und der Übersetzungswissenschaften sinnvolle Übungen, sondern – aufgrund des häufigen Umgangs mit Übersetzungen in der Schule – auch für angehende Deutschlehrerinnen und Deutschlehrer.

8.5. Übersetzte Literatur im Unterricht

„Die eigentliche Arbeit bietet das Studium der alten Classiker. Wenn ein Schüler dieser Arbeit seine Kraft entzieht und auch in den Arbeitsstunden deutsche Bücher, wenn auch mit Sorgfalt und Nachdenken liest und die alten Classiker vernachlässigt, so entsteht in ihm notwendigerweise jenes schöngeistige, süßliche, sentimentale, geistreich und gefühlvoll sich gebehrdende Wesen, welches zu nichts Ernstem und Tüchtigem nütze ist, sondern nur in Resourcen und Theegesellschaften gehört, wo über Theater, Schiller, Göthe und dergleichen viel gesprochen und nichts entschieden wird." Johann Heinrich Deinhardt, 1837[100]

„Wenn man davon ausgehen kann, dass am Ende der Klasse 9 in allen Schularten das Ringen mit der deutschen Sprache einen gewissen Abschluss gefunden haben sollte, alle Diktate und Aufsätze geschrieben sind, sollte auch der klassische Deutschunterricht enden. Bei SchülerInnen mit besonderen Sprachdefiziten könnte eine Förderschiene beibehalten werden. Ansonsten kann das Fach Weltliteratur ab Klasse 10 das Fach Deutsch ersetzen." Gerhard Weil, 2007[101]

der Literaturkanon des Deutschunterrichts

Worin, abgesehen von der streitbaren Rhetorik, bestehen die Gemeinsamkeiten in den beiden zitierten Äußerungen? Johann Heinrich Deinhardt (1805-1867) war einer der Gründerväter der humanistischen Gymnasialbildung in Preußen. In seiner hier zitierten Schrift „Der Gymnasialunterricht nach den wissenschaftlichen Anforderungen der jetzigen Zeit" polemisiert er gegen die Aufnahme der deutschen Literatur in den Unterrichtskanon. Bildungswert besitzen nach Ansicht des Pädagogen lediglich die altgriechischen und lateinischen Klassiker, die die Schüler im Original zu lesen und ins Deutsche zu übersetzen hatten; Schiller und Goethe sollen der Privatlektüre überlassen bleiben, die zeitgenössische Gegenwartsliteratur (Romantik, Vormärz, Junges Deutschland) wird gar nicht erst erwähnt.

Der zitierte Artikel von Gerhard Weil trägt den Titel „Schafft den Deutschunterricht ab! Provokante Überlegungen zur Einführung eines Faches Weltliteratur" und wurde in der „Berliner Lehrer Zeitung" der Gewerkschaft Erziehung und Wissenschaft veröffentlicht. Beide Verfasser argumentieren gegen einen auf die Vermittlung deutscher Literatur ausgerichteten Deutschunterricht, in der Form, in der er sich im Verlauf der zwischen dem Erscheinen der beiden Beiträge liegenden 170 Jahre an den Gymnasien etabliert hat. Die Begründungen der jeweiligen Argumentation allerdings könnten kaum unterschiedlicher sein. Der eine fordert die Öffnung eines überkommenen nationalliterarischen Bildungskanons für die internationale Literatur und begründet seine Forderung mit den Dekanonisierungsprozessen innerhalb der literarischen Öffentlichkeit und der multikulturellen Zusammensetzung der Gegenwartsliteratur. Der andere verteidigt den – vergleichsweise weniger lang bestehenden – altsprachlichen Kanon des humanistischen Gymnasiums gegen seine Öffnung für die deutsche Literatur des Sturm und Drang und der Klassik und tritt für die Beibehaltung einer strikten Trennung zwischen Schule und literarischer Öffentlichkeit ein.

„Nationalliteratur" und „Weltliteratur"

Der Begriff „Weltliteratur" entstand in derselben Zeit wie das neuhumanistische Gymnasium, das Konzept einer (kanonischen) Nationalliteratur und auch das Handlungs- und Symbolsystem der deutschsprachigen Kinder- und Jugendliteratur: an der Wende vom 18. zum 19. Jahrhundert. Zum gegenwärtigen Verständnis von Weltliteratur und zu ihrer Repräsentanz in der Schule finden wir beim deutschen Bildungsserver folgende Information:

„In den Bildungsplänen der Bundesländer wird im Deutschunterricht vor allem in der Oberstufe auch die Behandlung von Autoren der Weltliteratur gefordert."[102]

Obgleich der Begriff in den meisten Bildungsplänen eher pragmatisch im Sinne von „übersetzter fremdsprachiger Literatur" gebraucht würde, sei die Auswahl, dieser Quelle zufolge, faktisch doch weithin auf die Klassiker der Antike und der europäischen Literaturen begrenzt. Als bevorzugte Autoren werden Sophokles, William Shakespeare und Molière genannt.

Doch unabhängig davon, ob „Weltliteratur" im Verständnis der Bildungspläne nur von Aristophanes bis Émile Zola buchstabiert wird, oder ob (in seltenen Ausnahmen!) auch Jorge Luis Borges, Orhan Pamuk, Salman Rushdie und Wole Soyinka dazu zählen: Die Begegnung mit diesen Texten ist üblicherweise erst in der Oberstufe des Gymnasiums vorgesehen und Kinder- und Jugendliteratur wird in den Bildungsplänen nicht zur „Weltliteratur" gezählt.

übersetzte Kinder- und Jugendliteratur im Deutschunterricht

Dennoch dürfte die in Primarstufe und Sekundarstufe 1 mittlerweile fest institutionalisierte unterrichtliche Rezeption von Werken der Kinder- und Jugendliteratur weitaus mehr Anlässe zur Begegnung mit übersetzter fremdsprachiger Literatur bieten als die „zur literaturgeschichtlichen Einordnung oder zum motiv- und gattungsgeschichtlichen Verständnis deutschsprachiger Literatur"[103] fallweise im Deutschunterricht der Gymnasien gelesene „Weltliteratur". Von der Selbstverständlichkeit des Umgangs mit übersetzter Kinder- und Jugendliteratur zeugen nicht nur die entsprechenden Passagen aus den Bildungsplänen.[104] Auch in Lesebüchern sind übersetzte kinderliterarische Texte keine Seltenheit und in den von den Kinderbuchverlagen publizierten bzw. in Fachzeitschriften oder im Internet veröffentlichten Unterrichtsanregungen werden vielfach übersetzte Bücher behandelt. Die in den 1960er Jahren einsetzende Öffnung des Deutschunterrichts für die Kinder- und Jugendliteratur erstreckte sich von Anbeginn auch auf übersetzte Texte. Darstellungen zu „Karlsson vom Dach", „Pinocchio" und „Tom Sawyer" finden sich bereits in Anna Krügers für die Akzeptanz der Kinder- und Jugendliteratur als Gegenstand des Deutschunterrichts bahnbrechendem Werk „Kinder- und Jugendbücher als Klassenlektüre" (1963). „Selbstverständlichkeit des Umgangs" bedeutet aber nicht nur, dass diese Praxis weit verbreitet ist, sondern leider auch, dass sie offensichtlich den Beteiligten nicht der Rede wert erscheint.

Nichtberücksichtigung von Übersetzungsphänomenen

Anders als in den übrigen Teilen des kinder- und jugendliterarischen Handlungssystems bleibt das Phänomen der Übersetzung in didaktischen Beiträgen und Unterrichtsanregungen weithin unberücksichtigt, was besonders im Zusammenhang mit gelegentlich im Rahmen von Sachanalysen getroffenen Aussagen zu Sprache und Stil der untersuchten Werke irritierend wirkt. (Gegenstand der Betrachtung ist Sprache und Stil der Übersetzung, zumindest hier wäre ein Vergleich mit dem oder ein Hinweis auf den Originaltext dringend angezeigt!) Dieses Defizit in der fachlichen und fachdidaktischen Reflexion einer an und für sich begrüßenswerten Unterrichtspraxis wiegt um so schwerer, als auch im Zusammenhang mit den erwähnten Vorschlägen und Forderungen zur Einbeziehung der „Weltliteratur" in den Deutschunterricht der Gymnasien möglicherweise adaptierbare Konzepte eines professionellen Umgangs mit übersetzten Texten im Deutschunterricht fehlen.

Professionalität bei Textauswahl und Unterrichtsplanung

Einer solchen Professionalität bedarf es zum einen bei der Textauswahl und zum andern bei der Planung didaktisch-methodischer Arrangements zur Sensibilisierung der Schülerinnen und Schüler für Übersetzungsphänomene. Damit ist jedoch keineswegs gemeint, dass Lehrerinnen und Lehrer, die die Herkunftssprache einer Übersetzung nicht perfekt beherrschen, besser die Finger davon lassen sollten! Schließlich lassen sich die Indizien für mögliche Schwächen einer Übersetzung im zielsprachlichen Text ausmachen. Auf der Grundlage dieser Erkenntnis aus der „praxisorientierten" Phase der kinder- und jugendliterarischen Übersetzungsdiskussion formulierte der österreichische Autor und Übersetzer Wolf Harranth 1991 einen Kriterienkatalog für die kritische Lektüre übersetzter Kinder- und Jugendbücher. Der hier wiedergegebene 10-Punkte-Katalog von Reinbert Tabbert wurde 1996 auf der Grundlage der Vorarbeiten Wolf Harranths für die Arbeit der Jurys für den Deutschen Jugendliteraturpreis entworfen. Die darin enthaltenen Hinweise können auch bei der Textauswahl für den Unterricht genutzt werden:

„Checkliste" zur kritischen Lektüre von Übersetzungen

1. *Wurden Interferenzen vermieden? (= Das Durchschlagen der Ausgangs- in die Zielsprache, z. B.: „Du hast meinen Tag gemacht" für „You made my day", was etwa bedeutet: „Du hast mir den Tag gerettet.")*
2. *Verrät die Übersetzung Sicherheit im Idiomatischen? (Z. B. sollte jeder Rezensent bemerken können, daß „Oh, Hölle!" keine adäquate Übersetzung von „Oh, hell!" ist.)*
3. *Verrät die Übersetzung Sicherheit im Dialog? (Z. B. ist als schwache Leistung durchaus auch ohne Kenntnis des Originals folgende Passage zu erkennen: „Nächstens erzählt mir dein krummes Eichhörnchenmaul, du steckst dir Bierdosen in die Backen für den Winter.")*
4. *Sind Grammatik und Stil korrekt? Werden – verräterische Indizien – Zeitenfolge, Konjunktiv u. dgl. richtig eingesetzt? (Abschreckendes Beispiel: „Er schaute sie an, als wenn sie verrückt gewesen wäre.")*

5. *Hinkt die Sprache unbeholfen (und womöglich verständnislos) dem Original nach – oder ist sie sicher? („Er blickte Cavanaugh lüstern an, der Ausdruck vergrößerte seine Gesichtszüge, steckte ein Licht in seinen Augen auf, das lange, böse Zähne machte.")*
6. *Wird unschöne „Klang- und Wortballung" vermieden? (Wieder Zitate: „Die Leine umschlang eines seiner Beine, keine reine Freude." – „Wenn er mehr Zeit gehabt hätte, hätte er mehr aus der Sache gemacht, aber viel machte er sich trotzdem nicht daraus.")*
7. *Stimmt die Sprachebene? Oder hat der Übersetzer – insgesamt oder mit einem schlecht gewählten Wort mitten im Satz – „zu hoch" oder „zu tief" gestapelt? (Also: Sind Makro- und Mikrostruktur kongruent übersetzt?)*
8. *Stimmt der Ton? Oder stört etwa eine Tendenz zur Verniedlichung oder zur Pädagogisierung?*
9. *Lassen sich Textkürzungen oder Textergänzungen vermuten?*
10. *Sind Eingriffe in die Bildausstattung des Originals anzunehmen?*[105]

didaktische Begründung

Besonders innerhalb der Kinder- und Jugendliteratur, aber nicht nur dort, spielen Übersetzungen eine bedeutende Rolle. Aufmerksamkeit für Phänomene des Literaturtransfers ist darum eine zur bewussten Teilhabe an der literarischen Kultur unerlässliche Voraussetzung, die durch die Schule entsprechend gefördert werden sollte. Überdies entwickeln Schülerinnen und Schüler, die sich etwa mit klanglichen, rhythmischen und syntaktischen Merkmalen von Ausschnitten des fremdsprachigen Ausgangstextes beschäftigen, auch ihre ästhetische Wahrnehmungsfähigkeit und ihre Sprachbewusstheit.

Wahrnehmungspotenziale von Übersetzungen

Veränderungen auf der Ebene des Paratextes – also z.B. Veränderungen des Titels und der Aufmachung eines Buches – lassen oftmals interessante Rückschlüsse auf kulturelle Unterschiede zwischen dem Ziel- und dem Herkunftsland einer Übersetzung zu. Ein aussagekräftiges Indiz für die textimmanente Übersetzungsstrategie ist der Umgang mit den Namen der Protagonisten eines Erzähltextes. Werden die Namen eingedeutscht oder aus dem Originaltext übernommen? Was geschieht dabei mit etwaigen Wortspielen oder Anspielungen in den originalsprachlichen Eigennamen? Enthält der übersetzte Text Elemente in der Ausgangssprache, wie zum Beispiel Grußformeln, Interjektionen oder Flüche? Welche Merkmale im Zieltext weisen darauf hin, dass dieser aus einer anderen Sprache übersetzt worden ist?

Mehrsprachigkeit und fächerübergreifender Unterricht

Natürlich bildet auch die Mehrsprachigkeit im Klassenzimmer eine wichtige Ressource für den Literaturunterricht mit Übersetzungen. Allerdings kommt der überwiegende Teil der kinder- und jugendliterarischen Übersetzungen aus dem anglophonen und dem skandinavischen Sprachraum und nicht aus den Herkunftssprachen der Migranten. In den Sekundarstufen ließen sich überdies auch anspruchsvollere übersetzungskritische und übersetzungspraktische Projekte im fächerübergreifenden Unterricht mit der entsprechenden Fremdsprache ansiedeln.

Bildungsziele und Kompetenzen

Davon abgesehen werden übersetzte Kinder- und Jugendbücher aber vorzugsweise im Rahmen des Deutschunterrichts gelesen, was angesichts ihrer Bedeutung für die deutschsprachige Kinder- und Jugendliteratur auch angebracht erscheint. Selbstverständlich gibt es unterschiedliche Gründe, ein übersetztes Buch im Deutschunterricht zu lesen und in den seltensten Fällen wird das Ziel der Sensibilisierung der Schülerinnen und Schüler für Übersetzungsphänomene dabei an erster Stelle stehen. Dennoch ist dieses zentrale Kompetenzbereiche des Deutschunterrichts tangierende Ziel – unabhängig von etwaigen Fremdsprachenkenntnissen – bereits für die Primarstufe relevant.

Zusammenfassung

Die Frage, ob übersetzte Kinderbücher wirklich Brücken des Verstehens fremder Kulturen schlagen, lässt sich am Ende dieses Kapitels nicht mit letzter Sicherheit beantworten. Fest steht, dass das in deutscher Sprache verfügbare Lektüreangebot für junge Leserinnen und Leser von Anbeginn in einem sehr hohen Ausmaß durch Übersetzungen geprägt war und dass die qualitative und quantitative Bedeutung des Übersetzens in den Jahren seit 1945 noch angestiegen ist. Fest steht aber auch, dass sich diese Übersetzungstätigkeit stets auf einige wenige Herkunftssprachen (bzw. -länder) konzentriert hat und, dass der internationale Kinder- und Jugendliteraturaustausch traditionell eine Angelegenheit der reichen und kulturell ähnlich entwickelten Länder des Westens und des Nordens ist. Diese hegemonialen Strukturen werden durch den Funktionswandel des Übersetzens und die Entstehung transnationaler kultureller Räume einerseits verfestigt, andererseits öffnen sich Nischen für die Übersetzung aus dem sogenannten „Süden“. Letztere werden vorzugsweise als Träger kulturspezifischer Informationen rezipiert und allenfalls in Ausnahmefällen mit Literaturpreisen ausgezeichnet. Die faktische Konzentration der Übersetzungstätigkeit auf Herkunftsregionen, zu denen es vergleichs-

weise wenig zu überbrücken gibt, spricht also für eine eher skeptische Bewertung des völkerverbindenden Potenzials der Kinder- und Jugendliteratur.

Innerhalb der Kinder- und Jugendliteraturtheorie setzte sich eine solche skeptische Haltung in dem Maße durch, indem dort komparatistische Ansätze an Boden gewannen. Im Rahmen solcher Ansätze und unter dem Einfluss einer Neuorientierung der Übersetzungstheorie („Descriptive Translation Studies") entwickelte sich schließlich auch eine Übersetzungswissenschaft der Kinder- und Jugendliteratur. Diese zum Teil in englischer Sprache und auf internationaler Ebene geführte wissenschaftliche Diskussion führte dazu, dass sich auch in Teilen des Handlungssystems der deutschen Kinder- und Jugendliteratur ein Bewusstsein für Übersetzungsphänomene einstellte.

Die Didaktik der deutschen Literatur entwickelte sich historisch im Zusammenhang mit dem Bildungsprogramm des humanistischen Gymnasiums als Theorie der Vermittlung eines Kanons der Nationalliteratur. Gegenwärtig ist in fast allen Bildungsplänen der einzelnen Bundesländer innerhalb des Deutschunterrichts der gymnasialen Oberstufen (und zum Teil auch in anderen Schularten und -stufen) die Beschäftigung mit (übersetzter) „Weltliteratur" vorgesehen. Übersetzte kinder- und jugendliterarische Texte werden in den Bildungsplänen üblicherweise nicht zur „Weltliteratur" gezählt. Sie sind seit dem in den 1960er Jahren beginnenden Einzug der Kinder- und Jugendliteratur zu einer Selbstverständlichkeit des Deutschunterrichtes in der Primarstufe und Sekundarstufe 1 geworden. Die in anderen Teilen des Handlungssystems bereits eingesetzte Entwicklung eines Bewusstseins für Übersetzungsphänomene steht im Deutschunterricht noch aus. Nicht nur mit Bezug auf übersetzte Kinder- und Jugendliteratur, sondern generell befindet sich die fachdidaktische Reflektion der Praxis des Umgangs mit Übersetzungen im Deutschunterricht noch in den Anfängen. In dieser Praxis steckt aber durchaus das Potenzial zur Kultivierung sprachlicher, literarischer und kultureller Vielfalt. Ein auf die Sensibilisierung der Schülerinnen und Schüler für Übersetzungsphänomene ausgerichteter Deutschunterricht wäre entschieden als Brückenbauunternehmung zu qualifizieren.

Testfragen

1. Welche Vorstellungen verbinden sich mit dem Konzept einer „Kinderliteratur der Völkerverständigung"?
2. Inwiefern ist der Kanon der im deutschen Sprachraum als „Klassiker" geltenden kinder- und jugendliterarischen Werke international?
3. Welche Impulse bezog die internationale Forschung zur Übersetzung von Kinder- und Jugendliteratur aus den „Descriptive Translation Studies"?
4. Was bedeutet Professionalität im Umgang mit übersetzter Literatur im Deutschunterricht?
5. Nennen Sie Beispiele für Übersetzungsphänomene, deren Wahrnehmung die Beherrschung der Originalsprache der Übersetzung nicht voraussetzt!

Anregungen zur Textarbeit

1. Welche der Kinder- und Jugendbücher, die in Ihrer eigenen Lesebiographie eine wichtige Rolle gespielt haben, wurden aus anderen Sprachen übersetzt?
   - Wählen Sie ein Buch aus und lesen es noch einmal. Vergleichen Sie Ihre aktuelle Leseerfahrung mit der früheren!
   - Enthält der Text Signale, die auf seine Herkunft hindeuten (Schauplatz, fremdsprachige Namen, Grußformeln und andere Textelemente in der Originalsprache etc.)?
   - Setzen Sie sich nun in einer geeigneten Weise mit der Übersetzung auseinander:
     - Falls es sich um einen Klassiker-Text handelt, gibt es vielleicht unterschiedliche deutschsprachige Ausgaben, die sie vergleichen können.
     - Falls Sie die Originalsprache ansatzweise beherrschen, können Sie sich die Originalausgabe besorgen und direkte Vergleiche anstellen. Wählen Sie dafür Passagen, die Ihnen im übersetzen Text als besonders markant erscheinen.
     - Bringen Sie etwas über die Rezeptionsgeschichte des Werkes im Ziel- und im Herkunftsland der Übersetzung in Erfahrung. Unter Umständen finden Sie einen Artikel in Bettina Kümmerling-Meibauers „Klassiker"-

Lexikon (vgl. Literaturhinweise). Recherchieren Sie auch im Internet! Die Editionsgeschichte können Sie mithilfe der Nationalbibliographien auf der Website des Karlsruher Virtuellen Katalogs rekonstruieren.

2. Wählen Sie unter den Büchern, die in den zurückliegenden fünf Jahren mit dem Deutschen Jugendliteraturpreis ausgezeichnet worden sind, eine Übersetzung aus.
   - Nachdem Sie das Buch einmal „einfach so" gelesen haben, versuchen Sie mit der „Checkliste" von Tabbert/Harranth (vgl. S. 210f.) zu arbeiten.
   - Falls Sie die Originalsprache ansatzweise beherrschen, können Sie sich intensiver mit der Übersetzung auseinandersetzen. In jedem Fall sollten Sie nach einer Abbildung der Originalausgabe im Internet suchen. Vielleicht gibt es in Ihrem Bekanntenkreis jemanden, der Ihnen eine Passage aus dem Original vorlesen kann?

Literaturtipps

Sekundärliteratur

Honnef-Becker, Irmgard (Hg.): *Dialoge zwischen den Kulturen. Interkulturelle Literatur und ihre Didaktik.* Baltmannsweiler: Schneider-Verlag Hohengehren 2007.

Kliewer, Annette: *Fremdsprachige Bücher im Deutschunterricht.* In: Dies.; Massingue, Eva: Guck mal übern Tellerrand. Kinder- und Jugendliteratur aus den südlichen Kontinenten im Deutschunterricht. Baltmannsweiler: Schneider-Verlag Hohengehren 2006, S. 82-87.

Kliewer, Heinz-Jürgen: *Von der „Kinderbuchbrücke" zur interkulturellen Literaturdidaktik.* In: Nassen, Ulrich; Weinkauff, Gina (Hg.): Konfigurationen des Fremden in der Kinder- und Jugendliteratur nach 1945. München: Iudicium 2000, S. 183-196.

Kümmerling-Meibauer, Bettina: *Klassiker der Kinder- und Jugendliteratur. Ein internationales Lexikon.* Stuttgart: Metzler 1999.

O'Sullivan, Emer: *Kinderliterarische Komparatistik.* Heidelberg: Winter 2000 (Probleme der Dichtung; 28).

O'Sullivan, Emer: *Sprach- und Kultursensibilisierung durch Bilderbücher. Das Europäische Bilderbuchprojekt.* In: Beiträge Jugendliteratur und Medien, 56. Jg. / 2004, H. 1, S. 27-32.

Olof, Klaus-Detlef: *Literarisches Übersetzen im Literaturunterricht*. In: Delanoy, Werner; Rabenstein, Helga; Wintersteiner, Werner (Hg.): Lesarten. Literaturdidaktik im interdisziplinären Vergleich. Innsbruck; Wien: Studienverlag 1996 (ide extra; 4), S. 127-140.

Rösch, Heidi: *Entschlüsselungsversuche. Kinder- und Jugendliteratur und ihre Didaktik im globalen Diskurs*. Baltmannsweiler: Schneider-Verlag Hohengehren 2000.

Weinkauff, Gina: *Ent-Fernungen. Fremdwahrnehmung und Kulturtransfer in der deutschsprachigen Kinder- und Jugendliteratur seit 1945*. Mit einem Vorwort von Ulrich Nassen. Bd. 1: Fremdwahrnehmung. Zur Thematisierung kultureller Alterität in der deutschsprachigen Kinder- und Jugendliteratur seit 1945. Bd. 2 (mit Martina Seifert): Kulturtransfer. Studien zur Repräsentanz einzelner Herkunftsliteraturen. München: Iudicium 2006.

Kinder- und Jugendliteratur im Sozialisationsprozess und in der Schule

9

Inhaltsübersicht

9.1. Sozialisationsfunktionen der Kinder- und Jugendliteratur

Kinder- und Jugendliteraturkonzepte im historischen Wandel

Wenn man die Kinder- und Jugendliteratur der Gegenwart mit ihren historischen Anfängen vergleicht, liegt es nahe, ihre Geschichte als einen Prozess der Emanzipation von den pädagogisch-didaktischen Handlungszusammenhängen zu verstehen, denen sie ihre Entstehung verdankte. Bereits Joachim Heinrich Campes Forderung nach Verständlichkeit und Unterhaltsamkeit leitet eine Akzentverschiebung von den lehrhaften Zielen der Kinder- und Jugendliteratur zu leserpsychologischen Erwägungen ein. In der Kinderliteratur der Romantik wird das Primat der Erziehung durch ein Primat der Ästhetik ersetzt und an die Stelle der Ausrichtung am Fassungsvermögen kindlicher Leserinnen und Leser treten offene Adressatenkonzepte, für die das Vorbild der literarischen Folklore reklamiert wird.

Gegenwärtig scheinen die Grenzen zwischen Kinder- und Jugendliteratur und allgemeiner Literatur durchlässiger denn je und zugleich scheint diese Literatur weniger denn je zuvor in ihrer Geschichte durch pädagogische Normen bestimmt. Doch unabhängig vom Anteil der Pädagogik an den dominanten Kinderliteraturkonzepten einer Epoche hat die Kinder- und Jugendliteratur zu jeder Zeit bestimmte Sozialisationsfunktionen erfüllt.

Mit Sozialisation ist die Aneignung von Kompetenzen, Wertorientierungen und Wissensbeständen einer Gesellschaft oder Kultur durch die jeweils nachwachsenden Generationen gemeint. Soziali-

sation findet sowohl innerhalb als auch außerhalb von Bildungsinstitutionen, sowohl im Rahmen pädagogisch-didaktischer Arrangements als auch ungeplant und spontan statt. Gegenüber den Begriffen „Bildung" und „Erziehung" zielt der Begriff „Sozialisation" allerdings weniger auf den Aspekt der Lenkung und der normativen Bestimmung von Zielen und Inhalten ab, als auf den Anteil der lernenden Subjekte an der Traditionsbildung. Im Prozess der Aneignung verändert sich auch das Angeeignete; Sozialisation meint nicht die passive Übernahme von Bildungsgütern, sondern deren Transformation. Daher besteht ein enger Zusammenhang zwischen Theorien der Sozialisation und Theorien des gesellschaftlich-kulturellen Wandels.

drei Bereiche von Sozialisation

Mit Blick auf die Kinder- und Jugendliteratur lassen sich drei Bereiche von Sozialisation unterscheiden, die im Kontext unterschiedlicher Bildungskonzepte verschieden bewertet worden sind: die literarische Sozialisation, die Lesesozialisation und ein Bereich, der hier in Ermangelung eines treffenderen Begriffs als „allgemeine Sozialisation" bezeichnet werden soll.

9.1.1. Allgemeine Sozialisation

explizit pädagogische KJL-Konzepte

Gemeint ist die Aneignung von religiösen, moralischen und ethischen Normen, politischen Einstellungen und ideologischen Denkmustern, von geschlechtsspezifischen Rollenentwürfen und Vorstellungen vom Eigenen und Fremden einer Kultur sowie die Aneignung von literaturunspezifischen Wissensbeständen. Dieser Bereich der Sozialisation galt in den Anfängen der Kinder- und Jugendliteratur als der bedeutendste (vgl. Kapitel 1). Obgleich sich die Inhalte im Laufe der Geschichte veränderten und die traditionelle pädagogische Ausrichtung der Kinder- und Jugendliteratur schon frühzeitig durch gegenläufige Tendenzen konterkariert wurde, sah man die Vermittlung von Werten und Wissen lange Zeit als eine zentrale Aufgabe dieser Literatur an.

Die Romantik war eine künstlerische Avantgarde ohne Breitenwirkung auf die zeitgenössische Kinderliteratur. Viel populärer war die Kinderliteratur des Biedermeier, in der sich romantische Einflüsse mit lehrhaften Zielen verbinden (vgl. Kapitel 2). Die Jugendliteratur des 19. Jahrhunderts blieb unangefochten von

Vermittlung von Wissen und Werten

avantgardistischen Einflüssen ein Instrument der Vermittlung vorzugsweise nationaler Werte.

Diese Tradition der pädagogischen Instrumentalisierung der Kinder- und Jugendliteratur wurde verschiedentlich kritisiert. Einer der einflussreichsten Kritiker war Heinrich Wolgast (1860-1920), der in seiner berühmten Streitschrift „Das Elend unserer Jugendliteratur" (1896) zu folgendem vernichtenden Urteil gelangte:

„Aber die Zahl der Schriften, aus denen die Jugend Gewinn für Wissen und Charakter ziehen kann, ist verschwindend klein gegenüber der Unmasse von Jugendschriften, ***welche Belehrung und Veredelung in unangemessener Form anstreben****. Es ist jedermann klar, daß es absurd wäre, die Entwicklung des Maikäfers in Form eines Dramas oder einen chemischen Prozeß in der Form eines lyrischen Gedichtes darzubieten. [...] Die Dichtkunst kann und darf nicht das Beförderungsmittel für Wissen und Moral sein. Sie wird erniedrigt, wenn sie in den Dienst fremder Mächte gestellt wird. Gegenwärtig sind es, den politischen Zeitverhältnissen entsprechend, mehr der Patriotismus und die Religion, die das Gewand der dichterischen Form für ihre Zwecke missbrauchen.* ***Der größte Teil der spezifischen Jugendliteratur besteht aus Tendenzschriften****."*[106] *(Hervorhebungen im Original)*

Forderung nach Tendenzfreiheit

Wolgasts Kritik entzündete sich an dem in politischer und religiöser Hinsicht tendenziösen Charakter der Kinder- und Jugendliteratur des späten 19. Jahrhunderts (der Wilhelminischen Ära also), sie zielt aber grundsätzlich auf jede Art der Vermittlung von Wissen und Werten durch Literatur ab und darüber hinaus auf die spezifische Kinder- und Jugendliteratur überhaupt. Heinrich Wolgast war einer der Wortführer der Jugendschriftenbewegung, die mit ihrer Zeitschrift „Jugendschriftenwarte" im frühen 20. Jahrhundert die Institution Kritik im Handlungssystem der Kinder- und Jugendliteratur etabliert hat. Nach 1945 wurde Wolgasts Postulat „Die Jugendschrift in dichterischer Form muß ein Kunstwerk sein"[107] innerhalb der Kinder- und Jugendliteraturtheorie des westlichen deutschsprachigen Raumes zu einem geflügelten Wort und seine Forderung nach Tendenzfreiheit zum weit verbreiteten Credo.

In Abgrenzung dazu konstituierte sich in den Jahren nach 1968 eine neue Strömung der Kinder- und Jugendliteraturkritik.

Abb. 9.1: Zwei jugendliterarische „Tendenzschriften“: Oskar Höcker: „Deutsche Treue, welsche Tücke“ (1881); Sophie Kloerss: „Im heiligen Kampf. Eine Erzählung für junge Mädchen aus dem Weltkrieg“ (1915)

Ideologiekritik

Signifikant für die neue ideologiekritische Herangehensweise ist folgender Titel eines von Dieter Richter und Jochen Vogt herausgegebenen Sammelbandes „Die heimlichen Erzieher. Kinderbücher und politisches Lernen“ (1974). Nicht nur die explizit lehrhafte Kinder- und Jugendliteratur und nicht nur die manifest politischen Tendenzen werden der Kritik unterzogen, sondern auch subtilere Formen der Beeinflussung. Während Wolgast das „Elend“ einer pädagogischen Zwecken untergeordneten Jugendliteratur anprangerte, setzen die Ideologiekritiker voraus, dass die Kinder- und Jugendliteratur generell (auch) zum politischen Lernen oder richtiger: zur politischen Sozialisation beiträgt und kritisieren vorzugsweise die Inhalte.

emanzipatorische Kinder- und Jugendliteratur

Entsprechend wird auch nicht die tendenzfreie, lediglich ästhetischen Normen verpflichtete Literatur als Alternative zur ideologisch verblendenden, autoritären oder reaktionären Kinder- und Jugendliteratur angesehen, sondern die emanzipatorische. Von den frühen 1970er Jahren an setzt sich in einem Teilbereich der kinder- und literarischen Öffentlichkeit ein neues, explizit pädagogisches Konzept durch: die problemorientierte Kinder- und Jugendliteratur. Ziel ist die Vermittlung von Wissen

Abb. 9.2: Dieter Richter; Jochen Vogt (Hg.): „die heimlichen erzieher[!]“ (1974)

über aktuelle, gesellschaftlich relevante Themen und von Werten wie z.B. Kritikfähigkeit, Solidarität, Geschichtsbewusstsein, Toleranz.

Auch wenn es in einigen dieser Bücher zugehen mag wie bei der Abhandlung der „Entwicklung des Maikäfers in Form eines Dramas“ (Wolgast, s.o.) und die meisten nur eine geringe literarische Halbwertszeit besitzen, ist der Textverwendungstypus „problemorientierte Kinder- und Jugendliteratur“ seit den frühen 70er Jahren fest etabliert. Das anhaltende Interesse an fiktionalen Aufbereitungen aktueller gesellschaftlicher Probleme ist ein Indiz für die nach wie vor bestehende Bedeutung der Kinder- und Jugendliteratur für die „allgemeine“ Sozialisation.

Letztere erstreckt sich jedoch auch auf Texte, die nicht als Vehikel der Wissens- und Wertevermittlung konzipiert sind. Die Annahme, dass auch die Unterhaltungsliteratur (wie „Harry Potter“), das Bilderbuch der Postmoderne, der Pop-Roman oder eine anspruchsvoll hintersinnige Erzählung von Jürg Schubiger ihren Rezipienten auf je spezifische Weise wissens- und wertebezogene Angebote machen, wird durch einige nicht speziell auf die Kinder- und Jugendliteratur gemünzte Beiträge in den Debatten zur Neuorientierung der Deutschdidaktik „nach PISA“ erhärtet. Insbesondere sei hier auf Ulf Abraham verwiesen, der sich in verschiedenen Publikationen mit der „Leistung der Literatur für Erwerb und Reflexion von Weltwissen“[108] beschäftigt hat. Möglicherweise ist der ursprünglich aus der Linguistik stammende Begriff „Weltwissen“ zu einer Beschreibung der Sozialisationsfunktionen der aktuellen Kinder- und Jugendliteratur eher geeignet als das mit reichlich historischer Patina behaftete Begriffspaar „Wissen und Werte“. „Weltwissen“ ist dasjenige „Wissen“, das die Angehörigen einer Kultur, Gesellschaft oder Gruppe benötigen, um einander und ihre „Welt“ verstehen zu können. Der

Weltwissen

Begriff umfasst nicht nur Kenntnisse, sondern auch Einstellungen und Fähigkeiten.

Literatur ist nach Ulf Abraham ein „– in der Menschheitsgeschichte uraltes – Medium der Reflexion und der Kommunikation über Sach- und Wertfragen, über Fremd- und Selbstverstehen, über Außen- und Innenwelt“[109]. Diese in ihrer Allgemeinheit kaum zu bestreitende Aussage sollte jedoch nicht darüber hinwegtäuschen, dass die Umstände der von Abraham geschilderten Kommunikation dem historischen Wandel unterliegen. Die Zeitgenossen einer Epoche, die vom Wirklichkeitsmodell des Mythos bestimmt war, werden beim Lesen literarischer Texte andere Interessen verfolgt haben als es die Angehörigen der Informationsgesellschaft tun.

Aneignung von Wissen und Werten in der Informationsgesellschaft

Die Kinder- und Jugendliteratur bildete zu allen Zeiten ein Reservoir von „Weltwissen“. Gegenwärtig offerieren allerdings die modernen Medien Kindern und Jugendlichen eine kaum zu überblickende Vielfalt von Informations- und Sinnangeboten und übernehmen auf diese Weise einen Teil der traditionellen Sozialisationsfunktionen der Kinder- und Jugendliteratur. Nicht zuletzt aus diesem Grund fungiert die Kinder- und Jugendliteratur heute in wesentlich geringerem Umfang als ein Medium der Aneignung von Wissen und Werten als in jeder früheren Epoche ihrer Geschichte.

9.1.2. Lesesozialisation

Bewertungen des Lesens im historischen Wandel

Dieser Bereich der Sozialisation spielt in den historisch älteren Kinder- und Jugendliteraturkonzepten eine sehr geringe Rolle. Das Lesen von Büchern erscheint erst angesichts der Konkurrenz durch die elektronischen Unterhaltungsmedien als eine per se förderungswürdige kulturelle Praxis. Jean-Jacques Rousseau wollte Kinder unter zwölf Jahren vor den Gefahren des Lesens bewahren (vgl. Kapitel 1), den Pädagogen der Aufklärungszeit galt die „Vielleserei“ nicht als Tugend, sondern als ans Pathologische hinreichendes Laster und Heinrich Wolgast greift diesen Diskurs in „Das Elend unserer Jugendliteratur“ auf, indem er die mit dem Erlernen der Schriftsprache einsetzende „Lesewut“ als eine „Pest“ bezeichnet, als Ausdruck einer „Verbildung“, „die alle natürlichen Verhältnisse auf den Kopf stellt“[110].

Lesewut als Laster

Um nicht der Lesewut zu verfallen, sollten die Heranwachsenden nach Ansicht sowohl der Aufklärer als auch Wolgasts lernen, ihre Lust an der Lektüre im Zaum zu halten, so, wie sie insbesondere von den Pädagogen der Aufklärung dazu angehalten wurden, ihre sexuellen Triebe zu beherrschen. Wünschenswert erschien also allenfalls eine bestimmte Form des Lesens, nicht rauschhaft und affektgeleitet, sondern langsam, gründlich und aufmerksam – wobei sich die Aufmerksamkeit nach Ansicht der Aufklärer eher auf die moralische Botschaft und nach Ansicht Wolgasts auf die ästhetische Gestalt der Texte zu richten hatte.

Popularisierung des Lesens

Dass der Beitrag der Kinder- und Jugendliteratur zur Lesesozialisation die Pädagogen bis zur jüngsten Vergangenheit kaum interessiert hat, sagt jedoch allenfalls indirekt etwas über dessen tatsächliche Bedeutung aus. Die Pädagogen der Aufklärung und Heinrich Wolgast verwendeten nicht nur das gleiche Vokabular, um ihrer Besorgnis über das Leseverhalten ihrer Zeitgenossen Ausdruck zu verleihen („Lesewut"), die Besorgnis wurde auch durch ganz ähnliche Entwicklungen ausgelöst. Die beiden Jahrhundertwenden vom 18. zum 19. und vom 19. zum 20. Jahrhundert waren – wie in mancherlei anderer Hinsicht auch – Umbruchsituationen mit Blick auf die Lesekultur. Beide historischen Situationen sind gekennzeichnet durch das Aufkommen neuer Leserschichten, die Expansion der Buch- und Druckschriftenproduktion und die Habitualisierung des Lesens zur Unterhaltung. An diesen Vorgängen hat die Kinder- und Jugendliteratur starken Anteil.

Entwicklung einer Massenliteratur für Kinder und Jugendliche

Dass das Lesen seinen elitären Charakter zu verlieren begann und ein literarischer Markt entstand, bildete eine Voraussetzung zur Ausdifferenzierung des Handlungssystems der Kinder- und Jugendliteratur im späten achtzehnten Jahrhundert. Im weiteren Verlauf der Geschichte trug die Entwicklung dieses literarischen Teilsystems zur Dynamisierung der Prozesse, die seine Entstehung ermöglichten, nicht wenig bei. Auch wenn ihre Begründer das nicht als Ziel formulierten, erwies sich die Kinder- und Jugendliteratur also von Anbeginn als eine lesefördernde Maßnahme: Sie beförderte die Verbreitung des Lesens als kulturelle Praxis. Begünstigt durch drucktechnische Entwicklungen, die die Herstellung billiger Ausgaben in hohen Auflagen ermöglichten, hatte sich am Ende des 19. Jahrhunderts eine Massenliteratur für Kinder und Jugendliche entwickelt, deren Erzeugnisse zum Gegenstand der vernichtenden Kritik Heinrich Wolgasts wurden.

die gegenwärtige Situation

Vergleicht man die gegenwärtige Situation mit derjenigen an der Wende zum 20. Jahrhundert, fallen zunächst drei signifikante Veränderungen ins Auge:

- Bei der Buchlektüre von Kindern und auch von Jugendlichen steht die spezifische Kinder- und Jugendliteratur ungebrochen an erster Stelle, Heranwachsende lesen also vergleichsweise wesentlich weniger altersunspezifische Bücher.
- Die Kinder- und Jugendliteratur hat sich weiter ausdifferenziert und in Teilbereichen der allgemeinen Literatur angeglichen. Kinder- und Jugendliteratur ist nicht mehr einfach mit populärer Unterhaltungsliteratur gleichzusetzen, es gibt durchaus auch Texte, die aufgrund ihrer Komplexität und, weil sie von herkömmlichen Mustern abweichen, nur ein schmales Lesepublikum erreichen. Kinder- und Jugendbücher finden in zunehmendem Umfang auch erwachsene Leser, manche Texte haben einen offenen Adressatenentwurf oder sind formal und inhaltlich der allgemeinen Literatur angenähert.
- In der Sozialisation Heranwachsender spielen in zunehmendem Umfang auch andere Medien als das Buch eine Rolle.

Lesesozialisation in der Mediengesellschaft

Der dritte Aspekt erfährt in der Forschung die größte Aufmerksamkeit. Entsprechend definiert Bettina Hurrelmann „Lesesozialisation" als bereichsspezifischen „Ausschnitt von Mediensozialisation":

„Es handelt sich um den Prozess der Aneignung der Kompetenz zum Umgang mit Schriftlichkeit in Medienangeboten durchaus unterschiedlicher technischer Provenienz (Printmedien, audiovisuelle Medien, Computermedien) und unterschiedlicher Modalität (fiktional-ästhetische und pragmatische Texte). Dabei geht es nicht nur um den Erwerb der Fähigkeit zur Dekodierung schriftlicher Texte, sondern zugleich um den Erwerb von Kommunikationsinteressen und kulturellen Haltungen, die in einer literalen Kultur die Möglichkeiten der Teilhabe am sozialen und kulturellen Leben in starkem Maße beeinflussen."[111]

Lesen als Schlüsselqualifikation

Nicht nur die Lektüre von Büchern und anderen Druckschriften, sondern auch die Rezeption der elektronischen Medien erfordert also schriftsprachliche Fähigkeiten und Einstellungen, zu deren Erwerb die Kinder- und Jugendliteratur einen wichtigen Beitrag leisten kann. In der empirischen Lese- und Mediensozialisationsforschung bilden die wechselseitigen Einflüsse der Nutzung unterschiedlicher Medien auf die Entwicklung der Rezeptionskompetenzen Heranwachsender ein vielfach (aber keinesfalls erschöpfend) diskutiertes Thema. Erwiesen ist jedoch, dass kulturkonservative Befürchtungen über die Bedrohung des Mediums Buch durch TV, PC und Internet ebenso wenig am Platze sind, wie ein naiver Fortschrittsglaube und dass die Chancen von Kindern und Jugendlichen, zu kompetenten Lesern und Mediennutzern heranzuwachsen, in erheblichem Maße durch ihren familiären Hintergrund bestimmt sind.

Beiträge der Kinder- und Jugendliteratur

Die Kinder- und Jugendliteratur ist nicht an das Medium Buch gebunden, es gibt auch Zeitschriften und Comic-Hefte, Hörbücher und Hörspiele, narrative Computerspiele, Filme und Theateraufführungen. Überdies sei daran erinnert, dass es neben fiktionalen Texten auch eine Sachliteratur für Kinder und Jugendliche gibt, die insbesondere von Jungen in hohem Maße genutzt wird. Entsprechend vielfältig sind die möglichen Beiträge der Kinder- und Jugendliteratur zur Lesesozialisation in der Mediengesellschaft. Allemal liegen diese nicht nur, und wohl auch nicht in erster Linie, im Bereich der Unterstützung beim Lesenlernen. (Für diesen Zweck publizieren die Verlage eigene Buchreihen, die mit Blick auf die Textmenge sowie in lexikalischer, syntaktischer und typographischer Hinsicht auf Leseanfänger ausgerichtet sind.)

Die frühestmöglichen Begegnungen von Kindern mit dem Medium Buch fallen bereits mit dem Beginn des Spracherwerbs zusammen. Textlose Bilderbücher für das Kleinkindalter vermitteln die Erfahrung der Sinnentnahme aus einem Buch und fördern, indem sie idealtypische Bilder zeigen, die auf entsprechende Primärerfahrungen der Kinder bezogen werden können, ihr Abstraktionsvermögen und ihre Sprachentwicklung.

Abb. 9.3: Hermann Wernhard: „Am Wasser“ (1990)

In jeder Entwicklungsstufe kann die Rezeption von Kinder- und Jugendliteratur – also das Vorgelesenbekommen, das Lesen, das Hören einer Audiokassette oder das Betrachten einer Verfilmung – dazu beitragen, dass die Heranwachsenden eine stabile Lesemotivation ausbilden. Zudem offeriert das Handlungssystem der Kinder- und Jugendliteratur in Gestalt der Kinder- und Jugendbuchabteilungen der öffentlichen Bibliotheken, von Autorenlesungen, Buchklubs und speziellen Internetseiten eine Vielzahl von Möglichkeiten der Teilhabe an der Lesekultur und am literarischen Leben.

Empirische Studien belegen allerdings, dass die Lesemotivation vieler Jugendlicher und insbesondere die von Jungen mit dem Einsetzen der Pubertät rapide nachlässt, dass also die im Grundschulalter möglicherweise erfahrene Leselust nicht automatisch dazu führt, dass die Betreffenden als Jugendliche und Erwachsene habituelle Leser werden.

9.1.3. Literarische Sozialisation

Lesesozialisation und literarische Sozialisation

Das Problem der Ausbildung eines festen Lesehabitus verweist auf den engen Zusammenhang zwischen Lesesozialisation und literarischer Sozialisation (eine stabile Lesemotivation stellt sich dann ein, wenn literarische Interessen und Bedürfnisse entwickelt werden). Dennoch lassen sich die beiden Begriffe klar unterscheiden.

Lesesozialisation meint die Begegnung mit schriftsprachlich codifizierten und üblicherweise in Printmedien publizierten Texten gleich welcher Art – also sowohl fiktionalen als auch faktualen, sowohl ästhetischen als auch pragmatischen Texten. Literarische Sozialisation meint die Begegnung mit ästhetisch-fiktionalen Texten in jeder denkbaren medialen Form. Nach Bettina Hurrelmann bildet die „literarische Sozialisation" den „prototypischen Kern" der Lesesozialisation[112].

literarische Sozialisation in der Geschichte der KJL-Theorie

In der Kinder- und Jugendliteraturtheorie und -programmatik wurden Phänomene der literarischen Sozialisation wesentlich früher thematisiert als solche der Lesesozialisation. In besonders markanter Weise äußerte sich dazu wiederum Heinrich Wolgast, dessen Streitschrift „Das Elend unserer Jugendliteratur" nicht nur eine geharnischte Kritik am zeitgenössischen Lektüreangebot und den dadurch hervorgebrachten Lesegewohnheiten enthält, sondern auch einen „Beitrag zur künstlerischen Erziehung der Jugend" (Untertitel) zu leisten beanspruchte.

Heinrich Wolgast

Durch ein entsprechend anregendes und in ästhetischer Hinsicht überzeugendes Leseangebot (vorwiegend aus Werken der allgemeinen Literatur) sollten insbesondere Arbeiterkinder die Möglichkeit zur Bildung ihres literarischen Geschmacks und zur Kultivierung ihrer Genussfähigkeit erhalten. Wolgast stellte also der bisher in der Kinder- und Jugendliteratur tonangebenden Praxis einer Erziehung *durch* Literatur die Theorie einer Erziehung *zur* Literatur gegenüber.

Charlotte Bühler

22 Jahre nach dem epochemachenden Buch Heinrich Wolgasts erschien ein anderes, für die theoretische Modellierung der literarischen Sozialisation kaum weniger folgenreiches Werk, das allerdings nicht pädagogisch-intentional, sondern psychologisch ausgerichtet ist: „Das Märchen und die Phantasie des Kindes" von Charlotte Bühler (1918). Charlotte Bühler beschäftigte sich mit der Entwicklung literarischer Interessen und Bedürfnisse vom Kleinkind- bis ins Jugendalter und stellte ein fünf Phasen umfassendes Modell der „Lesealter" auf. Drei der fünf Lesealter werden nach Figuren bzw. Gattungen der intentionalen Kinder- und Jugendliteratur benannt, die metonymisch für bestimmte, der jeweiligen Phase zugeordnete Textmerkmale stehen. Auf das vom Interesse an Reim, Rhythmus und strukturell einfachen Geschichten aus der eigenen Erfahrungswelt bestimmte „Struwwelpeteralter" folge zuerst das dem magischen Weltbild dieser Entwicklungsstufe korrespondierende „Märchenalter" und dann das „Robinsonalter" mit zunehmendem Wissensdurst und der Vorliebe für realistische Erzählungen. Mit Einsetzen der Pubertät hätten die Heranwachsenden schließlich noch die Phasen der „Heldenlektüre" und der „Übergangsliteratur" zu durchlaufen, jeweils bestimmt vom Bedürfnis nach Idealen und der entwicklungsbedingten Identitätsproblematik.

Zunächst einmal dokumentiert die Benennung der drei ersten Phasen die mittlerweile erreichte Bedeutung der Kinder- und Jugendliteratur im Leseverhalten Heranwachsender. Neu ist schließlich, dass Charlotte Bühler dieses Leseverhalten nicht unter dem Blickwinkel von Erziehungs- und Bildungsnormen betrachtet, sondern als einen entwicklungspsychologischen Gesetzmäßigkeiten entsprechenden Reifungsprozess.

Jungleserpsychologie

Mit ihrer Lesealter-Theorie wurde Charlotte Bühler zur Begründerin der „Jungleserpsychologie", deren methodisches Vorgehen bis in die 1960er Jahre vom Vorbild ihres Ansatzes geprägt war. Im Prozess seiner Rezeption mutierte das mehrfach modifizierte, aber nicht generell revidierte Bühlersche Phasenmodell schließlich zur self-fulfilling prophecy. Die aus dem Modell abgeleiteten Vorstellungen über die Beschaffenheit eines kind- und entwicklungsgerechten Leseangebotes bestimmte über viele Jahrzehnte die Vermittlung und bis zu einem gewissen Grad wohl auch die Produktion von Kinder- und Jugendliteratur, so dass das Modell durch die darauf gegründete Praxis immer wieder von neuem bestätigt wurde.

aktuelle Forschung

Die aktuelle Forschung zur literarischen Sozialisation geht demgegenüber generell von einem wechselseitigen Zusammenhang soziokultureller und innerpsychischer Faktoren und der Möglichkeit unterschiedlicher Entwicklungsverläufe aus. Zudem wird der Prozess der literarischen Sozialisation weniger unter dem Blickwinkel entwicklungsabhängiger Vorlieben für bestimmte Textsorten betrachtet als unter demjenigen unterschiedlicher Rezeptionsweisen bzw. -kompetenzen. Dazu zählen beispielsweise die Fähigkeit zur Unterscheidung von Fiktion und empirischer Realität und von metrisch gebundener und prosaischer Sprache, das Verständnis von Metaphern und von Ironie sowie die Vertrautheit mit Gattungs- und Textsortenmerkmalen.

Kinderliteratur als Anfängerliteratur

Die ersten auf ein derartiges Verständnis von literarischer Sozialisation gegründeten Überlegungen zur Kinder- und Jugendliteratur kreisten um deren Funktion als Anfängerliteratur. Ohne den Begriff „literarische Sozialisation" zu gebrauchen, beschäftigte sich insbesondere Maria Lypp schon frühzeitig mit dem Erfahrungspotenzial strukturell einfacher kinderliterarischer Genres wie Kinderlied, Kinderreim und epischen Kleinformen der Kinderliteratur:

„Im Umgang mit Kinderliteratur eignet sich das Kind Regeln des literarischen Systems an. Bereits vor Schulantritt haben Kinder in unserem Kulturkreis ein bestimmtes literarisches Wissen. Es ist durch Bilderbuch, Märchenhören, Comic, Kassette, Fernsehen, Kaspertheater, Spielvers erworben und wird dann durch eigenes Lesen im Schulalter vorwiegend auf außerschulischem Wege erweitert. So scheint sich literarische Bildung durch Kinderliteratur von selbst zu vollziehen, wenn nur das Angebot sichergestellt ist. Ein Vergleich mit dem Spracherwerb liegt nahe. Auch der Erwerb der Sprache vollzieht sich durch die Teilnahme am System, durch das Leben in der Sprachgemeinschaft. Doch führt dieser Vergleich auf einen wesentlichen Unterschied zwischen Sprach- und Literaturerwerb. Das sprachlernende Kind ist von

vornherein mit dem gesamten Sprachsystem konfrontiert. Denn es nimmt ja auch an der Kommunikation der Erwachsenen untereinander – wenn auch zunächst noch passiv – teil. Demgegenüber wird Literatur von Kindern an einem Teilbereich des Systems erworben: an der speziell an sie gerichteten Kinderliteratur."[113]

Einfachheit und Regelhaftigkeit

Maria Lypp beschäftigt sich vorzugsweise mit Genres, die Kindern schon lange vor dem Schriftspracherwerb elementare literarische Erfahrungen ermöglichen. Grundlage dieser Erfahrungen ist die ausgeprägte Regelhaftigkeit dieser Genres, die durch deren Herkunft aus der oralen Literatur erklärt wird. Märchen, Kinderreime, Kinderlieder und Kaspertheater sind aus der literarischen Folklore hervorgegangen, die mündliche Überlieferung brachte immer neue Ausprägungen der jeweiligen Textgestalt auf der Grundlage einer stabilen formalen Struktur hervor.

Vielfalt der Formen und Funktionen

Andere Potenziale der literarischen Sozialisation erwachsen aus der formalen und inhaltlichen Ausdifferenzierung, die die Kinder- und Jugendliteratur besonders in den Jahren seit 1970 und teilweise auch schon zuvor erfahren hat. Mit der Herausbildung moderner und postmoderner Formen in der Kinderlyrik, im Kinderroman, im Jugendroman und im Bilderbuch erweitern sich die literarischen Erfahrungsräume der Kinder- und Jugendliteratur. Die Kinder- und Jugendliteratur der Gegenwart ist in Teilbereichen nach wie vor strukturell einfach, in anderen Teilbereichen stellt sie sich jedoch als hochgradig komplex dar, sie ist, wie Kaspar Spinner in einem Aufsatz aus dem Jahr 2000[114] formuliert hat, „vielfältig wie nie zuvor" und ebenso vielfältig sind ihre immanenten Potenziale zum Erwerb literarischer Kompetenzen.

9.2. Kinder- und Jugendliteratur in der Schule

9.2.1. Historische Entwicklung

schulnahe Anfänge

Am Anfang der Geschichte der Kinder- und Jugendliteratur stand nicht nur ganz allgemein die Pädagogik, sondern zum Teil auch sehr konkret: die Schule. Die als Schullektüre konzipierten Texte waren wie die Fabelsammlungen des Mittelalters und die Schuldramen der Humanisten zunächst in lateinischer Sprache verfasst und dienten dem Grammatik- und dem Rhetorikunterricht. Schulbücher waren auch das wohl berühmteste Werk der frühen Kinderliteratur, der „Orbis sensualium pictus“ des Comenius' (1658, vgl. Kapitel 1) und Johann Bernhard Basedows gleichfalls reich bebildertes „Elementarwerk“ (1770). Überhaupt waren einige der bedeutendsten kinderliterarischen Werke der Aufklärung im unmittelbaren Umfeld einer Schule entstanden: des Philantropins in Dessau (vgl. Kapitel 1).

Abb. 9.4: Johann Bernhard Basedow: „Elementarwerk für die Jugend“. Ill. von Daniel Chodowiecki (1774)

Eigendynamik des Buchmarktes

Alle genannten Werke waren auch als Freizeitlektüre beliebt und einige davon haben die Entwicklung der unterhaltenden Kinderliteratur nachhaltig beeinflusst. Im Verlauf des 19. Jahrhunderts verändert sich die Struktur der kinder- und jugendliterarischen Öffentlichkeit grundlegend. Auch wenn diese Literatur nach wie vor stark pädagogisch überformt ist und grundlegende sozialisatorische Funktionen erfüllt, spielen die Erfordernisse von Schule und Unterricht bei ihrer Produktion kaum noch eine Rolle: Die Texte sind von vornherein als Freizeitlektüre konzipiert.

Dieser Prozess der Trennung von Kinder- und Jugendliteratur und Schule erklärt sich jedoch nicht nur aus der zunehmenden

Eigendynamik des adressatenspezifischen Publikations- und Verlagswesens, sondern auch aus den Veränderungen im Bereich der Schule. Die vergleichsweise „schulnahe" frühe Kinder- und Jugendliteratur entstand vor der Begründung des Deutschunterrichts als eigenständiges, auf die Vermittlung der deutschen Sprache und Literatur ausgerichtetes Unterrichtsfach. Letzteres vollzog sich zunächst unter den Bedingungen des Gymnasiums und war von den Rechtfertigungszwängen bestimmt, die sich aus der humanistischen Bildungstradition ergaben: Die Einführung des deutschen Literaturunterrichts bedeutete eine Erweiterung des bislang auf die klassischen Werke der griechischen und römischen Antike begrenzten gymnasialen Bildungskanons und hatte den Nachweis der Klassizität der deutschsprachigen Werke zur Voraussetzung (vgl. Kapitel 8.5). Der Deutschunterricht der Gymnasien stand also von vornherein im Dienst der Pflege und Vermittlung eines Kanons deutscher Nationalliteratur und neben der Vermittlung literaturgeschichtlichen Wissens wurde die Interpretation als die – der Übersetzungstätigkeit im altsprachlichen Unterricht entsprechende – Hauptaufgabe des Literaturunterrichts angesehen. Im Unterschied dazu stand im muttersprachlichen Unterricht der Volksschulen, Bürgerschulen und höheren Mädchenschulen die Vermittlung elementarer schriftsprachlicher Fertigkeiten im Vordergrund. Darüber hinaus war man bestrebt, den Schülerinnen und Schülern emotionale Zugänge zur Literatur zu gewähren und mittels literarischer Erlebnisse auf ihre „Gesinnung" einzuwirken. Obgleich also im Bereich des niederen und des mittleren Bildungswesens weniger literarische Bildung als Erziehung durch Literatur intendiert war, bildete auch hier der gymnasiale Bildungskanon die Richtschnur der Textauswahl. So stand die Deutschdidaktik des 19. Jahrhunderts der spezifischen Kinder- und Jugendliteratur weithin reserviert gegenüber.

Begründung des Deutschunterrichts als Schulfach

Nationalliteratur

Bildungsziele, Bildungskanon und Schularten

Erst mit der allmählichen Aufwertung der Romantik, die die Literaturdidaktiker der ersten Stunde nur zögerlich in den Bildungskanon aufzunehmen bereit waren, gelangten Märchen der Brüder Grimm und Kinderlieder und -gedichte von Hoffmann von Fallersleben, Friedrich Rückert, August Kopisch und Robert Reinick in die Lesebücher der Volksschulen und der Unterstufe der Gymnasien.

Einflüsse der Romantik und der Reformpädagogik

Das frühe 20. Jahrhundert ist durch zwei gegenläufige Tendenzen gekennzeichnet. Zum einen entsteht im Umkreis der Reformpädagogik – in Bremen und Hamburg – eine neue, schulnahe Kinderliteratur, zum anderen wird die ohnehin bestehende Zurückhaltung gegenüber der Kinder- und Jugendliteratur als Unterrichtslektüre durch Heinrich Wolgasts Jugendschriftenkritik bestärkt.

Ganzschriften

Reformpädagogisches Denken bildete auch die Grundlage für die Kritik am Unterrichtsmedium „Lesebuch" und den darauf gegründeten Vorschlag, anstelle der üblichen „Häppchen-Lektüre" auch im Deutschunterricht der Volksschulen sogenannte Ganzschriften zu lesen. Damit waren vollständige Erzählungen und Romane gemeint, die in ästhetischer Hinsicht befriedigten, den entwicklungsspezifischen Leseinteressen der Schüler entgegen kamen und deren Erwerb für sie erschwinglich war. In den entsprechend konzipierten billigen Buchreihen, die einige Verlage seit Jahrhundertbeginn anboten (z.B. „Bunte Bücher", „Deutsche Jugendbücherei", „Gerlachs Jugendbücherei", „Schaffsteins blaue und grüne Bändchen", „Schatzgräber", „Wiesbadener Volksbücher"), waren auch einige „Klassiker" der Kinder- und Jugendliteratur erschienen.

Allerdings setzte sich die Praxis „Kinder- und Jugendbücher als Klassenlektüre" im Deutschunterricht zu lesen erst in den 1960er Jahren durch. Diese lange überfällige Entwicklung wurde

Abb. 9.5: Fritz Gansberg: „Kinderheimat. Lesebuch für das zweite Schuljahr" (1923)

Abb. 9.6: Heinrich Scharrelmann: „Berni. Aus seiner ersten Schulzeit" (1928)

Anna Krüger

durch ein so betiteltes Buch befördert, das 1963 erschienen war. Seine Verfasserin Anna Krüger (1904-1991) leistete damit und mit einigen anderen Publikationen nicht nur einen grundlegenden Beitrag zur Begründung des literaturdidaktischen Potenzials der Kinder- und Jugendliteratur, sondern zur Kinder- und Jugendliteratur-Theorie überhaupt. Anna Krüger konzentrierte sich in ihren Arbeiten auf einige wenige Kinder- bzw. Jugendbücher von Rang. Sie verfügte nicht nur über ein souveränes ästhetisches Urteilsvermögen und über eine eindrucksvolle Belesenheit, sondern auch über ein elaboriertes theoretisch-begriffliches Instrumentarium. Mit ihrer Arbeit stellte sie unter Beweis, dass einige Werke der spezifischen Kinder- und Jugendliteratur in der Tat Kunstwerke sind und in Unterricht und Wissenschaft auch als solche behandelt werden sollten:

Kinder- und Jugendbücher als sprachliche Kunstwerke

„Da alle Erzählungen für Kinder Sprachwerke und im besten Falle Sprachkunstwerke sind, müssen sie wie die Dichtung einer literarischen Analyse standhalten.“[115]

Indem sie das methodische Rüstzeug zur Analyse von literarischen Erzähltexten, das die zeitgenössische Germanistik bot, auf Kinderbücher in Anwendung brachte, bezog Anna Krüger eine markante Gegenposition zum Kanondenken, das die Literaturdidaktik seit ihren Anfängen bestimmt hatte. In der BRD setzte sich dieses Denken in den Jahren nach 1945 nicht nur ungebrochen fort, die Haltung zur Kinder- und Jugendliteratur war sogar noch schroffer geworden als etwa im 19. und im frühen 20. Jahrhundert. (Anders verlief die Entwicklung in der DDR, dort wurde der Kinder- und Jugendliteratur nicht nur generell ein hoher kultureller Status zugesprochen, sie war überdies seit den 1950er Jahren auch als Unterrichtsgegenstand fest etabliert).

Rolf Geißler

Nur ein Jahr vor Anna Krügers Buch erschien unter dem programmatischen Titel „Für eine literarische Verfrühung“ ein viel beachteter Aufsatz Rolf Geißlers, in dem dieser vehement gegen die Behandlung von Kinder- und Jugendliteratur zu Felde zog:

„Jugendlektüre ist und wird wohl auch immer mit von der Tatsache der Konsumtion bestimmt sein. Das bedeutet in einer gewissen Überspitzung, dass die Begriffe Jugendliteratur und Dichtung sich eigentlich ausschließen.“[116]

Literarizität und Adressatenorientierung

Erschienen war der Beitrag in einer von dem späteren Gründer des Institutes für Jugendbuchforschung in Frankfurt Klaus Doderer herausgegebenen Schriftenreihe, deren Titel das didaktische Konzept Anna Krügers vorwegzunehmen schien „Studien zur Jugendliteratur und literarischen Bildung“. In dem in den 1960er Jahren ausgetragenen Streit um die Behandlung der Kinder- und Jugendliteratur im Deutschunterricht gibt es aber auf der Seite der Befürworter noch eine dritte Position, deren Vertreter die Frage der Literarizität nur am Rande thematisieren und sich ganz auf den Aspekt des Problems konzentrieren, den Rolf Geißler abwertend als die „Tatsache der Konsumtion“ bezeichnet.

Malte Dahrendorf

1969 verortete Malte Dahrendorf den Deutschunterricht in einem Spannungsfeld von „Leseerziehung“ und „literarästhetischer Bildung“[117] und leitete aus der ersteren die Forderung ab, im Unterricht auch solche Texte zu behandeln, die sich an den Bedürfnissen und Fähigkeiten der Schüler orientieren und von diesen zur Unterhaltung in ihrer Freizeit gelesen werden. Das Aufgabengebiet der Leseförderung, das im Deutschunterricht der Primarstufe und Sekundarstufe 1 zunehmende Bedeutung erreichte, wird in der Folge zu einem wichtigen Kontext des schulischen Umgangs mit Kinder- und Jugendbüchern. Schließlich wurde der Einzug der Kinder- und Jugendliteratur in die Schule auch durch den erweiterten Textbegriff der Literaturdidaktik begünstigt, der in den 1970er Jahren an die Stelle des traditionellen Kanondenkens getreten war.

erweiterter Textbegriff

literarische Bildung mit Kinder- und Jugendliteratur

So galt die Kinder- und Jugendliteratur manchem Didaktiker, der sich in den 1970er Jahren für ihre Behandlung im Unterricht einsetzte, nach wie vor als „trivial“ und das von Anna Krüger entworfene Projekt einer literarischen Bildung mit Kinder- und Jugendbüchern trat in den Hintergrund. Seine Wiederaufnahme blieb einer neuen Generation von Kinder- und Jugendliteraturwissenschaftlern vorbehalten, die sich von den 1980er Jahren an mit Beiträgen zu Wort meldeten, die einerseits die ästhetische Eigenart der Kinder- und Jugendliteratur zum Thema hatten und andererseits ihre Gemeinsamkeiten mit der allgemeinen Literatur.

9.2.2. Gegenwärtige Situation

Schule als Vermittlungsinstanz

Neben der Familie, dem Kindergarten, den öffentliche Bibliotheken und anderen Einrichtungen der kulturellen Kinder- und Jugendbildung ist die Schule als Vermittlungsinstanz der Kinder- und Jugendliteratur heute fest etabliert. *Die Schule* bedeutet: nicht nur *der Deutschunterricht* sondern zum Beispiel auch die *Schul- und Klassenbüchereien*, die in der Grundschule nahezu ausschließlich und in den weiterführenden Schulen zu einem nicht geringen Teil Kinder- und Jugendbücher in ihren Beständen haben. Schul- und Klassenbüchereien sind wichtige Institutionen der Leseförderung. Ob es sie überhaupt gibt, ob die Bestände für Schülerinnen und Schüler attraktiv sind und einen Einblick in das aktuelle literarische Angebot bieten und welche Aktivitäten über den Buchverleih hinaus dort angeboten werden, hängt sehr stark vom Engagement der jeweils Beteiligten ab – also von Schulleitungen, Lehrerinnen und Lehrern und nicht zuletzt den Eltern.

Schul- und Klassenbüchereien

Kinder- und Jugendliteratur in unterschiedlichen Schulfächern

Eine längere Tradition besitzt die Verwendung von Kinder- und Jugendbüchern als Unterrichtslektüre bzw. unterrichtsbegleitende Lektüre zudem im Sachunterricht der Grundschulen, wie auch im Geschichts-, Gemeinschaftskunde- und Religionsunterricht. Seit der Einführung des frühen Englisch- bzw. Französischunterrichtes hat es sich eingebürgert, auch im Fremdsprachenunterricht – und zwar durchaus auch über die Grundschule hinaus – mit Bilderbüchern und anderen kinder- und jugendliterarischen Erzähltexten zu arbeiten. Bilderbücher finden zudem auch in den Fächern Philosophie/Ethik und Kunst Aufmerksamkeit. Generell wird die Praxis der unterrichtlichen Verwendung von Kinder- und Jugendbüchern außerhalb des Faches Deutsch in den Fachdidaktiken heute mehr denn je reflektiert. Zum Beispiel gibt es Beiträge über die philosophische Dimension in Bilder- und Kinderbüchern, die diese als Ausgangspunkt entsprechender Unterrichtsgespräche prädestinieren[118] und Debatten über die Möglichkeiten und Grenzen fiktionaler historischer Erzählungen im Prozess der Ausbildung von Geschichtsbewusstsein[119]. Kinder- und Jugendbücher im Unterricht der Sachfächer sind also keineswegs auf eine Funktion als Veranschaulichungsmedium oder gar als Lehrbuchersatz zur Wissensvermittlung festgelegt.

Seit Mitte der 1990er Jahre wurde die Praxis des Umgangs mit Kinder- und Jugendliteratur im Deutschunterricht zum Gegenstand verschiedener empirischer Studien. Diese erhoben zum

Beispiel, in welchem quantitativen Umfang die Lektüre von „Ganzschriften" aus der Kinder- und Jugendliteratur zu solchen aus der allgemeinen Literatur stand, wie die Taschenbuchreihen der Verlage und die dazugehörigen Unterrichtshilfen von den Lehrkräften nachgefragt wurden, und, welche Vorgaben die Lehr- und Bildungspläne dazu machen[120]. Daher wissen wir, dass mittlerweile nicht nur an Grund-, Haupt und Sonderschulen, sondern auch in den Unter- und Mittelstufen der Gymnasien Kinder- und Jugendbücher im Deutschunterricht gelesen werden, dass jedoch die ästhetisch komplexen modernen und postmodernen Texte aus den zurückliegenden 20-30 Jahren in keiner der Schulformen adäquat wahrgenommen werden und die Lehrerinnen und Lehrer sich üblicherweise im aktuellen Literaturangebot nicht auskennen. Stattdessen konzentriert man sich auf einige wenige als bewährt angesehene Texte und Autoren und favorisiert besonders im Bereich der Sekundarstufe 1 „problemorientierte" Erzählungen. Die Texte werden also vielfach aufgrund ihres Themas und nicht ihrer literarischen Qualitäten wegen ausgewählt. Dieser inhaltlich-themenorientierte Umgang mit Kinder- und Jugendliteratur drückt sich nicht nur in der Textauswahl aus, sondern auch in den favorisierten Arrangements der Textbegegnung, in Gestalt von Aufgabenstellungen usw. In einer im Schuljahr 2002/2003 in 5. und 6. Schuljahren hessischer und baden-würt-

themenorientierte Zugänge

Abb. 9.7: Unterrichtshilfen zur Kinder- und Jugendliteratur

tembergischen Hauptschulen vorgenommenen Untersuchung über Praktiken und Normen des Literaturunterrichts gelangte Susanne Gölitzer zu dem Ergebnis, dass die Lehrkräfte dazu tendierten, sämtliche Prosatexte als Problemtexte zu behandeln und offene literarische Verstehensprozesse in dem von ihr beobachteten Unterricht generell nicht vorgesehen waren.[121]

Literatur zweiter Klasse?

Diese Textverwendungspraxis scheint, wie der o.g. Befund über die hohe Verbreitung von problemorientierten Jugendbüchern als gymnasiale Unterrichtslektüre zeigt, den Umgang mit Kinder- und Jugendliteratur schulformübergreifend in einem sehr großen Ausmaß zu bestimmen. Dass Kinder- und Jugendliteratur in der Schule immer noch als eine bestenfalls zur Veranschaulichung von Sachthemen oder zur Leseförderung taugliche Literatur zweiter Klasse wahrgenommen wird, legt auch das Ergebnis eines 1997 von Heinz-Jürgen Kliewer angestellten Vergleiches von Unterrichtshilfen zu Kinder- und Jugendbüchern mit solchen zu Kanontexten der allgemeinen Literatur nahe:

„Die Unterrichtsmodelle unterscheiden sich dadurch, daß für Kinder- und Jugendbücher die Textanalysen entweder vollständig fehlen oder über Inhaltsangaben, Gliederungen und Problemdiskussionen nicht hinauskommen. Untersuchungen zu poetologischen Fragen oder zu Sprache und Stil des Textes scheinen unwichtig zu sein.“[122]

Diesem – im Vergleich zu den Unterrichtsmodellen Anna Krügers von 1963 – dramatischen Niveauverlust stellt Heinz-Jürgen Kliewer die Utopie einer „unteilbaren Literaturdidaktik“ entgegen:

„Wo KJL selbstverständlich in den Unterricht gehörte, wo man aufhörte, nur sie ‚Zielgruppenliteratur‘ zu nennen, statt diesen Aspekt grundsätzlich zu berücksichtigen, wo in verschiedenen Altersstufen nur verschiedene, aber nicht kategorial verschiedene Literatur ihr Recht hätte, dort müßte die KJL nicht weiterhin ihre Berechtigung, ihren Eigenwert beweisen, und dazu auch noch eine eigenständige Didaktik liefern. Und der Gegenblick: Wo Literatur nicht nur zum Abfragen von Baumustern, von Literaturepochen und biographischen Daten umfunktioniert wird, wobei die wichtigere Frage ungeklärt bleibt, was diese Kenntnisse zum Genuß und Verständnis beitragen können, sondern wo der Spaß an der Lektüre zugelassen wird, dort würde Toleranz entstehen für andere Leseweisen und andere Unterrichtsmethoden, für ein ganzheitliches Verständnis einer Lesebiographie, in der die Interessen von Individuum und Schule sich austarieren lassen.“[123]

Das aus Kliewers Vergleich der Unterrichtshilfen abgeleitete düstere Bild entspricht allerdings nicht ganz dem Stand der Literaturdidaktik der 1990er Jahre. Schließlich haben sich so profilierte Didaktiker wie Gerhard Haas und Kaspar H. Spinner auf der Grundlage ihres jeweiligen theoretischen Ansatzes seit den 1980er Jahren mit Kinder- und Jugendliteratur beschäftigt und auf diese Weise durchaus so etwas wie „unteilbare Literaturdidaktik" betrieben.

Didaktische Reflektion des Formen- und Funktionswandels

Große Aufmerksamkeit seitens der Literaturdidaktik fanden überdies die Veränderungen des kinder- und jugendliterarischen Symbolsystems, die der in den 1970er Jahren einsetzende Formen- und Funktionswandel hervorgebracht hatte. Der moderne psychologische Kinderroman (vgl. Kapitel 3), der jugendliterarische Adoleszenzroman (vgl. Kapitel 5) und die moderne kinder- und jugendliterarische Phantastik (vgl. Kapitel 4) wurden in den 1990er Jahren zum Gegenstand einer ganzen Reihe von Publikationen, in denen die literaturdidaktischen Möglichkeiten diskutiert wurden, die sich aus der Erweiterung des Formenspektrums der Kinder- und Jugendliteratur ergaben.[124]

PISA-Schock

Allemal scheint das Problem der reduktionistischen Wahrnehmung der Kinder- und Jugendliteratur zu diesem Zeitpunkt mehr auf der Ebene der Unterrichtspraxis als auf derjenigen der didaktischen Theorie zu liegen. Und auf dieser Ebene wurden in den gut zehn Jahren, die, seit Kliewer seine Utopie formulierte, vergangen sind, die Bedingungen ihrer Verwirklichung nicht einfacher. Die Auswirkungen des PISA-Schocks stehen der von Kliewer postulierten Toleranz für nicht kalkulierbare Lernprozesse entgegen, die Kategorien „Genuss" und „Verständnis" entziehen sich der Operationalisierbarkeit, sie lassen sich nicht restlos in ein System überprüfbarer Kompetenzen und Standards überführen.

Kompetenzbegriffe der Literaturdidaktik

Auf der anderen Seite entwickelte sich als kritische Reaktion auf die PISA-Studie und den ihr zugrunde liegenden Begriff von Lesekompetenz eine intensive sowohl sprach- als auch literaturdidaktische Beiträge umfassende Diskussion, in deren Verlauf mehrfach auch die Kinderliteratur als Gegenstand sprachlichen und literarischen Lernens in den Blick geriet.[125] Gemeint ist vorzugsweise die Kinderliteratur im engeren Sinn, die unter dem Blickwinkel des literarischen Lernens in der Grundschule eine neue Aufmerksamkeit erfuhr. Mit diesem Thema beschäftigte sich beispielsweise die 2003 erschienene Dissertation von Kathrin Waldt, deren Untertitel „Herausforderung durch ästhetisch-anspruchsvolle Literatur“ bereits eine Zielvorgabe enthält. Die Verfasserin stellt die Frage der Textauswahl ins Zentrum ihrer Überlegungen und orientiert sich dabei an zwei Begriffen aus der Kinderliteraturtheorie: dem Begriff des doppelsinnigen Kinderbuches nach Hans Heino Ewers (vgl. Kapitel 7.3) und dem Begriff der kinderliterarischen Einfachheit nach Maria Lypp. Ästhetisch anspruchsvoll sind demnach Texte, die in hohem Maße von den Konventionen der pragmatischen Kommunikation abweichen und bei denen sich strukturelle Einfachheit mit einem komplexen, verschiedene Lesarten zulassenden Sinnangebot verbindet. Solche Texte findet Kathrin Waldt sowohl in der Kinderliteratur als auch in der allgemeinen Literatur, weshalb in ihrer Dissertation Unterrichtsversuche zu einem Gedicht von Georg Trakl neben solchen zu Märchen von Hans Christian Andersen und Kindergedichten von Peter Hacks und Bertolt Brecht dokumentiert sind.

literarisches Lernen in der Grundschule

Leseförderung und literarisches Lernen

Kathrin Waldt versteht das literarische Lernen in der Grundschule als notwendige Ergänzung und Weiterführung der „Leseförderung“. Letztere sei notwendig, um bei den Schülerinnen und Schülern eine stabile Lesemotivation zu fördern und bilde auf diese Weise die Grundlage des literarischen Lernens. Während im Kontext der „Leseförderung“ durchaus „evasives“, also affektgeleitetes, unreflektiertes Lesen zugelassen werden soll, „will literarisches Lernen ein distanziertes und formorientiertes Lesen fördern, das die spezifische ästhetisches Sprachstruktur und -gestaltung thematisiert“[126]. Bemerkenswert an der auf dem didaktischen Ansatz Elisabeth Paefgens[127] gründenden Arbeit Kathrin Waldts scheint neben dem – gängigen Vorstellungen vom Grundschulunterricht zuwiderlaufenden – hohen Bildungsanspruch die Tatsache, dass die Verfasserin in beiden Bereichen des Literaturunterrichts (Leseförderung und literarisches Lernen) den Umgang mit Kinderliteratur vorsieht. Ihr Bestreben, aus dem kinderliterarischen Gesamtangebot die anspruchsvollsten, in ästhetischer Hinsicht herausforderndsten Texte für die Behandlung im Literaturunterricht auszuwählen, steht offenkundig in der Tradition Anna Krügers.

Lesemotivation und Genussfähigkeit

Auch Bernhard Rank favorisiert „kinderliterarische Texte, die sich durch literarästhetische Qualitäten vom eher eingängigen Durchschnitt abheben“[128], allerdings vertritt er eine von derjenigen Elisabeth Paefgens und Kathrin Waldts abweichende Vorstellung von literarischer Bildung. Unter Verweis auf ähnliche Positionen Maria Lypps und Cornelia Rosebrocks[129] bestimmt Rank literarische Bildung „nicht material (etwa als Ansammlung von Wissen *über* Literatur), sondern formal (als Fähigkeit)"[130], zu deren Ausbildung Leseförderung und begrifflich-analytisches Lernen gleichermaßen beitragen sollen. Für Rank besteht zwischen der Förderung der Lesemotivation und der Kultivierung der literarischen Genussfähigkeit ein enger Zusammenhang. Die Leseförderung soll nicht auf ein simples Animationsprogramm reduziert werden, dem jedes Mittel recht ist, um Kinder dazu zu bringen, Bücher zu lesen. Vielmehr muss Leseförderung nach Rank „der Tatsache Rechnung tragen, dass es schon im Grundschulalter ganz unterschiedliche Lesegenüsse gibt" und in ihrem Kern auf die Förderung des „ästhetischen Vergnügens" abzielen, das sich „bei der Entdeckung des ‚Sinns' in literarischen Texten" einstelle[131].

Ohne diesen Bezug explizit herzustellen, greift Rank hier einen Grundgedanken Heinrich Wolgasts auf, der die Fähigkeit zum poetischen Genuss gleichfalls als ein zentrales Bildungsziel ansah. Doch während Wolgast die spezifische Kinder- und Jugendliteratur, salopp gesagt, für ungenießbar hielt, ist Rank ein engagierter Vertreter der Ansicht, dass sich aus ihr „nach wie vor ein Curriculum der literarischen Bildung entwickeln lässt"[132].

literarisches Erfahrungspotenzial von Kinder- und Jugendliteratur

Der Begriff „Curriculum" zielt in diesem Zusammenhang auf das literarästhetische Erfahrungspotenzial der Kinder- und Jugendliteratur ab, nicht etwa auf die Zusammenstellung eines Kanons herausragender Kinder- und Jugendbücher. Die Kinder- und Jugendliteratur ist nach Rank als Gegenstand eines „literarisierenden Unterrichts" prädestiniert, weil sie immanent bereits ein reichhaltiges Angebot zur literarischen Bildung enthält. Ebenso wie eine ganze Reihe anderer Literaturdidaktiker tritt Rank also für eine Öffnung des Literaturunterrichts zur außerschulischen literarischen Sozialisation ein.

Spannung zwischen Schule und Freizeitlektüre

Eine prononcierte Fürsprecherin dieser Vorgehensweise ist Bettina Hurrelmann, die allerdings einem „Unterricht, der KJL zum Zwecke des literarischen Lernens gebraucht", durchaus skeptisch gegenübersteht und generell auf der Akzeptanz einer unaufhebbaren „Spannung" zwischen Schule und Freizeitlektüre beharrt:

„Die Schule profitiert von einer Grenzüberschreitung, wenn sie Kinder- und Jugendbücher in den Unterricht aufnimmt. Sie partizipiert gleichsam an der ‚Lebensbedeutsamkeit' des Gegenstandes und versucht diese in eine ‚Bildungsbedeutsamkeit' nach ihren eigenen Begriffen und didaktischen Zielen umzumünzen. Dies kann erfolgreich sein – es sollte aber nicht naiv geschehen. Denn die Spannung zwischen der alltagskulturellen Wertigkeit von KJL und der Bedeutung, die sie im schulischen Kontext für die Lernenden gewinnt, bleibt bestehen – wie sensibel und problembewusst auch immer mit den möglichen Vermittlungs- und Verarbeitungsformen umgegangen wird."[133]

Kinder- und Jugendliteratur als Unterhaltungsliteratur

Für Bettina Hurrelmann ist die Kinder- und Jugendliteratur in erster Linie durch ihre Orientierung an den Bedürfnissen der Leserinnen und Leser bestimmt, d.h. es handelt sich aus ihrer Sicht weithin um leicht verständliche Unterhaltungsliteratur und nur zum geringen Teil um ästhetisch anspruchsvolle Texte im Sinne von Kathrin Waldt oder Bernhard Rank. Im Rahmen der Schule sei diese „alltagskulturelle Wertigkeit" der Kinder- und Jugendliteratur noch am ehesten mit dem Aufgabenfeld der Leseförderung zu vermitteln.

Unterhaltung und ästhetische Erfahrung

Die von Bettina Hurrelmann zu Recht betonte Spannung von „Lebensbedeutsamkeit" und „Bildungsbedeutsamkeit" wird auch durch den in Bernhard Ranks Ansatz zentralen Begriff der „literarischen Erfahrung" nicht aufgehoben. Allerdings bietet der Begriff die Chance, dieses Spannungsverhältnis etwas genauer auszuleuchten. Zum Beispiel böte es sich an, die ästhetischen Erfahrungspotenziale auch solcher Texte und Medienprodukte zu analysieren, die nicht durch Kritiker und literarische Preisrichter positiv sanktioniert werden. Welche Genüsse offerieren die Romane und Erzählungen von Joanne K. Rowling oder Cornelia Funke ihren Leserinnen und Lesern, worin genau besteht das Unterhaltungsangebot einer Fernsehsoap, was macht den Reiz der Manga-Lektüre aus und in welchem Verhältnis steht all das zu den Bildungsnormen des Literaturunterrichts? Zudem ist die gesamte bisherige Diskussion um die literarischen Bildungspotenziale der Kinder- und Jugendliteratur, wie erwähnt, stark auf die Kinderliteratur im engeren Sinn begrenzt. Es fehlen also entsprechende didaktische Konzepte zur aktuellen Jugendliteratur und auch zum Bilderbuch.

Desiderata

45 Jahre nach dem Pionierwerk Anna Krügers ist die Kinder- und Jugendliteratur nicht nur als Unterrichtsgegenstand fest eta-

bliert, sondern in mehr oder weniger großem Umfang auch im Lehrangebot der Lehramtsstudiengänge. Auch in neueren Einführungen und Sammelbänden zur Literaturdidaktik findet sich in aller Regel zumindest ein Kapitel oder ein Beitrag über Kinder- und Jugendliteratur. Die Wirklichkeit hat sich also ein gutes Stück auf Heinz-Jürgen Kliewers vor zehn Jahren postuliertes Ideal einer „unteilbaren Literaturdidaktik" zu bewegt.

unteilbare Literaturdidaktik als Realität?

Die didaktisch am besten begründeten und zugleich innovativsten Vorschläge zum Umgang mit Kinder- und Jugendliteratur wurden jedoch in aller Regel von Personen formuliert, die nicht nur in Literaturdidaktik, Lese- und Mediennutzungsforschung ausgewiesen sind, sondern eben auch in der (fachwissenschaftlichen) Kinder- und Jugendliteraturforschung. Die Bestimmung der literaturdidaktischen Potenziale der Kinder- und Jugendliteratur setzt eine profunde, dem aktuellen Forschungsstand entsprechende Kenntnis dieser Literatur voraus.

fachwissenschaftliche Grundlagen

Für Lehrerinnen und Lehrer scheint es angezeigt, dem Rat Bettina Hurrelmanns folgend, im Deutschunterricht Räume zur unzensierten Kommunikation über die von den Schülerinnen und Schülern favorisierten Bücher, Filme und anderen Medienangebote zu öffnen. Zugleich sollten sie aber, den Zusammenhang von Lesemotivation und ästhetischem Vergnügen bedenkend, möglichst vielfältige Gelegenheiten für literarische Erfahrungen mit anspruchsvollen Texten der Kinder- und Jugendliteratur arrangieren.

unterrichtspraktische Ratschläge

Die Frage, was „literarästhetische Qualität" ausmacht, lässt zweifellos viele Antworten zu. In jedem Fall ist ein gewisses Maß an Genussfähigkeit seitens der Lehrerinnen und Lehrer sowie Neugier auf die jeweils aktuelle Kinder- und Jugendliteratur und die Bereitschaft, die vorhandenen Orientierungsmöglichkeiten (Rezensionen, Literaturpreise) zu nutzen, eine gute Voraussetzung zur professionellen Textauswahl.

Zusammenfassung

Die Lektüre von Kinder- und Jugendliteratur fördert die Lesemotivation, vermittelt genuin literarische Erfahrungen und trägt zum Erwerb von Weltwissen bei. Diese Funktionen im Bereich der Lesesozialisation, der literarischen Sozialisation und der Aneignung von literaturunspezifischem Wissen und Werten erfuhren allerdings im Laufe der Geschichte höchst unterschiedliche Gewichtungen.

War die frühe Kinder- und Jugendliteratur in erster Linie als ein Instrument der Vermittlung von Wissen und Werten konzipiert, so verfiel dieser Aspekt vom 19. Jahrhundert an wiederholt der Kritik und trat im Prozess der Modernisierung faktisch zunehmend in den Hintergrund. Heute bestimmt das Modell einer Erziehung durch Literatur allenfalls den seitens der Literaturkritik wenig geschätzten Teilbereich der problemorientierten Kinder- und Jugendliteratur. Auf Platz eins der pädagogisch erwünschten Wirkungen der Kinder- und Jugendliteratur steht gegenwärtig die Förderung der Lesemotivation. Das Lesen zu Unterhaltungszwecken gilt jedoch erst seit wenigen Jahrzehnten als eine förderungswürdige kulturelle Praxis; es ist zwar evident, dass die Kinder- und Jugendliteratur vom späten 18. Jahrhundert an enorm zu seiner Verbreitung beigetragen hat, aber die Pädagogen sahen diese Entwicklung eher mit Skepsis als mit Wohlwollen.

Die Kinder- und Jugendliteratur vermittelt ihren Rezipienten auch Erfahrungen mit dem Klang und dem Rhythmus metrisch gebundener Sprache, mit einfachen und komplexen Formen des Erzählens, mit Metaphern und anderen Formen der uneigentlichen Rede; sie verhilft ihnen zur Ausbildung eines Bewusstseins von Fiktionalität und zieht sie hinein in das unendliche Spiel der Deutungen ästhetischer Texte. Dieses literarische Sozialisationspotenzial wurde erst vom frühen 20. Jahrhundert an zum Gegenstand wissenschaftlicher Erörterungen, die seit den 1960er Jahren mit didaktischen Konzepten zur Einbindung der Kinder- und Jugendliteratur in den Deutschunterricht verbunden sind.

Nach ihren nicht nur von der Pädagogik bestimmten, sondern auch schulnahen historischen Anfängen waren Kinder- und Jugendliteratur und Schule seit der Begründung des Deutschunterrichts als Unterrichtsfach im frühen 19. Jahrhundert zunächst getrennte Wege gegangen. Auf der einen Seite entfaltete sich das Handlungs- und Symbolsystem der Kinder- und Jugendliteratur, die Auflagenzahlen stiegen, das Verlagswesen entwickelte sich und das literarische Angebot richtete sich immer mehr nach den Unterhaltungsbedürfnissen seines Publikums und immer weniger nach pädagogischen Vorgaben. Auf der anderen Seite etablierte sich der vom Konzept einer deutschen Nationalliteratur bestimmte Bildungskanon des Deutschunterrichts, der allenfalls in den Lesebüchern der Volksschulen die Aufnahme von Märchen oder Kindergedichten zuließ. Eine neue „schulnahe“ Kinder- und Jugendliteratur entstand im frühen 20. Jahr-

hundert im Umfeld der Reformpädagogik. In dieser Zeit wurde zudem erstmals die Lektüre kinder- und jugendliterarischer „Ganzschriften" im Unterricht propagiert. Diese Ansätze wurden erst in den 1960er Jahren erneut aufgegriffen, allerdings mit unterschiedlichen Begründungen. Anna Krüger plädierte für die Aufnahme einiger herausragender Kinder- und Jugendbücher in den Kanon des Literaturunterrichts, deren literarische Qualitäten sie mit dem methodischen Instrumentarium der aktuellen Literaturwissenschaft beschrieben hat. Malte Dahrendorf und einige andere Literaturdidaktiker wandten sich stattdessen gegen die den Deutschunterricht bis dato bestimmenden Vorstellungen von literarischer Bildung und forderten die Behandlung von Kinder- und Jugendliteratur in der Schule, weil diese den Lese- und Unterhaltungsbedürfnissen der Schüler entgegen käme.

Gegenwärtig ist die Kinder- und Jugendliteratur als Gegenstand einer ganzen Reihe von Schulfächern und in verschiedenen Schularten fest etabliert. Allerdings wird sie dort leider in überproportional großem Ausmaß als bloßes Veranschaulichungsmedium für Sachthemen verwendet und viele interessante Entwicklungen auf dem Gebiet der Kinder- und Jugendliteratur vollziehen sich außerhalb des Wahrnehmungshorizonts der Schule.

Nicht ohne Grund kreisen didaktische Überlegungen zum Stellenwert der Kinder- und Jugendliteratur im Literaturunterricht oftmals um die Bestimmung des Verhältnisses von Leseförderung und literarischer Bildung. Ein Literaturunterricht, der die Teilhabe der Schülerinnen und Schüler an der literarischen Kommunikation zu fördern beabsichtigt, wird beides im Auge behalten müssen. Ein solcher Literaturunterricht kann sich bei der Wahl seiner Gegenstände nicht auf einen ein für allemal festgeschriebenen Bildungskanon zurückziehen. Er muss sich öffnen für die literarisch-kulturellen Interessen der Schülerinnen und Schüler und für das literarische Leben der Gegenwart. Beides schließt die Kinder- und Jugendliteratur selbstverständlich ein. Der Stellenwert der Kinder- und Jugendliteratur für den Literaturunterricht ergibt sich also zum einen aus ihrer Bedeutung als Freizeitlektüre der Schülerinnen und Schüler und zum anderen aus ihrem literar-ästhetischen Erfahrungspotenzial. Dieses Potenzial ist gegenwärtig nicht einmal ansatzweise ausgeschöpft.

Testfragen

1. Die frühe Kinder- und Jugendliteratur war als ein Medium der Vermittlung von Wissen und Werten konzipiert. Von welchen Personen und Strömungen ging die Kritik an diesem Modell einer Erziehung durch Literatur aus und welche Argumente wurden dabei ins Feld geführt?
2. Was versteht man unter *Lesesozialisation* und unter *literarische Sozialisation*?
3. Erklären Sie mithilfe des Begriffs der *Lesemotivation* den Zusammenhang von *Lesesozialisation* und *literarischer Sozialisation*!
4. Nennen Sie Beispiele für literarische Sozialisationsfunktionen der Kinder- und Jugendliteratur!
5. Erklären Sie die Forderung Heinz-Jürgen Kliewers nach einer „unteilbaren Literaturdidaktik"!
6. Beschreiben Sie die Positionen von Bettina Hurrelmann und Bernhard Rank zur didaktischen Relevanz von Kinder- und Jugendliteratur im Spannungsfeld von Leseförderung und literarischer Bildung!

Anregungen zur Textarbeit

1. Welche Lese- und Medienerfahrungen aus Ihrer Kindheit und zurückliegenden Jugend sind Ihnen besonders deutlich in Erinnerung geblieben?
   - Notieren Sie Titel und Erinnerungskontexte.
   - Inwieweit haben diese Erfahrungen Ihre Lesesozialisation und Ihre literarische Sozialisation beeinflusst? (Falls Sie in einer Lerngruppe arbeiten, können Sie Ihre Erinnerungen und Reflexionen untereinander austauschen.)
   - Wählen Sie nun eines der Werke aus und versuchen Sie, sein literarisches Erfahrungspotenzial zu beschreiben. Beachten Sie gattungs- und medienspezifische Aspekte – je nachdem, ob es sich zum Beispiel um eine Erzählung, ein Sachbuch, ein Hörspiel, ein Kinderlied, ein Bilderbuch oder einen Film handelt. In jedem Fall sollten Sie die Aspekte Thematik, Wirklichkeitsmodell, Sprache, Klang, Rhythmus, Metaphorik, Intertextualität, Komik und Figuren in angemessener Weise berücksichtigen. (Falls Sie in

einer Lerngruppe arbeiten, können Sie sich von vorneherein dafür entscheiden, nicht Ihre eigenen, sondern die Lieblingstexte Ihrer KommilitonInnen zu bearbeiten, und die Ergebnisse untereinander austauschen.)

2. Setzen Sie sich in der beschriebenen Weise auch mit einem ganz aktuellen Kinder- oder Jugendbuch auseinander! Versuchen Sie, sich darüber klar zu werden, welche Erfahrungen dieses Buch für Sie selbst und welche es für die primären Adressaten bereithält!

Literaturtipps

Sekundärliteratur

Sammelbände und Monographien

Conrady, Peter (Hg.): *Literatur-Erwerb. Kinder lesen Texte und Bilder.* Frankfurt am Main: dipa-Verlag 1989.

Gansel, Carsten: *Moderne Kinder- und Jugendliteratur. Vorschläge für einen komptenzorientierten Unterricht. 4., überarb. Aufl.* Berlin: Cornelsen Scriptor 2010.

Rank, Bernhard; Rosebrock, Cornelia (Hg.): *Kinderliteratur, literarische Sozialisation und Schule.* Weinheim: Deutscher Studienverlag 1997.

Richter, Karin: *Kinderliteratur in der Grundschule. Betrachtungen, Interpretationen, Modelle.* Baltmannsweiler: Schneider-Verlag Hohengehren 2001.

Richter, Karin; Hurrelmann, Bettina (Hg.): *Kinderliteratur im Unterricht. Theorien und Modelle zur Kinder- und Jugendliteratur im pädagogisch-didaktischen Kontext.* Weinheim; München: Juventa 1998.

Beiträge

Ewers, Hans-Heino: *Von der Kinderliteratur kann keine Rede sein – Ein Plädoyer für die Anerkennung der Funktionsvielfalt von Kinderliteratur.* In: Duderstadt, Matthias; Forytta, Claus (Hg.): Literarisches Lernen. Frankfurt am Main: Arbeitskreis Grundschule e.V. 1999, S. 27-36.

Haas, Gerhard: *Kinder- und Jugendliteratur im Unterricht.* In: Lange, Günter [u.a.] (Hg.): Taschenbuch des Deutschunterrichts. 6., vollst. überarb. Aufl. Bd. 2. Baltmannsweiler: Schneider-Verlag Hohengehren 1998, S. 721-737.

Hurrelmann, Bettina: *Kinder- und Jugendliteratur in der literarischen Sozialisation.* In: Lange, Günter (Hg.): Taschenbuch der Kinder- und Jugendliteratur. Bd. 2. Baltmannsweiler: Schneider-Verlag Hohengehren 2000, S. 901-920.

Hurrelmann, Bettina: *Kinder- und Jugendliteratur im Unterricht.* In: Bogdal, Klaus-Michael; Korte, Hermann (Hg.): Grundzüge der Literaturdidaktik. München: dtv 2002, S. 134-146.

Kliewer, Heinz-Jürgen: *Positionen der Didaktik der Kinder- und Jugendliteratur.* In: Dolle-Weinkauff, Bernd; Ewers, Hans-Heino (Hg.): Theorien der Jugendlektüre. Beiträge zur Kinder- und Jugendliteraturkritik seit Heinrich Wolgast. Weinheim; München: Juventa 1996, S. 317-330.

Lange, Günter: *Zur Didaktik der Kinder- und Jugendliteratur.* In: Taschenbuch der Kinder- und Jugendliteratur. Bd. 2. Baltmannsweiler: Schneider-Verlag Hohengehren 2000, S. 942-967.

Rank, Bernhard: *Kinderliteratur, literarische Sozialisation und Schule. Vom Vergnügen am Umgang mit kinderliterarischen Texten.* In: Härle, Gerhard; Rank, Bernhard (Hg.): Wege zum Lesen und zur Literatur. Baltmannsweiler: Schneider-Verlag Hohengehren 2004, S. 187-213.

Rank, Bernhard; Bräuer, Christoph: *Literarische Bildung durch literarische Erfahrung*, In: Ders.; Härle, Gerhard (Hg.): „Sich bilden ist nichts anders als frei werden". Sprachliche und literarische Bildung als Herausforderung für den Deutschunterricht. Baltmannsweiler: Schneider-Verlag Hohengehren 2008, S. 63-88.

Spinner, Kaspar H.: *Vielfältig wie nie zuvor. Stichworte zur aktuellen Kinder- und Jugendliteratur und ihrer Didaktik.* In: Praxis Deutsch, 27. Jg. / 2000, H. 162, S. 16-20.

Spinner, Kaspar H.: *Literarisches Lernen in der Grundschule.* In: Beiträge Jugendliteratur und Medien, 59. Jg. / 2007, H. 3, S. 3-11.

Anhang

Modellantworten

Kapitel 1

1. Das Zitat zeugt von dem Ende des 18. Jahrhunderts einsetzenden tiefgreifenden Wandel im Lektüreangebot für Kinder und Jugendliche. 1809, als Goethe seine Kindheitserinnerungen abfasste, hatte sich die *spezifische Kinderliteratur* auf dem Buchmarkt bereits etabliert. Geboren etwa zehn Jahre vor dem Beginn dieser Entwicklung, las der junge Goethe dagegen hauptsächlich Texte aus der allgemeinen Literatur. Dass die spezifische Kinder- und Jugendliteratur eine Erfindung der Aufklärer ist, lässt sich mit dem Zitat allerdings nicht beweisen!
2. Das Schreiben und Publizieren für Kinder und Jugendliche setzte sich unter dem Einfluss der Aufklärung im späten 18. Jahrhundert als eine gesellschaftlich bedeutsame kulturelle Praxis durch. In diesem Zeitraum entwickelte sich ein soziales Handlungssystem *Kinder- und Jugendliteratur* und das Textkorpus *spezifische Kinder- und Jugendliteratur* nahm an Umfang und Verbreitung geradezu sprunghaft zu. Die große Bedeutung dieser Zäsur veranlasste manche Historiker dazu, sie als den Beginn der Geschichte der Kinder- und Jugendliteratur anzusehen. Es gibt jedoch bereits seit dem Hochmittelalter an junge Leser gerichtete Texte, teils mit ausdrücklicher Adressierung, teils mit entsprechenden textimmanenten Adressatenentwürfen. Diese durchwegs pädagogisch bzw. didaktisch motivierten Texte begründen literarische Konventionen, von denen auch die seit der Aufklärung entstandene Kinder- und Jugendliteratur geprägt ist. Allerdings gründen sie auf Kindheitsvorstellungen, die von den heutigen zum Teil weit abweichen. Eine modernen Kindheitsvorstellungen entsprechende Kinder- und Jugendliteratur schuf erst die Aufklärung.
3. Angesichts der traditionell bestehenden Nähe zwischen Kinder- und Jugendliteratur und Pädagogik ist zunächst einmal ganz allgemein der hohe Stellenwert der Pädagogik im bürgerlichen Zeitalter als eine entscheidende Voraussetzung zu benennen. Die Pädagogik diente der Selbstverständigung des Bürgertums, in pädagogischen Diskussionen wurden die philosophischen Maximen der Aufklärung konkretisiert, mit pädagogischen Mitteln sollte der bürgerliche Habitus verbreitet und der Geschichtsfortschritt befördert werden. Zudem ent-

stand infolge der Veränderung der Produktionsverhältnisse ein enormer Qualifizierungsbedarf. Die Alphabetisierung schritt voran und bildete zugleich eine Voraussetzung für die Entwicklung des Buchmarktes. Dessen nicht zuletzt auch aufgrund technischer Fortschritte ermöglichte Expansion bildete eine weitere Rahmenbedingung für die allmähliche Entstehung einer literarischen Teilöffentlichkeit *Kinder- und Jugendliteratur*. Dass sich unter den aufklärerischen Pädagogen des späten 18. Jahrhunderts ein Bewusstsein der Notwendigkeit einer speziell für Kinder und Jugendliche geschriebenen Literatur durchsetzte, ist eine Folge der um diese Zeit gewonnenen Erkenntnisse über die Spezifik kindlicher Lern- und Entwicklungsprozesse.

4. Unter dem Einfluss der pädagogischen Ideen Rousseaus vertraten die Philanthropen das Prinzip der Kindgemäßheit in Bildung und Erziehung. Anders als dieser schrieben sie dabei der Kinderliteratur eine wichtige Rolle zu. Nach Ansicht der Philanthropen sollte das Schreiben und Publizieren von Kinderliteratur von der Rücksicht auf die kognitiven Kapazitäten der Adressaten und auf ihre Unterhaltungsbedürfnisse bestimmt sein. Als Autoren, Bearbeiter und Herausgeber schufen die Philanthropen ein beachtliches Korpus adressatenspezifischer Literatur und trugen auf diese Weise zur Modifikation des traditionellen Formenspektrums bei. Langfristig gesehen ermöglichte ihre Tätigkeit eine Ausweitung der Unterhaltungsfunktion der Kinder- und Jugendliteratur.
5. Die Kinder- und Jugendliteratur der Aufklärung war pädagogisch-didaktischen Zielsetzungen verpflichtet. Allerdings setzte sich insbesondere in der Generation der Philanthropen in zunehmendem Umfang die Erkenntnis durch, dass die sittlich-moralischen und sachlichen Lehren, die zu vermitteln sie angetreten waren, ihre Adressaten nur dann erreichten, wenn sie in einer ihnen verständlichen und unterhaltsamen Form dargeboten würden. In diesem lernpsychologisch begründeten didaktischen Konzept ist der Keim zur Entfaltung einer Eigendynamik der unterhaltsamen Aspekte der Kinderliteratur bereits enthalten. Zudem ist die Kinderliteratur der (Spät-)Aufklärung keineswegs eine einheitliche Strömung und bei einigen ihrer Vertreter (insbesondere bei Bertuch) steht die Absicht, die kindlichen Rezipienten zu unterhalten und

ihnen ästhetische Erfahrungen zu bieten, bereits sehr stark im Vordergrund.

Kapitel 2

1. Die Romantik idealisierte die Kindheit als einen durch Ursprünglichkeit, Naturnähe, Religiosität, intensive Phantasietätigkeit und Nähe zum Poetischen gekennzeichneten Daseinszustand. Die Kindheit erscheint als ein verlorenes und wiederzugewinnendes Paradies, Abglanz einer idealen Vergangenheit und Verheißung einer idealen Zukunft gleichermaßen. Aufgrund ihrer utopischen Überhöhung bildet die Kindheit ein zentrales Thema der Romantik (auch jenseits der Kinderliteratur).
2. Im Sinne der romantischen Kindheitsutopie ist die Volkspoesie eine „kindliche" Literatur. In der Volkspoesie lebt die Erinnerung an vergangene goldene Zeitalter der Menschheit bzw. des eigenen Volkes. Der Volkspoesie werden also zum einen ganz ähnliche utopische Potenziale zugeschrieben, wie der Kindheit. Zum anderen galt sie den Romantikern auch als die einzige Kindern zuträgliche Literatur.
3. Herder und die Frühromantik hatten die Folklore der gesamten Menschheit, insbesondere diejenige des Orients, im Auge. Dagegen zielten die Vertreter der Hoch- und Spätromantik auf die eigene nationale Überlieferung als kulturelle Grundlage einer von ihnen angestrebten nationalen Identität ab.
4. Die beiden Lager verfolgten unterschiedliche Strategien zur Rettung der Volkspoesie, die ihnen gleichermaßen als ein bedrohtes Gut erschien. Das volkskundlich-philologische Lager, repräsentiert durch die Brüder Grimm, benannte die unverfälschte Bewahrung der volkstümlichen Überlieferung als vordringliches Ziel. Im Gegensatz dazu waren Achim von Arnim und Clemens Brentano von der Notwendigkeit einer dichterischen Bearbeitung der überlieferten volksliterarischen Quellen überzeugt.
5. Der Begriff sagt zunächst einmal aus, dass die Brüder Grimm ihren erklärten Zielen zum Trotz keineswegs nur als Sammler der „Kinder- und Hausmärchen" in Erscheinung traten, sondern auch als deren Bearbeiter. Die „Gattung Grimm" ist das Produkt dieser auf die Tilgung erotischer und anderer Derbheiten und auf stilistische Einheitlichkeit zielenden Bearbeitertätigkeit.

Kapitel 3

1. Realismus wird heute als ein historisch variabler Bedeutungseffekt angesehen, der zunächst daraus entsteht, dass ein literarischer Text der jeweiligen Realitätsauffassung des Publikums entspricht und diese zugleich mitbestimmt. Realistisches Erzählen kann die außerliterarische Wirklichkeit nicht mimetisch spiegeln, sondern es bleibt immer ein mit künstlerischen Mitteln erzielter Effekt, der zudem im Laufe der Literaturgeschichte durch sehr unterschiedliche Stilmerkmale bestimmt worden ist.
2. *Aufklärung:* Veranschaulichung lautete das oberste Prinzip für die Realitätskonzepte, wie sie von den Vertretern der Aufklärung postuliert wurden. Durch Veranschaulichung von Bildern, Stoffen und Themen aus der Lebenswirklichkeit der kindlichen Leser sollte ein Geschehen so verlebendigt werden, dass auf diese Weise eine Wirklichkeitsillusion entstehen konnte. Zu den bekanntesten Beispielen dieser Ausprägung realistischen Erzählens zählt Joachim Heinrich Campes Roman „Robinson der Jüngere" (1779). Anders als in Defoes Roman erzählt hier der Vater den Kindern die Geschichten von Robinson, in der er immer wieder versucht an die Lebenswirklichkeit der Kinder anzuknüpfen, so dass auf diese Weise aus der ursprünglichen Abenteuererzählung ein für die kindlichen Leser nachvollziehbares Erlebnis wird. Diese Veranschaulichung darf jedoch nicht mit der Abbildung außerliterarischer Realität verwechselt werden, sondern es geht immer um die Darstellung einer Wirklichkeit, die auf eine ihr zugrundeliegende vernünftige Ordnung rekurriert, mithin also um eine normative, pädagogisch instrumentalisierte Wirklichkeit. *Weimarer Republik*: Bereits Ende des 19. Jahrhunderts forderte der Pädagoge Heinrich Wolgast von der Kinderliteratur eine kritische und zugleich scharf beobachtende Wirklichkeitsdarstellung, die nun – im Gegensatz zur Aufklärung – von jeglicher Norm frei sein sollte. Erstmals umgesetzt wurde dieses neue Realismuskonzept in Erich Kästners Kinderroman „Emil und die Detektive" (1928). Als innovativ im Hinblick auf das Realitätskonzept gelten vor allem die Bezüge auf tatsächlich existierende Lokalitäten in der Großstadt Berlin, die Darstellung moderner Medien und Fortbewegungsmittel, die Konturierung der autonomen Kinderfiguren durch ihre explizit benannte soziale Herkunft sowie durch ihren Sprachhabitus, zu dem u.a. die Verwendung von

Umgangssprache und Elemente des Berliner Jargons zählen. Tatsächlich jedoch handelt es sich allen Realitätseffekten zum Trotz auch in Kästners Roman nicht um einen an der außerliterarischen Wirklichkeit orientierten, sondern um die Darstellung eines idealisierten Kinderalltags.

Zweite Moderne: Die zentrale Voraussetzung für das Realismuskonzept der sogenannten Zweiten Moderne ist der Paradigmenwechsel in der Kinderliteratur zu Beginn der 1970er Jahre. Die neue Kinderliteratur sollte ihre Leser nun in die Lage versetzen, die Mechanismen der gesellschaftlichen Verhältnisse als deren Teil sich die Kinder nun zu verstehen hatten, in ihrem So-Sein zu durchschauen. So ist die neue Kinderliteratur zum einen durch eine explizite Orientierung an der außerliterarischen Wirklichkeit gekennzeichnet und zum anderen durch ihre ebenso aufklärerische wie didaktische Haltung. Die neue Ausprägung realistischen Erzählens trägt die Bezeichnung problemorientierte Kinderliteratur. Der Anspruch realistisch zu erzählen manifestiert sich hier vor allem auf stofflich-thematischer Ebene – alle Bereiche gesellschaftspolitischer Diskurse werden nun auch in der Kinderliteratur behandelt. Auch auf der Figurenebene ist die Orientierung an der außerliterarischen Realität oberstes Prinzip: An die Stelle der früheren Ausnahmeakteure treten normale, zunehmend auch weibliche Figuren, die den Erwachsenen mit Selbstbewusstsein entgegentreten und ihre Interessen vertreten.

3. Vor allem in der Epoche der Weimarer Republik wie auch in der Zweiten Moderne finden sich kinderliterarische Werke, in denen die realistisch erzählte Welt mit phantastischen Elementen (auf der Figuren-, der Handlungs- und der Gattungsebene) interferiert. In der Mehrheit der Texte geht es dabei um eine eindeutige Instrumentalisierung des Phantastischen, um die kindlichen Leser über in der außerliterarischen Realität existierende politisch-gesellschaftliche Missstände bzw. Gegebenheiten aufzuklären. Weiterhin haben diese phantastischen Elemente eine wichtige Entlastungsfunktion inne, d.h. sie können gegebenenfalls dazu dienen, die in den Werken geschilderten Versehrtheiten der Welt weniger hart erscheinen zu lassen. Auf diese Weise ist den phantastischen Elementen in realistisch erzählten Werken vielfach eine stark didaktisierende Funktion eingeschrieben.

4. Mit zu den wichtigsten Realitätseffekten zählen – abhängig vom jeweiligen Realitätskonzept – die angewendeten Erzählverfahren. So wurde in der Aufklärung mit ihrem Postulat der Veranschaulichung die innerfamiliäre, intergenerationelle Gesprächsform zu einem zentralen Erzählverfahren, da auf diese Weise an die lebensweltlichen Erfahrungen der Kinder angeknüpft werden konnte. Im 19. und frühen 20. Jahrhundert hingegen sind es unterschiedlich modellierte, auktoriale Erzähler, die die Ereignisse nicht nur berichten, sondern auch bewerten. Vorherrschende Formen der Rede- und Gedankenwiedergabe bilden Erzählerbericht sowie direkte Figurenrede. Erst in der Epoche der Zweiten Moderne, mit dem Aufkommen einer neuen realistischen Gattung, dem psychologischen Kinderroman, gewinnen die Formen personalen Erzählens an Bedeutung, so dass die kindlichen Akteure nun – ohne Einlassung eines Erzählers – über ihre (psychischen) Befindlichkeiten Auskunft geben können.

Kapitel 4

1. Die literarische Phantastik unterscheidet sich vom Märchen vor allem durch ihre Zweidimensionalität, d.h. durch das Vorhandensein von zwei Welten. Während das Märchen meist nur eine nicht-realistische Welt kennt, deren Vorhandensein von keinem der Akteure in Zweifel gezogen wird, existieren in einem Großteil der phantastischen Erzählungen zwei Welten – eine wunderbare und eine real-fiktive, d.h. der außerliterarischen Realität nachgebildete Welt, die dann in den phantastischen Erzählungen aufeinandertreffen. Ausnahmen davon bilden zum einen die romantischen Wirklichkeitsmärchen, die die märchentypische Eindimensionalität nicht mehr aufweisen, sondern den Einbruch des Wunderbaren in die real-fiktive Welt gestalten. Zum anderen ist es die heute beliebteste Spielart phantastischer Literatur, die moderne Fantasy-Literatur, in der die Handlung mehrheitlich in *einer* geschlossenen Welt angesiedelt ist, die eindeutig die Züge des Wunderbaren und Mythischen trägt.
2. Der Begriff der „Unschlüssigkeit des Lesers“ geht auf den französischen Literaturtheoretiker Tzvetan Todorov zurück und bezeichnet das Gefühl, das ein Mensch (Leser) empfindet, der nur die natürlichen Gesetze kennt und sich nun einem

Ereignis gegenübersieht, das den Anschein des Übernatürlichen hat. Wird diese Unschlüssigkeit nicht durch eine logische Erklärung während oder nach der Lektüre aufgelöst, dann, aber auch nur in diesem Falle, handelt es sich um eine phantastische Erzählung. Die Basis für Todorovs Definition, in deren Zentrum nicht mehr das phantastische Ereignis, sondern ausschließlich der Leser steht, bildeten allgemeinliterarische Werke des 18. und 19. Jahrhundert, kinderliterarische Werke (der Moderne) befanden sich nicht darunter. Vor allem daran entzündete sich die Kritik der Literaturdidaktiker. Die schmale Textbasis sowie die Tatsache, dass Todorov die Entscheidung darüber, ob ein Text zur phantastischen Literatur zähle, ausschließlich der subjektiven Entscheidung des Lesers überlasse, machten, so ein weiterer Vorwurf der Kritiker, zu viele Texte heimatlos. Nicht zuletzt aus diesen Gründen wurde Todorovs Ansatz vielfach als enge oder minimalistische Theorie bezeichnet.

3. Zu den Kritikern von Todorov gehörte auch der Literaturkritiker Gerhard Haas, der seinerseits dafür plädierte, die literarische Phantastik, zu der er ausdrücklich auch die kinderliterarische Phantastik gerechnet wissen wollte, nicht als literarische Gattung, sondern eine Form des sogenannten wilden Denkens zu verstehen. Haas verstand darunter, dass alles mit allem auf eine rational nicht aufhellbare Weise in Zusammenhang stand, ein Denken, das vorrangig durch Intuition geprägt sei und dem wissenschaftlichen, rationalen Denken immer vorausgehe. Das Phantastische lasse deutliche Spuren dieses wilden Denkens erkennen und zwar durch das zentrale Strukturmerkmal jeglicher literarischen Phantastik: den Einbruch des Phantastischen in die real-fiktive Welt.
4. Auf die Literaturwissenschaftlerin Maria Nikolajeva gehen jene Modelle zurück, die eine Dreiteilung der phantastischen Welt implizieren, d.h. drei Möglichkeiten des Kontaktes zwischen real-fiktiver und wunderbarer Welt. Ausgangspunkt ist dabei die wunderbare Welt, die von Nikolajeva als sekundäre Welt bezeichnet wird (als Gegensatz zur primären Alltagswelt). In Texten, die dem ersten Modell zugerechnet werden könnten, spielt die Handlung ausschließlich in einer phantastischen Welt – Nikolajeva bezeichnet sie als geschlossene sekundäre Welt. Ein zweites Modell bezeichnet die offene se-

kundäre Welt, d.h. es kommt zum Aufeinandertreffen von wunderbarer und real-fiktiver Welt, und die Akteure können problemlos zwischen diesen Welt hin- und herwechseln. Die Grenzüberschreitung zwischen primärer und sekundärer Welt wird auf diese Weise zu einem zentralen Motiv dieser Ausprägung phantastischen Erzählens. Dem dritten Modell sind jene Werke zuzurechnen, die eine implizierte sekundäre Welt gestalten. Ort der Handlung ist in diesen Erzählung ausschließlich die primäre Alltags- bzw. real-fiktive Welt, in der jedoch unvermutet Figuren oder Gegenstände aus der wunderbaren Welt auftauchen, die in der Handlung jedoch nicht dargestellt wird.

5. Ein wichtiges Motiv phantastischer Erzählungen wurde bereits genannt: die Grenzüberschreitung der Figuren zwischen real-fiktiver und phantastischer Welt. Der Ort dieser Grenzüberscheitung wird als phantastische Schwelle bezeichnet, von denen es eine Vielzahl unterschiedlicher Varianten gibt: vom Spiegel bis hin zum Bahnsteig. Eng damit verknüpft ist das Motiv der Reise – zwischen primärer und sekundärer Welt. Auch hier ist zwischen unterschiedlichen Modellen zu unterscheiden: d.h. diese Reise kann linear (nur einmal in die sekundäre Welt), zirkulär (in die sekundäre Welt und wieder zurück) und schleifenförmig (ein beliebig häufiges Reisen zwischen beiden Welten) verlaufen. Grenzüberschreitung wie auch Reise können sich – ein weiteres Motiv – als Teil eines Traumes erweisen, der entweder als Wunsch- oder als Alptraum in Erscheinung treten kann. Als weiteres zentrales Motiv wären verlebendigte Gegenstände zu nennen, in kinderliterarischer Phantastik handelt es sich hierbei vielfach um das Spielzeug der Kinder, die auch oftmals die einzigen sind, die diese Verlebendigung wahrnehmen können. Handelt es sich dabei um mehrere Spielzeugfiguren, kann man von sogenannten Miniaturgesellschaften sprechen, die neben der menschlichen Gesellschaft existieren und von dieser entweder gar nicht oder nur von den kindlichen Figuren wahrgenommen werden. Weitere wichtige Motive bilden Zauberer und Hexen – letztere werden in kinderliterarischen Erzählungen im Gegensatz zu Zauberern oftmals entdämonisiert dargestellt – sowie die Figur des fremden Kindes. Typische Merkmale dieser fremden Kinder sind ihre geheimnisvolle Herkunft, ihre

Elternlosigkeit, das unbestimmte Alter, ein androgynes Wesen, besondere, übermenschliche Fähigkeiten sowie vor allem ihr Verzicht auf das Erwachsenwerden.

Kapitel 5

1. Werke, die dem *Modell* des Abenteuerromans zugerechnet werden, thematisieren vorrangig alltagsferne Gegenstände. Von zentraler Bedeutung sind unterschiedliche Varianten von Initiationsriten – die Protagonisten durchlaufen eine Vielzahl von Bewährungsproben, die die Voraussetzung für ihre Reifungsprozesse darstellen. Zwischen Protagonist und Gesellschaft besteht vollkommener Einklang, mögliche Differenzen erfahren im Gegenteil eine explizit negative Sanktionierung.
2. Demgegenüber behandeln Texte, die dem *Modell* des Adoleszenzromans (und seinen Vorgängern) zugerechnet werden, vorzugsweise alltagsnahe Gegenstände. Im Zentrum der Werke steht die Auseinandersetzung, die Konfrontation, des Protagonisten mit der Gesellschaft und ihren Riten. In seiner idealtypischen Ausprägung konstituiert sich dieses Modell durch das *Genre* des Adoleszenzromans.
3. Zu den wichtigsten und zugleich ältesten Subgenres, die dem *Modell* des Abenteuerromans zugerechnet werden, zählt der Abenteuerroman selbst. Seine wichtigsten Genremerkmale bilden das unerwartete Ereignis, der Aufbruch des Helden, der den Protagonisten in die ferne Fremde führt, aus der er am Ende wieder in die Heimat zurückkehrt. Hervorzuheben ist ebenfalls, dass die (zunächst mehrheitlich männlichen) Protagonisten keine individuellen Züge tragen und keine Entwicklungsprozesse durchlaufen. Der Aufbruch des Helden verweist auf zwei weitere Subgenres: den Reise- und Expeditionsroman mit seiner Darstellung fremder Welten und Kulturen und die Robinsonade. Der Aufbruch des Helden führt in diesem Genre auf die einsame Insel, wo er gezwungen ist, sich aus dem Nichts eine neue Welt aufzubauen. Diese trägt immer unverkennbare Züge der Herkunftswelt, allerdings auf eine so idealisierte Art und Weise, dass sie unschwer als Utopie zu erkennen ist. Für den Protagonisten hat der Inselaufenthalt eine kathartische Funktion; er durchläuft also einen Veränderungsprozess, der ihn dazu befähigt, sich nach seiner Rückkehr wieder in die gesellschaftlichen Verhältnisse seiner Herkunfts-

welt einzufügen. Die Alltagsferne der Texte kann sich auch in einer zeitlichen Ferne manifestieren, zu den wichtigsten Spielarten der Abenteuerliteratur gehört der historische Roman und seine verschiedenen Spielarten. Hier geht es um Texte, in denen historische Ereignisse narrativ in fiktionalen Konstruktionen dargestellt werden, nicht zuletzt, um den Leser über die historischen Ereignisse, wie sie waren bzw. hätten sein können, aufzuklären und zu belehren.

4. Die Ursprünge des Adoleszenzromans reichen bis ins 18. Jahrhundert zurück. Die Entwicklungs- und Bildungsromane dieser Epoche haben bereits Handlungsmuster ausgeprägt, die später in modifizierter Weise durch das Genre übernommen werden. Anders als beim Helden des Abenteuerromans fokussieren diese Romane die Innensicht ihrer Protagonisten und begleiten ihn bei seinen vielfältigen Bildungs- und Lernprozessen. Als weiterer Vorläufer des Adoleszenzromans gelten die Schüler- oder klassischen Adoleszenzromane an der Wende vom 18. zum 19. Jahrhundert. Das krisenhafte Aufeinandertreffen von Individuum und Gesellschaft wird in diesen Werken in der Schule gestaltet, ein Aufeinandertreffen, aus dem das Individuum stets als Verlierer hervorgeht. Zwar erhält das Genre zu Beginn der 1950er Jahre vor allem aus der amerikanischen Literatur neue Impulse, u.a. durch die subjektiven Erzählverfahren, es handelt sich aber weiterhin um versehrte Entwicklungsprozesse, die hier zur Anschauung gelangen. Erst Ende der 1970er Jahre, mit den modernen Adoleszenzromanen, die nun auch an jugendliche Leser adressiert sind, wird dieser krisenhafte Prozess weitgehend entdramatisiert. Die Werke enden nicht mehr zwangsläufig mit dem Tod des Protagonisten, sondern die jugendlichen Protagonisten emanzipieren sich von den Vertretern der Erwachsenenwelt. Zudem treten in diesen modernen Adoleszenzromanen zunehmend auch weibliche Protagonisten in Erscheinung. In den 1990er Jahren kommt eine dritte Variante des Genres hinzu: der postmoderne Adoleszenzroman. An die Stelle des bislang zutiefst krisenhaften Prozesses ist ein lustvolles Spiel mit den herrschenden Normen und Werten getreten. Hinzu kommen ebenso lustvoll geschilderte Konsumerlebnisse, darunter nicht negativ sanktionierte Erfahrungen mit Drogen und Sexualität.

5. Von der ursprünglichen Dichotomie der *Modelle* von Abenteuer- und Adoleszenzroman wird in modernen Werken mittlerweile nach Belieben abgewichen. Moderne Jugendromane können heute sowohl Züge des historischen Abenteuerromans wie auch des modernen Adoleszenzromans tragen – ein Phänomen, das mittlerweile als Gattungstransgression bezeichnet wird. Eine explizite Zuordnung zu Modellen und Gattungstraditionen ist in diesen Texten demnach nicht mehr möglich und auch nicht mehr angestrebt.

Kapitel 6

1. Sowohl Doderer als auch Franz und Ewers verwenden *Kinderlyrik* als Sammelbezeichnung für Verstexte unterschiedlicher Art. Im Gegensatz zu Ewers und Franz zählt Doderer nicht nur Verstexte *für* Kinder dazu, sondern generell auch solche, die *von* Kindern verfasst bzw. adaptiert worden sind. Während Franz eine vergleichsweise enge und traditionalistische Verwendung des Begriffs vorschlägt und zur Kinderlyrik lediglich metrisch gebundene (und zumeist gereimte) Texte zählt, die eigens für Kinder verfasst wurden, ist der Begriff nach Ewers in zweierlei Hinsicht weiter angelegt: Zum einen umfasst er auch die nicht-spezifische intentionale Kinderlyrik, zum anderen ist er nicht auf bestimmte Textmerkmale festgelegt und ausdrücklich auch auf solche modernen lyrischen Texte für Kinder zu beziehen, die sich formal und inhaltlich nicht mehr von der altersunspezifischen Lyrik abgrenzen lassen.
2. Lamping verwendet Lyrik nicht im Sinne einer alle Verstexte einschließenden Sammelbezeichnung. Seine Theorie sieht auch die Möglichkeit epischer und dramatischer Gedichte vor. Lyrische Kindergedichte wären demnach Verstexte für Kinder, die in Einzelrede und nicht in Wechselrede oder durch eine Erzählinstanz vermittelter Rede gehalten sind. Diesem strengen und auch formalistischen Kriterium entsprechen nur wenige Kindergedichte. Allerdings verhelfen die Lampingschen Unterscheidungen zu differenzierteren Aussagen über das literarische Erfahrungspotenzial der Texte als die Verwendung des Begriffes *Kinderlyrik* im Sinne einer Sammelbezeichnung.
3. Beispiele: Abzählreime, Rätsel, Lieder, Bilderbücher mit Versen, Verspassagen in Prosaerzählungen. Verstexte begegnen Kindern nicht nur vor dem Schriftspracherwerb, sondern zum

Teil bereits im Säuglingsalter. Die klanglichen und rhythmischen Erfahrungspotenziale von Reim und Metrum spielen in Sprachentwicklung und literarischer Sozialisation eine gleichermaßen wichtige Rolle.

4. Viele Kindergedichte haben einen narrativen Inhalt, der noch dazu meist durch eine Erzählinstanz vermittelt wird. Auch dialogische Elemente kommen häufig in Kindergedichten vor, insbesondere in Kinderreimen, die körperliche Handlungen begleiten (z. B. Abzählreime, Spiel- und Bewegungslieder).
5. Gemeint ist die Auflösung eines distinkten, gegenüber der allgemeinen Literatur eigenständigen Symbolsystems *Kindergedicht*, wie es sich vom späten 18. Jahrhundert an herausgebildet hatte. Mit dem Ende der „Ära des Kindergedichtes" erweitern sich die ästhetischen Möglichkeiten der Kinderlyrik.

Kapitel 7

1. Der Text eines Bilderbuches ist bi-codal, er besitzt eine verbale und eine piktorale Zeichenebene. Die Bilder sind dem Verbaltext nicht untergeordnet, sie illustrieren ihn nicht. Vielmehr sind es konstitutive Bestandteile des Textes, die – anders als Illustrationen – bei Neuausgaben nicht ohne weiteres ersetzt, verändert oder weggelassen werden können. Solche Manipulationen würden den (bi-codalen) Bilderbuchtext zerstören.
2. Eine monoszenische Bildfolge ist eine zeitlich geordnete Abfolge von Einzelbildern, die jeweils nur eine Szene zeigen. Parallele Handlungsstränge in einem Bild oder Abweichungen von der chronologischen Ordnung kommen in der monoszenischen Bildfolge nicht vor. Es gibt aber Varianten in der Seitengestaltung (z.B. mehrere Bilder auf einer Seite oder nur eines) und im Erzähltempo.
3. Bilderbücher werden von Kindern und Erwachsenen gemeinsam und wiederholt rezipiert. Das begünstigt die Entstehung von Texten, deren Sinn- und Unterhaltungspotenzial nicht so schnell ausgeschöpft ist. Die Tradition des literarischen „Doppelsinnes" reicht in die Anfänge der Geschichte des Bilderbuches zurück, bereits der „Struwwelpeter" ist durchzogen von politischen Anspielungen, die an die Adresse der erwachsenen Mit-Leser gerichtet waren.
4. Im Bereich der epischen Großformen der Kinder- und Jugendliteratur setzt in den 1970er Jahren mit der Adaption von Er-

zählformen der literarischen Moderne ein tiefgreifender Formenwandel ein. Das Bilderbuch erfuhr bereits seit dem frühen 20. Jahrhundert gelegentlich Impulse seitens der künstlerischen Moderne, die allerdings nicht zu einer grundsätzlichen Veränderung des Formenspektrums führten. Die entscheidende Zäsur in der Entwicklung des Bilderbuches seit 1945 setzt erst in den 1990er Jahren ein und lässt sich eher mit dem Begriff der Postmoderne als mit demjenigen der Moderne in Verbindung bringen.

5. Das Bilderbuch ist seit dem 19. Jahrhundert ein Unterhaltungsmedium der frühen Kindheit. Seine primären Adressaten befinden sich traditionell im Vorschul- bzw. im Kleinkindalter. Schon früh entwickelt sich im Bereich des Bilderbuches eine Kultur des literarischen Doppelsinnes, d.h. es entstehen Bilderbücher mit zwei Sinnschichten, die auf einen sekundären erwachsenen Adressaten neben dem primären kindlichen Adressaten schließen lassen. Im Bilderbuch der Postmoderne haben wir es nicht mehr mit zwei distinkten Sinnschichten zu tun, sondern mit Texten, die mehr als zwei Lesarten zulassen und einen offenen Adressatenentwurf besitzen. Einige dieser Bilderbücher setzen Rezeptionskompetenzen voraus, die von Vorschulkindern schwerlich erwartet werden können. Das Bilderbuch der Postmoderne gehört also nicht mehr generell zur Anfängerliteratur.

Kapitel 8

1. Der Begriff „Kinderliteratur der Völkerverständigung" bezeichnet eine friedenspädagogisch motivierte Strömung innerhalb der Kinderliteratur der unmittelbaren Nachkriegszeit, die sich sowohl in literarischen Texten (wie Kästners berühmtem Kinderbuch „Die Konferenz der Tiere") als auch in theoretisch-programmatischen Beiträgen ausdrückt. Die Wortführer der Strömung hoffen auf einen friedlichen und demokratischen Neubeginn und gründen diese politischen Hoffnungen auf idealisierten Vorstellungen von Kindheit, Kinderliteratur und kinderliterarischem Übersetzen. Wie literarische Botschafter ihrer jeweiligen Herkunftsländer sollten die übersetzten Kinderbücher für Sympathie und Verständnis werben und auf diese Weise zum Weltfrieden beitragen. In der Kindheitsvorstellung der „Kinderliteratur der Völkerverständigung" verbin-

den sich aufklärerische und romantische Elemente, die Übersetzungsideologie gründet auf einem 1932 entstandenen Werk des französischen Komparatisten Paul Hazard.

2. Die deutschsprachige Kinder- und Jugendliteratur ist seit Campes „Robinson der Jüngere" ausgesprochen importorientiert und kanonisiert im Laufe ihrer Geschichte eine ganze Reihe aus anderen Sprachen übersetzter „Klassiker". Es handelt sich zum Teil um ältere Werke, die, zunächst für ein altersunspezifisches Publikum verfasst, im Herkunfts- und Zielland der Übersetzung zu Kinder- bzw. Jugendbüchern wurden (intentionale, aber nicht spezifische Kinder- und Jugendliteratur). Zum anderen handelt es sich um jeweils zeitgenössische Werke der spezifischen Kinder- und Jugendliteratur. Obgleich die meisten dieser Bücher in mehreren Ländern „Klassizität" erreichen, ist die wechselseitige Wahrnehmung selektiv und unausgewogen zugunsten der Literaturen des anglophonen Sprachraums. Besonders Literaturen, die international nur wenig wahrgenommen werden, tradieren eigene „Klassiker" von lediglich nationaler Verbreitung. Der im deutschen Sprachraum eingebürgerte „Klassiker"-Kanon ist zwar der Herkunft nach international, unterscheidet sich aber von den Kanones anderer Länder.

3. Die Theorie der literarischen Übersetzung war lange Zeit stark normativ ausgerichtet und an Übersetzungsphänomenen innerhalb der Kinder- und Jugendliteratur uninteressiert. Innerhalb der Kinder- und Jugendliteraturtheorie entwickelte sich trotz der überaus positiven Bewertung des Übersetzens und der großen Bedeutung von Übersetzungen im Lektüreangebot lange Zeit kein Interesse an übersetzungswissenschaftlichen Fragestellungen. Die Vertreter der „Descriptive Translation Studies" richten ihre Forschungstätigkeit ausdrücklich nicht am Ideal einer Äquivalenz zwischen Ausgangstext und Zieltext aus, sondern analysieren beispielsweise die Normen, die das Handeln der Übersetzer realiter bestimmen. Für die Analyse von Übersetzungen in eine dezidiert adressatenorientierte Literatur wie die Kinder- und Jugendliteratur erwies sich dieser methodische Ansatz als überaus fruchtbar und anregend.

4. Zur Professionalität einer Deutschlehrerin oder eines Deutschlehrers, die oder der übersetzte Literatur zum Unterrichtsgegenstand macht, gehört zunächst einmal ein Bewusstsein für

die Qualität der Übersetzung. Vor der Entscheidung, einen übersetzten Text im Deutschunterricht zu lesen, sollte zumindest eine mit Blick auf Metaphern, idiomatische Wendungen und syntaktische Muster kritische Lektüre des Zieltextes stehen. Darüber hinaus muss die Lehrperson in ihrer Unterrichtsplanung eine Entscheidung darüber treffen, welches Gewicht die Sensibilisierung der Schülerinnen und Schüler für Übersetzungsphänomene im Rahmen des Unterrichtsvorhabens haben soll, welche entsprechenden Wahrnehmungspotenziale der Ziel- und gegebenenfalls der Ausgangstext enthalten und welche methodischen Arrangements zu treffen sind, um den Schülerinnen und Schülern übersetzungsbezogene Lern- und Wahrnehmungsprozesse zu ermöglichen.

5. Keinerlei Fremdsprachenkompetenz bedarf es, um den Rhythmus und den Klang ausgewählter Passagen oder die äußere Aufmachung des Buches in Übersetzung und Original zu vergleichen. Vergleiche der syntaktischen Strukturen können bereits auf der Grundlage rudimentärer Fremdsprachenkenntnisse bzw. je nach Klassenstufe, mit Hilfe der Lehrperson oder eines Wörterbuches angestellt werden. Ebenso Vergleiche des Buchtitels. Überdies kann im Zieltext nach Signalen für die Herkunft aus einer fremden Sprache, Literatur oder Kultur und insbesondere nach originalsprachlichen Textelementen gesucht werden.

Kapitel 9

1. Den ersten Gegenentwurf zur Erziehung durch Literatur bildete die Kinderliteratur der Romantik. Die Romantiker setzten der vom Primat der Pädagogik bestimmten Kinder- und Jugendliteratur der Aufklärung ein Primat der Ästhetik entgegen und orientierten sich am Vorbild der literarischen Folklore. Ein weiterer bedeutender Kritiker der Instrumentalisierung der Kinder- und Jugendliteratur zur Wissens- und Wertevermittlung war Heinrich Wolgast. Wolgast argumentierte aus einem pädagogischen Blickwinkel, das geht bereits aus dem Untertitel seiner berühmten Streitschrift „Das Elend unserer Jugendliteratur" (1896) hervor: „Ein Beitrag zur künstlerischen Erziehung der Jugend". Er forderte ein allein künstlerischen Ansprüchen genügendes und tendenzfreies Lektüreangebot für Heranwachsende. Die in den Jah-

ren nach 1968 formulierte Ideologiekritik an der bisherigen Kinder- und Jugendliteratur richtete sich dagegen auf die dort vermittelten Inhalte. Daraus ergab sich nicht die Forderung nach einer tendenzfreien, sondern nach einer von autoritären und reaktionären Tendenzen freien emanzipatorischen Kinder- und Jugendliteratur.

2. „Lesesozialisation" meint den Prozess der Aneignung schriftsprachlicher Kompetenzen wie sie zur Nutzung von Print- und anderen von der Schriftsprache geprägten Medienangeboten erforderlich sind. Dazu gehört über die formale Dechiffrierfähigkeit hinaus die Habitualisierung des Umgangs mit schriftlichen Medien – insbesondere mit Büchern – und der Erwerb von Techniken der Informations- und Sinnentnahme. „Literarische Sozialisation" bezieht sich auf einen Teilbereich der Lesesozialisation: die fiktionale bzw. ästhetische Literatur. Zur literarischen Sozialisation gehört auch der Umgang mit nichtschriftlichen Texten und Medien (z.B. Kinderlieder und -reime, AV-Medien, Theater).
3. Voraussetzung für die Habitualisierung des Lesens ist eine stabile Lesemotivation. Die stellt sich in der Regel dann ein, wenn literarische Interessen und Bedürfnisse entwickelt werden.
4. Die gegenwärtige Kinder- und Jugendliteratur ist – wie Kaspar H. Spinner formuliert hat – „vielfältig wie nie zuvor". Gedichte, Lieder und Erzählungen für Kinder sind teilweise nach wie vor von der literarischen Folklore geprägt und vermitteln in ihrer Einfachheit, Regelhaftigkeit und Formelhaftigkeit elementare literarische Erfahrungen. Mit dem Formen- und Funktionswandel der Kinder- und Jugendliteratur erweitern sich auch deren literarische Sozialisationspotenziale. Zum Beispiel vermitteln Kinderreime elementare klangliche und rhythmische Differenzerfahrungen zur Prosarede während ein moderner Kinderroman mit psychologisch differenzierten Charakteren und avancierten Erzählformen aufwartet und seinen Lesern komplexe Verstehensleistungen abverlangt. (Wer die vorangegangenen Kapitel dieses Buches gründlich gelesen hat, wird noch eine Vielzahl weiterer Beispiel nennen können.)
5. Kliewer fordert die Wahrnehmung des ästhetischen Charakters der Kinder- und Jugendliteratur durch die Literaturdidaktik ein. Eine didaktisch begründete Auswahl literarischer Texte

für den Unterricht müsse generell nach deren Eignung für die jeweilige Altersgruppe fragen, darum sei Unterrichtsliteratur auch dann „Zielgruppenliteratur", wenn die Texte ohne altersspezifische Adressierung publiziert wurden. Er wendet sich gegen eine reduktionistische Sonderbehandlung der Kinder- und Jugendliteratur, wie er sie bei seinem Vergleich von Unterrichtshilfen vorgefunden hat.

6. Für Bettina Hurrelmann ist das entscheidende Charakteristikum der Kinder- und Jugendliteratur ihre Ausrichtung an den Bedürfnissen der Adressaten. Im Sinne einer schülerorientierten Pädagogik befürwortet sie die Öffnung des Deutschunterrichts für die Freizeitlektüre, warnt aber zugleich vor deren Instrumentalisierung für didaktische Zwecke, die über die Förderung des Lesens hinausreichen. Im Unterschied dazu sieht Bernhard Rank die Hauptaufgabe des Literaturunterrichts in der literarischen Bildung der Schülerinnen und Schüler. Konzepte der Leseförderung, die nicht zugleich auf die Ermöglichung literarischer Erfahrungen ausgerichtet sind, hält er nicht für sinnvoll. Die von ihm empfohlene Vorgehensweise ähnelt derjenigen Anna Krügers: Aus dem jeweils aktuellen Angebot sollen die ästhetisch reizvollsten kinder- und jugendliterarischen Texte ausgewählt und zum Gegenstand eines „literarisierenden" Unterrichts gemacht werden, der nicht in erster Linie auf die Vermittlung von Wissen über Literatur zielt, sondern auf die Förderung der Fähigkeit, zu genießen.

Anmerkungen

1 Ossner, Jakob: Sprachdidaktik Deutsch [EA 2006]. 2. überarb. Aufl. Paderborn: Schöningh 2008, S. 17.

2 Dies ist das hervorstechendste Ergebnis einer Umfrage des Heidelberger Zentrums für Kinder- und Jugendliteratur zum Stellenwert des Gegenstandes „Kinder- und Jugendliteratur" im Lehramtsstudium, die am 5.3. 2008 begonnen und am 5.5.2008 abgeschlossen wurde.

3 Hurrelmann, Bettina: Kinder- und Jugendliteratur im Unterricht. In: Bogdal, Klaus-Michael; Korte, Hermann: Grundzüge der Literaturdidaktik. München: dtv 2002, S. 134.

4 Umfassendere Erklärungen von Fachbegriffen der Kinder- und Jugendliteraturforschung finden Sie hier: Ewers, Hans-Heino: Literatur für Kinder und Jugendliche. Eine Einführung in grundlegende Aspekte des Handlungs- und Symbolsystems Kinder- und Jugendliteratur. München: Fink/UTB 2008, S. 271ff.

5 Goethe, Johann Wolfgang von: Aus meinem Leben. Dichtung und Wahrheit. Erster Theil. In: Gedenkausgabe der Werke, Briefe und Gespräche. Bd. 10. Zürich: Artemis 1953, S. 41 [EA Tübingen 1811].

6 Brüggemann, Theodor; Brunken, Otto (Hg.): Handbuch zur Kinder- und Jugendliteratur. Bd. 1: Vom Beginn des Buchdrucks bis 1570 und Bd. 2: Von 1570-1750. Stuttgart: Metzler 1986 und 1991.

7 Vgl. Brunken, Otto: Mittelalter und frühe Neuzeit. In: Wild, Reiner (Hg.): Geschichte der deutschen Kinder- und Jugendliteratur. 3. vollst. überarb. und erw. Aufl. [EA 1990]. Stuttgart: Metzler 2008, S. 1-42.

8 Vgl. Brunken, Otto: Einleitung. In: Brüggemann, Brunken: Handbuch. 1991, S. 19.

9 Campe, Joachim Heinrich: Nöthige Erinnerung, daß die Kinder Kinder sind, und als solche behandelt werden sollten. Leipzig: Weygandsche Buchhandlung 1778 (Joachim Heinrich Campe: Sammlung einiger Erziehungsschriften; Teil 1), S. 163. [Standorte (u.a.): Universitätsbibliotheken Leipzig, Halle, Jena, Trier, Augsburg, Bayreuth; Bibliothek des evangelischen Oberkirchenrates Stuttgart].

10 Basedow, Johann Bernhard: Methodenbuch für Väter und Mütter der Familien und Völker. 2 Bde. Altona, Bremen: Cramer 1770. In: Ders.: Ausgewählte pädagogische Schriften. Hg. von Albert Reble. Paderborn: Schöningh 1965, S. 123.

11 Rousseau, Jean Jacques: Emil oder über die Erziehung. In neuer dt. Fassung besorgt von Ludwig Schmidts. Paderborn: Schöningh 1971, S. 100 [frz. EA 1762, dt. EA 1789-1791, 4 Bände]).

[12] Campe, Joachim Heinrich: Robinson der Jüngere. Zur angenehmen und nützlichen Unterhaltung für Kinder. Hamburg: Carl Ernst Bohn 1779/80. Neuausgabe: Stuttgart: Reclam 1981. Auch beim Projekt Gutenberg: http://gutenberg.spiegel.de/campe/robinson/robinson.htm.

[13] Campe, Joachim Heinrich: Vorbericht. In: Ders. (Hg.): Kleine Kinderbibliothek [Bd. 1.] Hamburgischer Kinderalmanach auf das Jahr 1779, oder Weihnachtsgeschenk für Kinder, in angenehmen und lehrreichen Unterhaltungen, die ihrer Fähigkeit angemessen sind. Hamburg: Herold 1778. Hier nach: Joachim Heinrich Campe: Sammlung von Vorreden zu seinen Kinder- und Jugendschriften. In: Pohlmann, Carola [u.a.] (Hg.): Erfahrung schrieb's und reicht's der Jugend. Joachim Heinrich Campe als Kinder- und Jugendschriftsteller [Ausstellungskatalog]. Wiesbaden: Reichert 1996, S. 116-119.

[14] Wezel, Johann Karl: Robinson Krusoe. Neu bearbeitet. [2 Bände] Leipzig: Dyk 1779/80. Neuausgabe. Berlin: Rütten und Loening 1979, 2. Aufl. 1990.

[15] Vgl. Spinner, Kaspar H.: Die Dialektik des Pädagogischen in der Geschichte der Kinder- und Jugendliteratur. In: Rank, Bernhard (Hg.): Erfahrungen mit Phantasie. Baltmannsweiler: Schneider-Verlag Hohengehren 1994, S. 14-24.

[16] Vgl. O'Sullivan, Emer: Kinderliterarische Komparatistik. Heidelberg: Winter 2000, S. 133ff.

[17] Ewers, Hans-Heino: Romantik. In: Wild, Reiner (Hg.): Geschichte der deutschen Kinder- und Jugendliteratur. 3. vollst. überarb. und erw. Aufl. [EA 1990] Stuttgart: Metzler 2008, S. 99.

[18] Tieck, Ludwig: Peter Lebrecht. Eine Geschichte ohne Abenteuerlichkeiten [EA 1795]. Hier nach: Ders.: Werke in vier Bänden. Nach dem Text der „Schriften" von 1828-1854, unter Berücksichtigung der Erstdrucke. Herausgegeben von Marianne Thalmann, Bd. 1. München: Winkler 1963, S. 79 und 80.

[19] Eichendorff, Joseph von: Ahnung und Gegenwart. Erstes Buch [EA 1815]. Hier nach: Ders.: Werke. Nach den Ausgaben letzter Hand unter Hinzuziehung der Erstdrucke herausgegeben von Ansgar Hillach. Bd. 2. München: Winkler 1970 ff., S. 51.

[20] Schlegel, Friedrich: Kritische Ausgabe. Bd. 2. Hg. von Ernst Behler [u.a.] Paderborn [u.a.]: Schöningh 1967 (Abt. 1. Kritische Neuausgabe Charakteristiken und Kritiken; 1), S. 182f.

[21] Vgl. Ewers, Hans-Heino: Kindheit als poetische Daseinsform. Herder. Jean Paul. Novalis. Tieck. München: Fink 1989.

[22] Ewers: Romantik. 1990, S. 101.

[23] Aus: Palmblätter. Erlesene morgenländische Erzählungen für die Jugend. Von J.G. Herder und A.J. Liebeskind [EA 1796]. Durchgesehen und verbes-

sert von F.A. Krummacher. Vorrede von J.G. Herder. Berlin: Reimer 1857, S. IV.

24 Ewers: Romantik. 1990, S. 108.

25 Zum Begriff der Volkspoesie bei Herder, der Jenaer Romantik und den Brüdern Grimm vgl. Bausinger, Hermann: Formen der Volkspoesie. Berlin: Schmitt 1968, S. 9-27.

26 Jenaische Allgemeine Literatur-Zeitung. 3. Jg. / 1806, 1. Bd., Nr. 19 (22. Jan. 1806), Sp. 147.

27 Jacob Grimm an Wilhelm Grimm am 17.5. 1809. In: Briefwechsel zwischen Jacob und Wilhelm Grimm aus der Jugendzeit, hg. von Herman Grimm und Gustav Hinrichs. Weimar: Böhlau 1881, S. 98.

28 Vgl. Rölleke, Heinz: Die Märchen der Brüder Grimm. Einführung. Stuttgart: Reclam 2004 [EA 1985].

29 Des Knaben Wunderhorn. Alte deutsche Lieder. Gesammelt von Achim von Arnim und Clemens Brentano. Studienausgabe in neun Bänden. Hg. von Heinz Rölleke. Bd. 3. Stuttgart [u.a.]: Kohlhammer 1979, S. 258f.

30 Rölleke, Heinz: Lesarten und Erläuterungen. In: Ders. (Hg.): Des Knaben Wunderhorn. Gesammelt von Achim von Arnim und Clemens Brentano. Hg. und kommentiert von Heinz Rölleke. Stuttgart: Reclam 1987, Teil III, S. 651.

31 Des Knaben Wunderhorn. Hg. von Heinz Rölleke 1979, S. 241f (auch im Original nicht in Versform, sondern als fortlaufender Text gedruckt).

32 Brunken, Otto; Hurrelmann, Bettina; Pech, Klaus-Ulrich (Hg.): Handbuch zur Kinder- und Jugendliteratur. Von 1800-1850. Stuttgart; Weimar: Metzler 1998 (Handbuch zur Kinder- und Jugendliteratur; 4), Sp. 31.

33 Zitiert nach Steig, Reinhold (Hg.): Achim von Arnim und die ihm nahe standen. Bd. 3. Frankfurt am Main [u.a.]: Peter Lang 1970, S. 269.

34 Vgl. Bastian, Ulrike: Die „Kinder- und Hausmärchen“ der Brüder Grimm in der literaturpädagogischen Diskussion des 19. und 20. Jahrhunderts. Frankfurt am Main: Haag & Herchen 1981, 25-45.

35 Beide Zitate nach Brunken; Hurrelmann; Pech (Hg.): Handbuch zur Kinder- und Jugendliteratur. 1998, Sp. 41.

36 Hoffmann, E.T.A.: Die Serapionsbrüder [EA 1819]. Erster und zweiter Bd. Zitiert nach der Ausgabe von H. Geiger. Berlin und Darmstadt: Tempel-Verlag 1963, S. 246f. und 496.

37 Brunken; Hurrelmann; Pech (Hg.): Handbuch zur Kinder- und Jugendliteratur. 1998, Sp. 35.

38 Ebenda, Sp. 824.

39 Ewers, Hans-Heino: Einleitung. In: Ders. (Hg.): Kinder- und Jugendliteratur der Romantik. Eine Textsammlung. Stuttgart: Reclam 1984, S. 7f.

40 Kullmann, Thomas: Englische Kinder- und Jugendliteratur. Eine Einführung. Berlin: Schmidt 2008 (Grundlagen der Anglistik und Amerikanistik; 31), S. 10f.

41 Wölfel, Ursula: die grauen und die grünen felder. Mühlheim a.d. Ruhr: Anrich 1970, unpag. (Vorbemerkung).

42 Kästner, Erich: Emil und die Detektive. 139. Aufl. Hamburg: Dressler 1994 [EA 1928], S. 12f.

43 Gansel, Carsten: Moderne Kinder- und Jugendliteratur. Ein Praxishandbuch für den Unterricht. Berlin: Cornelsen Scriptor 1999, S. 70.

44 Klingberg, Göte: Die phantastische Kinder- und Jugenderzählung. In: Haas, Gerhard (Hg.): Kinder- und Jugendliteratur. Zur Typologie und Funktion einer literarischen Gattung. Stuttgart: Reclam 1974, S. 222.

45 Ebenda, S. 227.

46 Todorov, Tzvetan: Einführung in die fantastische Literatur. Frankfurt am Main: Fischer Taschenbuch-Verlag 1992, S. 26.

47 Vgl. Nix, Angelika: Die phantastische Erzählung für Kinder. In: Dies.: Das Kind des Jahrhunderts im Jahrhundert des Kindes. Zur Entstehung der phantastischen Erzählung in der schwedischen Kinderliteratur. Freiburg: Rombach 2002, S. 22.

48 O'Sullivan, Emer: Phantastische Kinder- und Jugendliteratur. Wien 2003 (STUBE spektrum; 07), S. 5.

49 Ebenda.

50 Haas, Gerhard: Struktur und funktion der phantastischen literatur[!]. In: Wirkendes Wort, 51. Jg. / 1978, S. 349.

51 Vgl. Kaulen, Heinrich: Tolkien und kein Ende. Aktuelle Trends in der phantastischen Literatur. In: Terlinden, Roswitha; Ewers, Hans-Heino (Hg.): Anderswelten in Serie. Tutzing 2003, S. 34.

52 Ebenda.

53 O'Sullivan: Phantastische Kinder- und Jugendliteratur. 2003, S. 9.

54 Haas, Gerhard: Kinder- und Jugendliteratur im Unterricht. Seelze: Friedrich 1995 (Praxis Deutsch Sonderheft 1995), S. 6ff.

55 Nikolajeva, Maria: The magic code. The use of magical patterns in fantasy for children. Stockholm: Almqvist & Wiksell 1988, S. 75ff.

56 O'Sullivan: Phantastische Kinder- und Jugendliteratur. 2003, S. 11ff.

57 Ebenda, S. 12.

58 Ebenda, S. 14.

59 Ebenda, S. 17.

60 Vgl. Steinz, Jörg; Weinmann, Andrea: Die Kinder- und Jugendliteratur der Bundesrepublik nach 1945. In: Lange, Günter (Hg.): Taschenbuch der Kinder- und Jugendliteratur. Baltmannsweiler: Schneider-Verlag Hohengehren 2000, S. 102f.

61 Ebenda, S. 104.

62 Ebenda, S. 106.

63 Krüger, Anna: Das fantastische Buch. In: Jugendliteratur. Monatshefte für Jugendschrifttum, 6. Jg. / 1960, S. 344.

64 Baumgärtner, Alfred C.; Launer, Christoph: Abenteuerliteratur. In: Lange, Günter (Hg.): Taschenbuch der Kinder- und Jugendliteratur. Baltmannsweiler: Schneider-Verlag Hohengehren 2000, S. 415.

65 Vgl. Voigt-Kehlenbeck, Corinna: Auf der Suche nach der abenteuerlichen Heldin. Weibliche Identifikationsfiguren im Jugendalter. Frankfurt am Main: Campus 1996; Glasenapp, Gabriele von: Ihre Geschichte. Historische Erzählungen für junge Leserinnen während der Kaiserzeit. In: Wilkending, Gisela (Hg.): Mädchenliteratur der Kaiserzeit. Zwischen weiblicher Identifizierung und Grenzüberschreitung. Stuttgart; Weimar: Metzler 2003, S. 165-217.

66 Vgl. Weinkauff, Gina: Ent-fernungen. Zur Thematisierung kultureller Alterität in der deutschsprachigen Kinder- und Jugendliteratur. München: Iudicium 2006, S. 26 und 31.

67 Ebenda, S. 29 und 97.

68 Vgl. Pellatz, Susanne: Geschichte als Krieg und Abenteuer. In: Geschichts-Bilder. Historische Jugendbücher aus vier Jahrhunderten. Berlin: Staatsbibliothek Preußischer Kulturbesitz 2000, S. 115-132.

69 Glasenapp, Gabriele von: „Was ist Historie? Mit Historie will man was". Geschichtsdarstellungen in der neueren Kinder- und Jugendliteratur. In: Glasenapp, Gabriele von; Wilkending, Gisela (Hg.): Geschichte und Geschichten. Die Kinder- und Jugendliteratur und das kulturelle und politische Gedächtnis. Frankfurt am Main [u.a.]: Peter Lang 2005 (Kinder- und Jugendkultur, -literatur und -medien; 41), S. 15-40.

70 Vgl. Eggert, Hartmut: Historischer Roman. In: Fricke, Harald (Hg.): Reallexikon der deutschen Literaturwissenschaft. Bd. 2. Berlin: de Gruyter 2000, S. 53ff.

71 Vgl. Weinkauff: Ent-Fernungen. 2006, S. 32 und 97.

72 Vgl. Rochow, Christian: Science Fiction. In: Schnell, Ralf (Hg.): Metzler Lexikon der Gegenwart. Themen und Theorien, Formen und Institutionen seit 1945. Stuttgart; Weimar: Metzler 2000, S. 464.

73 Vgl. Gansel, Carsten: Moderne Kinder- und Jugendliteratur. Ein Praxishandbuch für den Unterricht. Berlin: Cornelsen Scriptor 1999; Ders.: Der Adoleszenzroman. Zwischen Moderne und Postmoderne. In: Lange, Günter (Hg.): Taschenbuch der Kinder- und Jugendliteratur. Baltmannsweiler: Schneider-Verlag Hohengehren 2000, S. 359-398; Ders.: Der Adoleszenzroman [von den 70er Jahren bis zur Gegenwart]. In: Wild, Reiner (Hg.): Geschichte der deut-

schen Kinder- und Jugendliteratur. 3., vollst. und erw. Aufl. Stuttgart; Weimar: Metzler 2008, S. 359-379 sowie Kaulen, Heinrich: Aufwachsen in der Mediengesellschaft. Leserfiguren und Lektüreprozesse in aktuellen Adoleszenzromanen. In: Kinder- und Jugendliteraturforschung 2000/2001, S. 84-98.

74 Gansel: Der Adoleszenzroman [von den 70er Jahren bis zur Gegenwart]. 2008, S. 362.

75 Gansel: Der Adoleszenzroman. Zwischen Moderne und Postmoderne. 2000, S. 370.

76 Gansel: Der Adoleszenzroman [von den 70er Jahren bis zur Gegenwart]. 2008, S. 361.

77 Vgl. Gansel: Moderne Kinder- und Jugendliteratur. 1999, S. 116.

78 Ebenda, S. 118.

79 Vgl. u.a. Wagner, Annette: Postmoderne im Adoleszenzroman der Gegenwart. Studien zu Bret Easton Ellis, Douglas Coupland, Benjamin von Stuckrad-Barre und Alexa Hennig von Lange. Frankfurt am Main [u.a.]: Peter Lang 2007 (Kinder- und Jugendkultur, -literatur und -medien; 48).

80 Vgl. dazu Gansel: Moderne Kinder- und Jugendliteratur. 1999, S. 127.

81 Vgl. Weinkauff: Ent-Fernungen. 2006, S. 144.

82 Vgl. Zimmermann, Holger: Geschichte(n) erzählen. Geschichtliche Kinder- und Jugendliteratur und ihre Didaktik. Frankfurt am Main [u.a.]: Peter Lang 2004 (Kinder- und Jugendkultur, -literatur und -medien; 32).

83 Aus: Alle Tage immer wieder. Kalendermerkbuch mit Versen von Frantz Wittkamp. Weinheim: Beltz und Gelberg 1990.

84 Gelberg, Hans-Joachim: Das große A liegt auf dem Tisch. Lyrik für Erwachsene – Lyrik für Kinder. In: Beiträge Jugendliteratur und Medien, 57. Jg. / 2005, H. 1, S.14-20.

85 Ewers, Hans-Heino: Kinderlyrik im bürgerlichen Zeitalter. Ein Rückblick auf die Ära des Kindergedichts. In: JuLit. Informationen Arbeitskreis für Jugendliteratur, 19. Jg. / 1993, H. 2, S. 32-46.

86 Franz, Kurt: Kinderlyrik. In: Lange, Günter (Hg.): Taschenbuch der Kinder- und Jugendliteratur. Baltmannsweiler: Schneider-Verlag Hohengehren 2000, S. 201.

87 Steitz-Kallenbach, Jörg: Kinderlyrik. In: Thiele, Jens (Hg.): Handbuch Kinderliteratur. Grundwissen für Ausbildung und Praxis. Freiburg i.Br.: Herder 2003, S. 160.

88 Vgl. Burdorf, Dieter: Einführung in die Gedichtanalyse. 2. überarb. und aktualisierte Aufl. Stuttgart; Weimar: Metzler 1997 [EA 1995].

89 Lamping, Dieter: Das lyrische Gedicht. Definitionen zu Theorie und Geschichte der Gattung. 3. Aufl. Göttingen: Vandenhoek & Ruprecht 2000 [EA 1989], S. 24.

90 Vgl. Link, Jürgen: Elemente der Lyrik. In: Brackert, Helmut; Stückrath, Jörn (Hg.): Literaturwissenschaft. Reinbek: Rowohlt 1992, S. 86-101.

91 Kliewer, Heinz-Jürgen: Überlegungen zur Epochengliederung der westdeutschen Kinderlyrik nach 1945. In: Ders.: Was denkt die Maus? Gesammelte Aufsätze zur Kinderlyrik. Frankfurt am Main [u.a.]: Peter Lang 1999 (Kinder- und Jugendkultur, -literatur und -medien; 5), S. 187.

92 Bertuch, Friedrich Justin: Plan, Ankündigung und Vorbericht des Werks. In: Ders.: Bilderbuch für Kinder. Erster Bd. Weimar 1790, Bl. 1 [unpaginiert].

93 Ebenda.

94 So, wie es sich von der 1858 erschienenen 28. Auflage an darstellt. Die Erstausgabe des „Struwwelpeter" (1845) enthielt nur sechs Geschichten und die Figur des Struwwelpeter erlangte ihre herausragende Stellung erst am Ende eines 1858 abgeschlossenen mehrstufigen Überarbeitungsvorganges.

95 Erlbruch, Wolf: Ein postmoderner Künstler? Kinderliteratur im Gespräch – Wolf Erlbruch [Von Gina Weinkauff überarbeitete und von Wolf Erlbruch durchgesehene Version des Gesprächs am 22.05.03]. In: Lesezeichen. Mitteilungen des Lesezentrums der Pädagogischen Hochschule Heidelberg, 7. Jg. / 2004, H. 15, S. 21.

96 Nikolajeva, Maria; Scott, Carole: How picturebooks work. New York: Routledge 2006 [EA 2001], S. 26.

97 Spinner, Kaspar H.: Schreiben zu Bilderbüchern. Unterrichtsanregungen.: In: Praxis Deutsch, 19. Jg. / 1992, H. 113, S. 17.

98 Lepman, Jella: Die Kinderbuchbrücke [EA 1964; Jubiläumsausgabe anlässlich des 100. Geburtstages der Verfasserin]. München: Arbeitsgemeinschaft von Jugendbuchverlegern e.V. 1991, S. 47.

99 O'Sullivan, Emer: Kinderliterarische Komparatistik. Heidelberg: Winter 2000 (Probleme der Dichtung; 28), S. 341.

100 Deinhardt, Johann Heinrich: Der Gymnasialunterricht nach den wissenschaftlichen Anforderungen der jetzigen Zeit. Hamburg: Perthes 1837, zit. nach: Frank, Horst Joachim: Dichtung, Sprache, Menschenbildung. Geschichte des Deutschunterrichts von den Anfängen bis 1945. Bd. 1. München: dtv 1976, S. 261.

101 Weil, Gerhard: Schafft den Deutschunterricht ab! Provokante Überlegungen zur Einführung eines Faches Weltliteratur. In: BLZ die Zeitschrift der GEW Berlin, 19. Jg. / 2007, H. 04-05. Online: http://www.gew-berlin.de/blz/6947.htm.

102 http://wiki.bildungsserver.de/weltliteratur/index.php/Hauptseite, Stand: 20.8.2007; der Deutsche Bildungsserver ist ein vom Deutschen Institut für internationale pädagogische Forschung unter Beteiligung von Vertre-

tern des Bundes und der Länder koordiniertes Internetportal; der Bereich zur Weltliteratur wird in Kooperation mit dem Hamburger Bildungsserver erstellt.

103 http://wiki.bildungsserver.de/weltliteratur/index.php/Was_ist_Weltliteratur%3Fm , Stand: 20.8.2007.

104 Vgl. Kliewer, Heinz-Jürgen: Von der „Kinderbuchbrücke" zur interkulturellen Literaturdidaktik. In: Nassen, Ulrich; Weinkauff, Gina (Hg.): Konfigurationen des Fremden in der Kinder- und Jugendliteratur nach 1945. München: Iudicium 2000, S. 183-196.

105 Tabbert, Reinbert: ‚Swimmy', ‚The BFG' und ‚Janne min vän'. Prämierte Bücher aus fremden Sprachen. In: Peetz, Heide; Liesenhoff, Dorothea (Hg.): 40 Jahre Deutscher Jugendliteraturpreis. München: Arbeitskreis für Jugendliteratur 1996, S. 64 [Grundlage für den 10-Punkte-Katalog: Harranth, Wolf: Das Übersetzen von Kinder- und Jugendliteratur. In: JuLit, 17. Jg. / 1991, H. 1, S. 26f.].

106 Wolgast, Heinrich: Das Elend unserer Jugendliteratur. Ein Beitrag zur künstlerischen Erziehung der Jugend [EA 1896]. Sechste Auflage. Leipzig: Wunderlich 1922, S. 21.

107 Ebenda, S. 24.

108 Abraham, Ulf: Lernen – Wissen – Lesen. Fächerverbindender Literaturunterricht und Lesekompetenz. In: Härle, Gerhard; Rank, Bernhard (Hg.): Wege zum Lesen und zur Literatur. Baltmannsweiler: Schneider-Verlag Hohengehren 2004, S. 217; vgl. auch: Abraham, Ulf; Launer, Christoph (Hg.): Weltwissen erlesen. Literarisches Lernen im fächerverbindenden Unterricht. Baltmannsweiler: Schneider-Verlag Hohengehren 2002.

109 Abraham: Lernen – Wissen – Lesen. 2004, S. 218.

110 Wolgast: Das Elend. 1922, S. 4f.

111 Hurrelmann, Bettina: Kinder- und Jugendliteratur in der literarischen Sozialisation. In: Lange, Günter (Hg.): Taschenbuch der Kinder- und Jugendliteratur. Baltmannsweiler: Schneider-Verlag Hohengehren 2000, Bd. 2, S. 904.

112 Ebenda.

113 Lypp, Maria: Literarische Bildung durch Kinderliteratur. In: Conrady, Peter (Hg.): Literatur-Erwerb. Kinder lesen Texte und Bilder. Frankfurt am Main: dipa 1989, S. 70f.

114 Spinner, Kaspar: Vielfältig wie nie zuvor. Stichworte zur aktuellen Kinder- und Jugendliteratur und ihrer Didaktik. In: Praxis Deutsch, 27. Jg. / 2000, H. 162, S. 16-20.

115 Krüger, Anna: Kinder- und Jugendbücher als Klassenlektüre. Ein Beitrag zur Reform des Leseunterrichts. Berlin; Neuwied: Luchterhand 1963, S. 13.

116 Geißler, Rolf: Für eine literarische Verfrühung. In: Doderer, Klaus (Hg.): Studien zur Jugendliteratur und literarischen Bildung. Tatingen: Henn 1962, S. 796.

117 Vgl. Dahrendorf, Malte: Leseerziehung oder literarästhetische Bildung. In: Westermanns Pädagogische Beiträge, 21. Jg. / 1969, S. 265-277.

118 Zum Beispiel: Lypp, Maria: Philosophisch-poetische Schnittpunkte in der Kinderliteratur. In: Härle, Gerhard; Weinkauff, Gina (Hg.): Am Anfang war das Staunen. Wirklichkeitsentwürfe in der Kinder- und Jugendliteratur. Baltmannsweiler: Schneider-Verlag Hohengehren 2005, S. 25-37; Petermann, Hans-Bernhard: Nachdenken statt nach denken. Kriterien und Möglichkeiten des Philosophierens mit Kinder- und Jugendbüchern. In: Am Anfang war das Staunen, S. 77-99; Ders.: Kann ein Hering ertrinken? Philosophieren mit Bilderbüchern. Weinheim: Beltz 2004.

119 Zum Beispiel: Günther-Arndt, Hilke / Kemnitz, Janine: Schreiben um zu lehren? Geschichtsdidaktische Kategorien in der historischen Jugendliteratur. In: Pohlmann, Carola; Steinlein, Rüdiger (Hg.): GeschichtsBilder. Historische Jugendbücher aus vier Jahrhunderten [Ausstellungskatalog]. Wiesbaden: Reichert 2000, S. 240-254; Deckert-Peaceman, Heike: ‚Stories' über den Holocaust. Über das Verhältnis von kulturellem und unterrichtlichem Narrativ. In: Glasenapp, Gabriele von; Wilkending, Gisela (Hg.): Geschichte und Geschichten. Die Kinder- und Jugendliteratur und das kulturelle und politische Gedächtnis. Frankfurt am Main: Peter Lang 2005 (Kinder- und Jugendkultur, -literatur und -medien; 41), S. 211-229; Wyrobnik, Irit: Geschichte lernen durch Geschichten? In: Geschichte und Geschichten, S. 247-263.

120 Vgl.: Lange, Günter: Zur Didaktik der Kinder- und Jugendliteratur. In: Ders. (Hg.): Taschenbuch der Kinder- und Jugendliteratur. Baltmannsweiler: Schneider-Verlag Hohengehren 2000, Bd. 2, S. 958ff.

121 Vgl. Gölitzer, Susanne: Die Funktionen des Literaturunterrichts im Rahmen der literarischen Sozialisation. In: Härle, Gerhard; Rank, Bernhard (Hg.): Wege zum Lesen und zur Literatur. Baltmannsweiler: Schneider-Verlag Hohengehren 2004, S. 123ff.

122 Kliewer, Heinz Jürgen: Lady Punk Unterm Rad. Ist die Literaturdidaktik unteilbar? In: Rank, Bernhard; Rosebrock, Cornelia (Hg.): Kinderliteratur, literarische Sozialisation und Schule. Weinheim: Deutscher Studien Verlag 1997, S. 147.

123 Kliewer: Lady Punk Unterm Rad. 1997, S. 154f.

124 Vgl. u.a.: Lange Günter; Steffens, Wilhelm (Hg.): Literarische und didaktische Aspekte der phantastischen Kinder- und Jugendliteratur. Würzburg: Königshausen & Neumann 1993; Dies. (Hg.): Moderne Formen des Erzäh-

lens in der Kinder- und Jugendliteratur der Gegenwart unter literarischen und didaktischen Aspekten. Würzburg: Königshausen & Neumann 1995; Gansel, Carsten: Moderne Kinder- und Jugendliteratur. Ein Praxishandbuch für den Unterricht. Berlin: Cornelsen Scriptor 1999; Lange, Günter: Erwachsen werden. Jugendliterarische Adoleszenzromane im Deutschunterricht. Grundlagen – Didaktik – Unterrichtsmodelle. Baltmannsweiler: Schneider-Verlag Hohengehren 2000.

125 Vgl. den bereits erwähnten Sammelband „Wege zum Lesen und zur Literatur" (2004) und: Kammler, Clemens (Hg.): Literarische Kompetenzen – Standards im Literaturunterricht. Modelle für die Primar- und Sekundarstufe. Seelze: Kallmeyer 2006.

126 Waldt, Kathrin: Literarisches Lernen in der Grundschule. Herausforderung durch ästhetisch anspruchsvolle Literatur. Baltmannsweiler: Schneider-Verlag Hohengehren 2003, S. 107.

127 Vgl. Paefgen, Elisabeth K.: Textnahes Lesen. 6 Thesen aus didaktischer Perspektive. In: Belgrad, Jürgen; Fingerhut, Karlheinz (Hg.): Textnahes Lesen. Annäherungen an Literatur im Unterricht. Baltmannsweiler: Schneider-Verlag Hohengehren 1998, S. 14-23.

128 Rank, Bernhard: Kinderliteratur, literarische Sozialisation und Schule. Vom Vergnügen am Umgang mit kinderliterarischen Texten. In: Härle, Gerhard; Rank, Bernhard (Hg.): Wege zum Lesen und zur Literatur. 2004, S. 200.

129 Vgl. Rosebrock, Cornelia: Schritte des Literaturerwerbs. In: Lesezeichen. Mitteilungen des Lesezentrums der Pädagogischen Hochschule Heidelberg, 4. Jg. / 2001, H. 10, S. 35-62.

130 Rank: Kinderliteratur, literarische Sozialisation und Schule. 2004, S. 202 (Kursivierung im Original).

131 Ebenda, S. 205.

132 Ebenda, S. 203.

133 Hurrelmann, Bettina: Kinder- und Jugendliteratur im Unterricht. In: Bogdal, Klaus-Michael; Korte, Hermann (Hg.): Grundzüge der Literaturdidaktik. München: dtv 2002, S. 143 und 134.

Abbildungsverzeichnis

Abb. 7.6 Leo Lionni: „Das kleine Blau und das kleine Gelb" (1962).

Abb. 7.7 Fritz Baumgarten: „Sommerfest im Märchenwald" (1955; Vorläufer: „Sommerfest im Walde" 1925).

Abb. 7.8 Janosch: „Komm, wir finden einen Schatz". Weinheim: Beltz 1979, S. 45.

Abb. 7.9 Wolf Erlbruch: „Nachts". Wuppertal: Peter Hammer 1999, Bl. 5f.

Abb. 7.10 „Nachts", Bl. 19f.

Abb. 7.11 „Nachts", Bl. 23f.

Abb. 8.1 Erich Kästner: „Die Konferenz der Tiere". Ill.: Walter Trier (1949).

Abb. 8.2 Evmari und Georg Willroda: „Ulle Bams wundersame Reise um die Erde" (1949), S. 60f.

Abb. 8.3 Astrid Lindgren: „Wir Kinder aus Bullerbü". Rückseite des Sammelbandes von 1970 (Oetinger).

Abb. 8.4 Astrid Lindgren: „Die Kinder aus der Krachmacherstraße" (1957).

Abb. 9.1 Oskar Höcker: „Deutsche Treue, welsche Tücke" (1881); Sophie Kloerss: „Im heiligen Kampf. Eine Erzählung für junge Mädchen aus dem Weltkrieg" (1915).

Abb. 9.2 Dieter Richter; Jochen Vogt (Hg.): „die heimlichen erzieher[!]" (1974).

Abb. 9.3 Hermann Wernhard: „Am Wasser" (1990).

Abb. 9.4 Johann Bernhard Basedow: „Elementarwerk für die Jugend". Ill. von Daniel Chodowiecki (1774).

Abb. 9.5 Fritz Gansberg: „Kinderheimat. Lesebuch für das zweite Schuljahr" (1923).

Abb. 9.6 Heinrich Scharrelmann: „Berni. Aus seiner ersten Schulzeit" (1928).

Abb. 9.7 Unterrichtshilfen zur Kinder- und Jugendliteratur.

BEGRIFFSREGISTER